chief value officer

chief value officer

ATITUDE SISTÊMICA E PENSAMENTO INOVADOR PARA GERAR VALOR NAS ORGANIZAÇÕES E NO MERCADO

VICTOR MEGIDO
MARINA ZANUSSO

PREFÁCIO DE
JOSÉ LUIZ TEJON
TOP OF MIND DE RH, PROFESSOR E AUTOR

ALTA BOOKS
GRUPO EDITORIAL
Rio de Janeiro, 2024

Chief Value Officer

ALTA BOOKS é uma empresa do Grupo Editorial Alta Books (Starlin Alta Editora e Consultoria LTDA).

ISBN:978-85-508-2449-9

Impresso no Brasil — 1ª Edição, 2024 — Edição revisada conforme o Acordo Ortográfico da Língua Portuguesa de 2009.

Dados Internacionais de Catalogação na Publicação (CIP)
(Câmara Brasileira do Livro, SP, Brasil)

Megido, Victor Falasca
Chief value officer : atitude sistêmica e pensamento inovador para gerar valor nas organizações e no mercado / Victor Falasca Megido, Marina Khouri Zanusso. -- 1. ed. -- Rio de Janeiro : Alta Books, 2024.

ISBN 978-85-508-2449-9

1. Inovações tecnológicas - Administração 2. Liderança 3. Organizações - Administração 4. Valor (Economia) I. Zanusso, Marina Khouri. II. Título.

24-196675 CDD-658

Índices para catálogo sistemático:

1. Organizações : Administração 658

Eliane de Freitas Leite - Bibliotecária - CRB 8/8415

Grupo Editorial Alta Books

Produção Editorial: Grupo Editorial Alta Books
Diretor Editorial: Anderson Vieira
Editor da Obra: J. A. Ruggeri
Vendas Governamentais: Cristiane Mutüs
Gerência Comercial: Claudio Lima
Gerência Marketing: Andréa Guatiello

Produtora Editorial: Ana Clara Tambasco
Revisão: Caroline Guglielmi e Josué Dantas
Diagramação: Rita Motta
Capa: Karma Brandão

ALTA BOOKS
GRUPO EDITORIAL

Rua Viúva Cláudio, 291 — Bairro Industrial do Jacaré
CEP: 20.970-031 — Rio de Janeiro (RJ)
Tels.: (21) 3278-8069 / 3278-8419
www.altabooks.com.br — altabooks@altabooks.com.br
Ouvidoria: ouvidoria@altabooks.com.br

Editora
afiliada à:
ASSOCIADO

Dedicatória

Dedicamos este livro às pessoas que se desafiam diariamente na criação e no desenvolvimento sustentável daquilo que neste livro chamamos de valor econômico, social, psicológico e ambiental. Aos que buscam propiciar, por meio das organizações e do mercado, a mudança desejada neste planeta e nesta era, que a todos traz oportunidades com responsabilidades.

Àqueles que atuam para promover transparência com lucidez no mercado, e que entendem o consumo de marcas como um meio para proporcionar também autoestima e autorrealização nas pessoas.

Por fim, ao professor e sociólogo Domenico De Masi (*in memoriam*), que nos inspirou a ter uma visão humanista do mundo corporativo, nos provocou a possibilidade de existir com pragmatismo nas organizações o ócio criativo no qual reside liderança sistêmica e nos abriu caminhos para refletir sobre este novo mundo que estamos vivendo e cocriando.

"O que o trouxe até aqui não será o que o levará adiante."

— Marshall Goldsmith —

Agradecimentos

Agradecemos aos pesquisadores, autores, lideranças e empresas citados neste livro, todos considerados referências naquilo que avaliamos importante para a geração de valor econômico, social, psicológico e ambiental.

*"Os problemas não podem ser solucionados
no mesmo nível de consciência que os criou...
Todas as coisas devem ser tornadas tão simples
quanto possível, porém não simplistas."*

— Albert Einstein —

Sumário

PARTE II
Chief Value Officer, gestão e modelos

PARTE III
Os modelos dos cinco Es e dos cinco Ps

PARTE IV
Conclusão

Prefácio I

Numa conferência com líderes executivos do mundo todo realizada no Institut Européen d'Administration des Affaires, o Insead, em Fontainebleau, na França, concluiu-se que as mudanças contemporâneas são gigantescas, como as demandas por sustentabilidade e valores nas organizações em uma era *disruption*. Sobre o mercado de consumo, constata-se consumidores com *empowerment* por redes sociais, competitivos e impactados pela transversalidade, ou seja, mudanças vindas de onde não se imaginaria e nem se esperaria. E algo chamou a atenção de todos: o foco naquilo que ainda não se sabe.

O desconhecido é invisível nesta década de 2020 e irá nos impactar de maneira muito mais poderosa do que aquilo que já se sabe. Para as lideranças, o desafio maior é como orquestrar a geração de valor. *Chief Value Officer* oferece aos leitores a oportunidade de compreender um cenário novo e de desenvolver habilidades no pensamento sistêmico, criação de valor, liderança estratégica responsável e atitude criativa para resolver problemas em contextos complexos.

O espírito do tempo desta década demanda às empresas uma mudança de paradigma, independentemente do porte e modelo de organização. As empresas terão que continuar a gerar valor, mas de forma diferente. Deverão incluir desafios, não somente socioambientais em seu modelo de negócios, mas também de cunho individual, psicológico e empático, o que pede novos conhecimentos e modelos de gestão inter e transdisciplinar. Trata-se de desenvolver valor com ambidestria. Para isso, a experiência de liderança com inovação e gestão criativa para gerar valor se complementa ao conhecimento das tecnologias da informação. As inteligências emocionais e artificiais dialogarão sempre mais e mais nesta década disruptiva.

Como trazem os autores, para orquestrar, é necessário visão de longo prazo, para, assim, entender e antecipar as implicações econômicas, ambientais, psicológicas e sociais das decisões que são tomadas no presente, tendo em vista o futuro.

Ser o navegar da mudança não é fácil. Guerreiros não nascem prontos, mas precisam se preparar para liderar a evolução do modelo de negócios dentro da nova realidade. Gerar valor é uma mistura de tantos fatores, mas vale ressaltar que, antes, é uma questão de princípios sobre o que é valor. Por exemplo, será mandatório para liderar ter autorização moral dos *stakeholders* e exercer ética com excelência; isso será fator fundamental nas decisões entre "poder fazer" versus "dever fazer". Para isso, deve-se propor uma abordagem diferente para a gestão sistêmica da organização e suas marcas a partir daquilo que neste livro os autores chamam de cinco Es: Essência, Estética, Ética, Excelência e Experiência.

Tenho clareza de que, para exercitar visão, estratégia e tática, é preciso fortalecer o indivíduo no coletivo para que os conhecimentos de particularidades se tornem totalidade. E é assim que criamos nas empresas o patrimônio cultural. O valor social da organização gera o valor econômico, e não o contrário.

Aos gestores que desejam se tornar *Chief Value Officers,* e a todos aqueles que desejam promover a cultura da inovação nas organizações onde atuam, acredito que este livro trará boas provocações e caminhos.

> ***"O Brasil em 2030 poderá ser uma extraordinária plataforma mundial de segurança alimentar com sustentabilidade, um agente fundamental para a obtenção com êxito dos dezessete Objetivos de Desenvolvimento Sustentável da ONU. Como? Por meio de suas lideranças, fator crítico sagrado para o sucesso."***
>
> — José Luiz Tejon —

José Luiz Tejon

Prefácio II

Em 31 de dezembro de 2019, a Organização Mundial da Saúde (ONU) foi alertada sobre vários casos de pneumonia na cidade de Wuhan, província de Hubei, na República Popular da China; tratava-se de uma nova cepa (tipo) de coronavírus que não havia sido identificada antes em seres humanos. Esta década de 2020 começou assim, com um grande desafio global. A pandemia nos distanciou por motivos de saúde e, logo na sequência, fomos imersos em uma guerra no centro da Europa que nos trouxe de volta aos anos mais sombrios da humanidade. Os impactos econômicos, sociais, individuais e ambientais de uma pandemia e de uma guerra estão sob os nossos olhos, e tenho clareza de que esta década será essencial para a transição no modelo de geração de valor. "*Tudo está conectado com o todo*", dizem os autores deste livro, então "t*odos os detalhes fazem a diferença, para o bem ou para o mal*".

O caminho — como escrevi recentemente na nova edição de meu livro *Sense of community*[1] — é tentar reconstruir os alicerces de nossa comunidade humana, captar e destacar os sinais que já se movem nessa direção. O tema da colaboração é central, e o tema do sentido de pertencimento a uma comunidade é a base sobre a qual se deve construir o futuro, pois não é possível enfrentar qualquer tipo de mudança social se não forem criados o clima e a identidade que dão sentido às iniciativas que implementamos. Isso vale para as pessoas em busca de autoestima e autorrealização, para a razão de existir das organizações e para os ecossistemas de geração de

1 PANZARANI, Roberto. *Sense of community e innovazione sociale nell'era dell'interconnessione*. Roma: Edizioni Palinsesto, 2022.

valor, como reforçam neste livro os autores. Nas nossas práticas e tomadas de decisão, seja no lançamento de um novo serviço, uma reforma tributária, sanitária ou trabalhista, seja na maneira como consumimos e descartamos as coisas, se uma comunidade não tiver o respeito por uma identidade própria, um *genius loci*, como Megido e Zanusso ressaltam, todas essas etapas correm o risco de serem artificiais e não perdurarem no tempo. Aquilo que não sentimos com o coração não se sustenta perante as tantas dificuldades do cotidiano.

O contexto cultural de pertencimento existe se existe essência, e isso determina a estética e a ética das práticas e coisas das organizações na geração de valor. Quando feito com qualidade — algo bem resolvido aqui na Itália, de onde escrevo este prefácio —, aí sim é possível oferecer valor por meio das experiências das marcas.

O desafio desta década para gerar valor econômico, social, ambiental e psicológico é religar as novas tecnologias com a generosidade humana, desafio para o qual este livro busca respostas e também um jeito de fazer e de como fazer, transformando a necessidade de mudança numa virtude para a geração de valor sustentável, tendo clareza e ressalto sobre a finalidade desse processo, que é promover o senso de comunidade para resolver problemas reais.

Portanto, é necessária uma mudança para aumentar o bem-estar da sociedade e melhorar o processo de crescimento individual e também social colaborativo. De fato, não é possível enfrentar qualquer tipo de mudança social se não forem criados o clima e a identidade que dão sentido às iniciativas que implementamos. Esse é o valor social ao qual os autores dão bastante espaço neste livro.

A inclusão cidadã é possível mesmo em uma cidade cosmopolita e veloz como São Paulo ou Milão. As coisas pedem tempo, e os espaços, aos poucos, vão sendo ocupados por iniciativas culturais; vão nascendo subculturas que enriquecem o contexto social, e isso vai gerando nova economia. Um exemplo interessante que ganha cada vez mais espaço nas cidades italianas, no campo da inovação social, são os condomínios que se auto-organizam, por meio da criação em seus espaços internos de bibliotecas, ou "cantinhos de cultura", como os *bookcrossings*.

O que vale para as pessoas em sociedade vale para os colaboradores dentro das organizações. Se não criarmos um senso de comunidade entre as pessoas, continuaremos sofrendo as transformações produzidas pela inovação tecnológica e pela globalização da economia, em vez de sermos protagonistas e agentes de mudança. Resgatar a essência dos lugares, comunidades, ideias e projetos, ressaltar os exemplos de como a evolução tecnológica e social estão transformando a economia, o trabalho e a sociedade, isso tudo é preciso. Sobretudo, cabe às organizações desta década apoiar as pessoas que procuram por autoestima e autorrealização por meio do trabalho e do consumo, conseguindo ajudar nas respostas — dentro de um modelo novo — às tantas carências naturais e existenciais de uma realidade em constante evolução.

Roberto Panzarani

Introdução

O desafio das organizações será sempre proporcionar mais harmonia dentro e fora de seus perímetros, e o desafio de suas marcas será promover um jeito de viver e consumir que emancipe pessoas. Esse foi um dos chamados da segunda década dos anos 2000, e ele se encaixa dentro daquilo que alguns chamam de capitalismo humanizado ou consciente. Isso, traduzido em linguagem de negócios, é geração de valor econômico, social, psicológico e ambiental. Esse desafio pede um agir transdisciplinar, sistêmico, inovador e assertivo — se tudo está conectado com o todo, então todos os detalhes fazem a diferença para o êxito ou para o fracasso. Para falar desses assuntos, trataremos primeiramente de visão, estratégia e princípios, para depois abordar implementação e métodos.

Falar de gestão com valor hoje é falar de orquestração. A fim de ressignificar nosso modo de agir nos negócios perante o novo espírito do tempo, por exemplo, precisamos flanar e fazer o que de tempos em tempos grandes líderes da história fizeram quando ocasionaram mudanças civilizatórias. Por isso, resgatamos o conceito de harmonia.

Harmonia nos leva a um período importante para a humanidade, o Renascimento. Foi, por exemplo, a família Médici — dentre tantas da época — que trouxe o Humanismo[2], que "incubou e acelerou" esse período histórico na Renascença, mudando tudo e gerando uma nova harmonia econômica e social.

---

2 Saiba mais sobre o Humanismo em: https://pt.wikipedia.org/wiki/Humanismo_renascentista.

João de Bicci de Médici (em italiano: Giovanni di Bicci de' Medici; Florença, 1360 — Florença, 1429) foi o fundador da poderosa família Médici, que viria a influenciar a política e a diplomacia do Renascimento italiano. Por ter se tornado um dos banqueiros mais ricos de Itália, o que lhe rendeu o apelido de "O Banqueiro", alcançou o poder político como membro da *Signoria*, em 1402, 1408 e 1411, e como *Gonfaloniere*, em 1421. Por ter construído a própria fortuna, não pertencia à oligarquia das velhas famílias florentinas e tinha simpatia pelo *Minuto Popolo*, os trabalhadores, sendo muito popular entre eles[3].

Foi essa família, de pré-industriais têxtil e banqueiros, que investiu nos estudos e pesquisas de artistas, filósofos, arquitetos, cientistas etc.; que conflitou e se aliou a forças dezenas de vezes maiores que ela para defender e trazer um novo ideal de beleza e de cultura. A partir desses princípios, Florença foi um dos centros econômicos e culturais do mundo por, pelo menos, dois séculos, e seu legado influenciou, inicialmente, a Europa e, depois, o resto do mundo.

Mas por que falar de harmonia? Porque para tratar de capitalismo com atitude "humanizada" que gera valor nesta década, precisamos falar das pessoas, dos medos, das dores e da busca pela satisfação e bem-estar que todos encarnam neste planeta. Se no aqui e agora do século XXI estamos abordando reumanismo, devemos definir o que entendemos por harmonia e valor na presente década.

Vamos fazer um esclarecimento sobre a harmonia: este conceito nos remete à definição grega de beleza, que não trata da perfeição. Vale relembrar do mito do nascimento de Eros, que é usado pelo filósofo Platão, para ilustrar a característica fundamental da vida: a insuficiência. Nunca Eros se encontra em completo estado de miséria, tampouco na opulência; assim é a harmonia, como um *balance* neste planeta feito de tanta gente com sonhos e lutas. De fato, na penúria, não se tem beleza nem harmonia, mas deseja-se que haja; na abundância de uma vida mercantilizada, aspira-se à sabedoria porque não se a possui.

---

[3] Conheça mais a respeito da família de Médici em: https://pt.wikipedia.org/wiki/Casa_dos_Médici.

Para um *Chief Value Officer* (usaremos daqui para frente também a abreviação CVO), essa é a harmonia na era BANI[4] (*Brittle, Anxious, Nonlinear, Incomprehensible* — em português, Frágil, Ansioso, Não linear e Incompreensível): estar em *balance* constante e orquestrar, fazer disso gestão na era da incerteza, sem esquecer das constantes transformações ditadas pela Segunda Lei da Termodinâmica[5]: o princípio é que "nada se cria, tudo se transforma". Lidamos com energia, com transformação de recursos escassos em valor. Para o CVO, os métodos são úteis para promover arranjos harmônicos (modelos de negócios de que trataremos) com eficiência e eficácia dentro de um sistema dinâmico. E isso serve para entender e gerar uma proposta de valor econômico, social e ambiental — ou seja, fazer a destruição criativa, no conceito de Joseph Schumpeter[6] —, sem esquecer das pessoas como indivíduos, e por isso adicionamos o platô do psicológico neste livro (estamos chamando de impacto psicológico aquilo que toca o emocional e mental do indivíduo). O CVO orquestra valor social em redes distribuídas (não mais decentralizadas, como alerta Paul Baran, de que trataremos no livro); faz isso em ecossistemas de inovação. O CVO tem senso de realidade, senso ético e estético, por isso sabe agir com excelência, em melhoria contínua. O CVO tem pensamento inovador e, graças a isso, consegue liderar a jornada com criatividade dentro daquilo que Steven Johnson trata como o possível adjacente e o *serendipity*, e o sociólogo Domenico De Masi (*in memorian*) aborda como ócio criativo. Todos são temas de que iremos tratar em um passo de cada vez. Vamos montar esse canvas do valor sistêmico juntos. ■

---

4 O conceito de mundo BANI foi criado pelo antropólogo norte-americano Jamais Cascio e definido em um artigo publicado no Medium em abril de 2020 intitulado "*Facing the age of chaos*" ("Enfrentando a era do caos", em tradução livre).

5 A Segunda Lei da Termodinâmica dita quais são as condições existentes para que o calor seja convertido em trabalho nas máquinas térmicas e refrigeradores. Ela também entende entropia como um fenômeno capaz de medir a desorganização das partículas nos sistemas físicos. Veja mais sobre esta lei em: https://brasilescola.uol.com.br/fisica/segunda-lei-da-termodinamica.htm.

6 Confira mais detalhes sobre a destruição criadora em: https://pt.wikipedia.org/wiki/Destruição_criadora.

Outra chave de leitura neste livro é sobre o lado humano e também como as pessoas agem e demandam consumo para se reconhecerem enquanto seres sociais e comunicantes. Um humano como a figura de Eros é essencialmente uma necessidade não satisfeita, a percepção da falta de alguma coisa fundamental para a própria completude (e que o psicólogo Maslow identificou como autoestima e autorrealização. Veja o apêndice para maiores detalhes). Da convivência entre pobreza e riqueza, a vida tem o caráter de estar sempre ávida de algo. Como provedores de sonhos, mantras, desejos e realizações, esperança e encantamento, as organizações com suas marcas são chamadas a tais enfrentamentos desafiadores. Para as lideranças das organizações, trata-se daquilo que Italo Calvino, em suas lições americanas, sintetizou em leveza, rapidez, exatidão, visibilidade, multiplicidade — e consistência, sobre a qual acabou não escrevendo por ter falecido. Para os fins deste livro, nosso desafio como autores é conseguir traduzir tais conceitos em políticas de *go to market*. Faremos isso quando tratarmos das cinco pontes (os cinco Ps: Pessoas, Paixões, Produtos *cult*, Pontos de encontro, Plataformas), e traremos de volta Calvino quando comentarmos sobre os pontos de encontro.

O humano hoje, como antes, por ser filho de Porus (a riqueza) e de Pênia (a penúria e pobreza), no papel de Eros, está muito longe de ser belo como todos pensam. Neste mito, o Eros, na realidade, é rude, sujo, anda descalço, não tem lar, dorme no chão frio e duro junto aos umbrais das portas ou nas ruas, sem leito nem conforto. Isso é a natureza de Pênia. Porém, por influência da natureza que recebeu de Porus, Eros também dirige a atenção para tudo que é belo e gracioso: é bravo, audaz, confiante e grande caçador; está sempre a deliberar e planejar suas ações, a desejar conhecimentos e adquiri-los. E faz disso inovação constante; cria coisas, visa à melhoria contínua, nos catapulta da Idade da Pedra para o planeta Marte, nos aprofunda no autoconhecimento em busca da nossa verdade, enfim, dialoga constantemente à procura da harmonia.

O mito de Eros traz à tona a questão do nosso estar nesta dimensão, neste novo espírito do tempo, no planeta Terra em eterna transformação, na lei da migração, em que tudo é movimento e tudo muda. Entender isso é compreender como as organizações, com seus modelos de negócios e marcas, podem interferir, relacionar, comunicar com as pessoas em busca de consumo consciente, para promover valor com equilíbrio. Nós e você somos o resultado de uma árdua procura, misteriosa, incompleta e sempre em adaptação. É a lei da natureza (Charles Darwin ensina). E nela também conflui o nosso senso de inteligência, de curiosidade e de descoberta, de beleza e de razão. Para nós, é o mantra do século XXI o motivo deste livro existir.

> *"Não é a espécie mais forte que sobrevive, nem a mais inteligente, mas a que responde mais rapidamente à mudança."*
>
> — Leon Megginson —

A tradução disso é: pensamento sistêmico, inovador e atitude criativa são a maneira de usar a inteligência fluida como força para lidar com a estabilidade dinâmica[7], e é o fator de sucesso da nossa civilização neste planeta. Assim, o mito se faz mais tangível. E nisso, da filosofia, por meio da nossa ciência, fruto dessa curiosidade e inteligência, compreendemos como é ardilosa a natureza por um lado e o mercado onde agimos por outro! E como desafiadora é a sociedade do consumo em que interagimos e na qual buscamos gerar valor para viver bem — seja esse valor dentro dos perímetros da organização como lideranças e liderados, seja fora dela como *stakeholders* e consumidores finais. Nesta era avançada do capitalismo humanizado, é por meio também do mercado e do consumo que poderemos continuar progredindo. Mas, "o que o trouxe até aqui não será o que o levará adiante", escreveu Marshall Goldsmith. Não dá para virar a chave simplesmente e acabar com as heranças dos séculos passados; e de algumas ainda precisamos. Organizações com governança, gestores com ambidestria[8], marcas de valor e consumo consciente são novas forças poderosas neste contexto cultural e antifrágil, e como lidamos com os conflitos, se de forma criativa e ética ou não, define o resultado das nossas ações neste novo século. Por isso, trata-se de uma gestão criativa, como

---

[7] A estabilidade dinâmica de uma aeronave é uma análise que confirma se ela é estável ou instável em pleno voo, com a verificação do tempo que ela tende ou não a retornar a seu ponto de equilíbrio após sofrer uma rajada de algum fluido. Dependendo desse tempo de reação, o avião pode ou não se readaptar.

[8] Vale a leitura do trabalho de Charles A. O'Reilly III e Michael L. Tushman publicado em artigo na *Harvard Business Review*, "The Ambidextrous Organization", disponível em: https://hbr.org/2004/04/the-ambidextrous-organization.

nos alerta o estudioso Henry Mintzberg: "A eficácia organizacional não se baseia num conceito estreito chamado racionalidade. Ela se baseia na mistura entre a lógica clara e a intuição poderosa."

A ambidestria é uma qualidade necessária das organizações que buscam preservar-se no presente-futuro. Enquanto olhamos constantemente para trás, para compreender o que funcionou, o que era valor e o que nos trouxe até aqui, temos também que nos voltarmos para frente, preparando-nos para as inovações que definirão o futuro. Esse ato de equilíbrio mental é um dos mais difíceis de todos os desafios gerenciais; exige que as lideranças explorem novas oportunidades, enquanto continuam gerenciando os recursos existentes, tendo clareza de que o valor do presente serve para gerar valor no futuro. Para isso, serve atitude T, atitude criativa, *design thinking*, temas que iremos tratar mais adiante no livro.

Mudar é preciso, e isso não é uma novidade. Nós, humanos, somos também, como raça, o resultado de uma mudança natural contínua, e fomos nos tornando seres complexos. Como ocorreu essa "inovação"? A vida iniciou-se no planeta há quatro bilhões de anos e, com muita tentativa e erro, eficiência com eficácia e "criatividade", se assim pudermos dizer, a Terra abraçou e repeliu com suas leis gravitacionais tudo aquilo que era útil para dar-lhe forma. A inovação vem do ventre desse ecossistema vivo. A lei dos grandes números, erros e acertos; o aprimoramento para gerar mais vida inteligente, fusões e harmonia em ecossistemas floridos. Foi acontecendo em dimensões invisíveis, aglutinando elementos, tudo costurando-se para gerar valor. As melodias da inovação deste planeta foram transformando o mundo e propiciando inclusive o projeto humano, uma espécie *startup* da natureza que incubou lentamente por cerca de um milhão de anos, mas acelerou com força total há cerca de dez mil anos. Vale a pena ler o livro *Sapiens: uma breve história da humanidade* do autor Yuval Harari, para saber mais.

Essa grande inteligência fluida — um grande *big data* chamado planeta Terra — usa a energia para criar coisas como nós, e nós a usamos para criar organizações, produtos, serviços, sistemas, marcas etc. Tais movimentos físicos, segundo Ernst Chladni, um físico e músico alemão, viajam pelas vibrações e formam padrões geométricos diferentes, a depender das frequências, são as chamadas "figuras sonoras de Chladni". E como explica a física quântica, como tudo é energia, vibrações criam formas

— e também formas de pensar. E algumas dessas conseguem nos fazer feliz, como estudos sérios e recentes da neurociência já comprovaram, os quais iremos citar no arco do livro.

Pode uma vibração em uma canção unir toda a humanidade? Os Beatles provaram que sim, com *All we need is love*. O ritmo, a ordem e o equilíbrio das notas desta melodia convergem em harmonia. Se liderar negócios é orquestrar, temos muito a aprender com os Beatles e seu produtor George Martin, o quinto elemento da banda. Por que isso é relevante? Porque são as pessoas que fazem os negócios prosperarem, são as pessoas que compram e vendem, porque todo o mercado é fundamentado naquilo que Adam Smith chamou de "*trust*". Com confiança, podemos. E confiança é fruto de princípios e práticas entre pessoas, enfim, de vibrações, para continuar na nossa analogia musical.

Veja bem, este é um desafio do CVO orquestrador: agir pelo poder da comunicação nas plataformas de felicidade e harmonia que geram valor social e, assim, emancipam indivíduos, sejam aqueles que vestem a camisa atuantes a favor da marca, sejam os consumidores dela; e que geram valor psicológico no humano em busca de autoestima e de autorrealização. E quem de nós não está em busca disso? Essa esperança é a vontade de acreditar em uma existência que nos eleve à potência, como a matemática explica, e que sempre mais buscamos no aqui e agora do consumo. Difícil falar de negócios sem trazer para a mesa temas até então distantes. Mas valor social e ambiental também estavam fora da mesa no século XX, e o próprio valor psicológico é algo ainda pouco presente neste século.

Falamos tanto de promover a felicidade dentro e fora das organizações. Quando os humanos vibram, eles cantam, e a partir dos bons propósitos e mantras, o mal espantam, diria Freud.

PARTE I

Uma visão geral sobre o que é valor

01.

Valor e autorrealização

No platô do atual desafio de gerar valor em ecossistemas, do qual iremos tratar nos próximos capítulos, fica claro o quão sensíveis e delicados são os elos entre as organizações e os *stakeholders* e entre as marcas e os consumidores, nessa troca entre percepção e realidade feita de empatia e autorrealização. Esses são aspectos centrais e norteadores para gerar êxito e determinar, portanto, abordagens e modelos de organização que permitam esse êxito.

Antes de tratar de modelos e práticas, vamos falar de princípios e atitudes que geram valor. Gerar valor é ressignificar os dualismos — de todos os tipos — dos últimos século: não mais *target* e público-alvo, chefe e funcionário, gêneros, identidades etc., e sim pessoas, clientes, *stakeholders*, alianças e relacionamentos duradouros.

A depender do tipo de relacionamento e comunicação gerados, você passa a querer mais ou menos encantamento e engajamento para viver essas trocas e começa a viver com mais ou menos empatia emocional ou compassiva junto aos outros. Fazer isso em plataformas conectadas torna mais complexo o processo, pois não se trata de investir em mídia para atingir um alvo para vender coisas, e sim de gerar relação entre a marca e a pessoa que consome para criar valor. O que está entre esses dois fatores é o que interessa ao CVO, e a inteligência de mercado está nas entrelinhas. Isso precisa estar mapeado; é o agir sistêmico que permite ecossistemas de negócios equilibrados, com produtividade, e que promove o consumo consciente.

Na era BANI, vivemos uma constante mudança em transformação de elementos, entre sincronicidade e aleatoriedade. Os relacionamentos são experiências. Toda onda vibratória gera atração e repulsão, sincronicidade, e isso acontece em uma dimensão tão pequena e invisível que parece não existir; ocorre também no nível cerebral do humano. Toda informação nova durante as trocas sociais é gravada nos neurônios e forma sinais elétricos e, a partir disso, são "inaugurados" diferentes "caminhos internos" para compreender a nova realidade. Então, quando você presta atenção, vai ver que não será mais o mesmo após as experiências culturais promovidas pelas marcas. E a força de uma marca está exatamente em propiciar e ajudar o indivíduo na busca pela reconexão com a harmonia e o próprio belo, com o propósito pessoal, em ação intencional e real, transformando o propósito em ideias e ideias em vibração. Experiências da marca fazem o resultado acontecer.

Tal encantamento que nasce da Essência (propósito) se traduz em visão estratégica (Estética e Ética), se realiza com práticas de Excelência e se manifesta nas vivências e na Experiência da marca, como veremos no modelo de gestão de marcas virtuosas nos cinco Es.

Esse encantamento transita por meio de pontes que conectam pessoas a pessoas, ideias a pessoas, produtos e serviços cultuados a pessoas, tudo isso em pontos de encontros amigáveis, acolhedores, reais e virtuais, formando plataformas e gerando narrativas. Essas são as nossas entrelinhas do *go to market*. Para as organizações, independentemente de onde atuam e com qual dimensão, é necessário saber navegar pelos mares do encantamento. O repertório de ideias, os mantras que canta, as crenças que repete, o propósito que defende, os produtos, serviços e sistemas que vende e a quantidade de sinapses que provoca nas pessoas fazem da organização, por meio de sua marca, uma geradora de valor, uma virtual "companheira de vida" das pessoas com quem interage em trocas sociais, comunicacionais e comerciais, diferenciando-a das outras. Por esse motivo, em diferentes momentos deste livro, usaremos também exemplos de organizações e marcas *cult* inspiradoras, algumas do mundo *fashion*, *food*, *forniture* e *beauty*, mas não só.

Um jeito de as empresas terem sucesso nessa empreitada é superando o pensamento vertical, parando de querer separar sempre as coisas, mas uni-las, religando-as. O pensamento vertical promove raciocínios lineares e sequenciais, enfatiza a precisão e ignora as relações. Separa o problema em partes, é reativo, perde de vista o todo, gerando alienação e confusão na solução dos problemas. O problema é que esse pensamento foge da complexidade em busca de certezas e, assim, não consegue superar as dicotomias presentes na vida. Por ser reativo, não consegue também ver oportunidades, pois não usa a imaginação.

Cabe aos líderes sistêmicos das organizações privadas e públicas conviver com paradoxos, moderar as divergências e conectar as convergências.

> ***"Uma ação não depende somente da vontade daquele que a pratica, mas também dos contextos em que ela se insere, das condições sociais, biológicas, culturais, políticas que podem ajudar o sentido daquilo que é a nossa intenção. Dessa forma, as ações podem ser praticadas para se realizar um fim específico, mas podem provocar efeitos contrários aos fins que pretendíamos."***
>
> — Edgar Morin —

Desde o momento em que um indivíduo empreende uma ação, qualquer que seja, esta começa a escapar de suas intenções; ela entra num universo de interações e, finalmente, o meio ambiente apossa-se dela num sentido que pode se tornar contrário ao da intenção inicial. Isso amedronta os gestores das organizações que necessitam de previsibilidade e resultados tangíveis no curto prazo, ao passo que precisam garantir fluxo de caixa futuro.

Não temos domínio completo sobre o resultado das coisas, sobre a eficácia das nossas decisões e suas trajetórias. Por isso usamos o verso de Fernando Pessoa "*navegar é preciso*": ao navegar, fazemos a travessia e nela aprendemos na melhoria contínua. Tendo um porto para onde ir, somos mais assertivos nas escolhas dos bons ventos; pois tudo que fazemos está em constante colisão uns com os outros, e disso nascem novas ideias e pluralidades, censuras e queimadas. O que precisamos evitar é agir como biruta de aeroporto. E gostamos da ideia de que é na relação aberta entre empresas no ecossistema que podemos gerar valor real para as pessoas, e que é isso que concretiza o capitalismo com consumo consciente, no qual ele próprio promove um relacionamento de valor com as marcas.

02.

Valor é elevar à potência

Como veremos no modelo dos cinco Es deste livro, tudo está conectado com o todo, então tudo é importante. Não se trata de uma somatória, e sim de uma elevação à potência dos ativos da organização nas plataformas e ecossistemas de negócios onde se interage. Como os recursos são escassos, um desafio é agir com produtividade. Por exemplo, experiência sem excelência é desperdício de recursos, é "tanto barulho por nada".

Sem conhecimento, qualidade e disciplina de gestão, a existência das organizações pode implodir na dissipação de energia e recursos e explodir na complexidade das coisas, tornando as pessoas que nela atuam confusas, erráticas e perdidas demasiadamente nas transições sociais. Elas passam a acreditar na sorte e no azar, no horóscopo, na crise, na bola de cristal, no que o guru ou palestrante de turno diz, ou ainda no determinismo da vida, em que, segundo elas, tudo já está dado. Outras vivem em loop de vitimismo, em que a culpa é sempre do outro, do líder, do colaborador, do colega, do cliente, dos *stakeholders*, das tecnologias.

Elevar à potência é falar de princípios primeiro (a Essência das coisas, a abordagem Estética e Ética da organização), e deve-se fazer isso com disciplina e método (a Excelência), senão de nada serve o investimento, e nisso não há boa experiência. Como citou com poesia a empresa de pneumáticos Pirelli quando realizou a campanha publicitária com o fenômeno Ronaldo, "potência é nada sem controle".

É poético, na sua espontaneidade, quando o atleta, imparável, certeiro, acelera com seus ziguezagues e dribles incríveis, arrancadas e breques. Sem exercício e treino rigoroso isso não seria possível. Sem bons joelhos, nada teria ocorrido; Ronaldo sabe bem disso; talvez seja por isso que o chamam de "fenômeno". É complexo de entender e repetir, na sua simplicidade; é difícil explicar o que é invisível aos olhos nus. Pergunte para os defensores dos times que tentaram marcar o Ronaldo, pergunte o que foi o drible de Garrincha, a força criativa e metódica de Pelé. Todos esses jogadores têm uma característica em comum quando estão com a bola no pé, conectados com a *força* do futebol, e decidem um arranque: são a força de um furacão sob controle. E isso é um mistério para quem não tem essa capacidade.

Quem explicou isso na linguagem da sociologia do trabalho foi Domenico De Masi com o ócio criativo (trataremos mais disso no E de Estética neste livro). Ele estudou a criatividade de indivíduos atuantes em grupos, tornando a sua dinâmica menos misteriosa. Nesses grupos, as pessoas enquanto trabalham aprendem, e vice-versa, e fazer isso com satisfação, bem-estar, bom humor, em dialógica constante. Aqui, a finalidade não é o trabalho, e sim gerar valor, promover o propósito da organização. Para isso, o grupo deve estar em estado constante de engajamento intelectual com a missão; é o agir com atitude criativa. E para que isso ocorra, é preciso existir uma cultura criativa. De Masi trata desses temas, e existem diversos vídeos em português na internet disponíveis para consultar gratuitamente — recomendamos que o leitor faça isso, caso não tenha lido os seus livros publicados inclusive no Brasil.

Numa linguagem mais norte-americana, a consultoria Accenture chama o ócio criativo de cultura organizacional em omniconexão. Mas o cerne da questão é o mesmo; a omniconexão nivela o campo de jogo na organização para que todos os colaboradores possam ter uma experiência equitativa e participar plenamente. Não significa estar sempre conectado, 24 horas por dia, 7 dias por semana, por mais que um trabalho intelectual que demanda atitude criativa não tenha hora para começar ou terminar. Por meio dessas experiências, as pessoas da organização são capazes de construir relacionamentos, criar valor e impacto pessoal e comercial e desenvolver suas carreiras. Cada uma com as suas forças e virtudes.

Fazendo uma síntese, as quatro ações principais para criar valor são:

- **incutir liderança participativa e com inteligência emocional**: liderar com empatia, compaixão, transparência e confiabilidade;
- **cultivar uma cultura próspera**: cultivar normas culturais que priorizem propósito, autenticidade e segurança psicológica;
- **habilitar a organização ágil**: levar ainda mais flexibilidade e dimensionar novas formas de trabalho, tornar as reuniões um processo contínuo de *design thinking*;
- **capacitar as pessoas sempre**: aprendizado contínuo; aprender a aprender, fornecer acesso a uma base ampla de conhecimentos e à oportunidade de experimentar e prototipar, para aprender a fazer com segurança psicológica.

Para empresas como Disney e Apple — a partir de seus fundadores —, era "prático" e simples agir dessa forma. Walt Disney criou um departamento chamado *Imageneering*, a junção de "*imaginers*" (imaginadores) com "*engineers*" (engenheiros); e Steve Jobs falava aos alunos que colavam grau, em célebre vídeo disponível na internet, de manter vivo o apetite, a vitalidade, com um toque de ingenuidade também. Aqui também, para cada citação, existem inúmeros conteúdos online disponíveis para se aprofundar. Esta é a parte boa da internet: ela promove conhecimento.

> ***"Estes têm sido meus mantras — foco e simplicidade. O simples pode ser mais difícil que complexo. Você precisa trabalhar duro para deixar o seu pensamento limpo e manter a simplicidade."***
>
> — Steve Jobs —

> ***"Todas as coisas devem ser tornadas tão simples quanto possível, porém não simplistas."***
>
> — Albert Einstein —

Tais organizações pensam diferente e agem com forte simplicidade, mas sem simplismo. E isso é, para além do espaço e do tempo, uma fonte de possibilidades infinitas para as pessoas, um florescimento de ideias que não se traduzem somente a comprar um produto. Quando narrado, é de arrepiar o que a Apple fez em sua célebre campanha sobre aqueles que pensam diferente. Vale a pena assistir na internet.

Na nossa visão, a história contada pela Apple é como se fosse a memória desde os confins do infinito à dimensão do átomo. Toda a manifestação física, visível ou invisível aos olhos é uma íntima vibração de uma mesma potência, idêntica a si própria em todas as suas múltiplas expressões possíveis na realidade concreta de seus produtos e serviços. A consciência despertada nas pessoas em busca de autoestima e autorrealização e que "pensam diferente" ganha proporções poderosas. É como dizer que, por meio dos elos de confiança entre as marcas, as pessoas e tudo aquilo que envolve esse engajamento, o ser humano está conectado com o que existe de belo no mundo e com o espírito do nosso tempo. Nosso intuito como autores não é vangloriar ou julgar empresas, e sim entender o que podemos aprender com o melhor delas a partir de suas atitudes e corretivos sem medo de assumir responsabilidades. Nos interessa ir além da ponta do iceberg[1] e olhar toda a dimensão cultural dele, como na imagem a seguir:

Dimensão cultural da organização

Fonte: Adaptado pelo autor Victor Megido do Modelo do Iceberg Cultural da teoria do antropólogo Edward T. Hall

---

1 O antropólogo Edward T. Hall desenvolveu o Modelo do Iceberg Cultural na década de 1970 como uma analogia para os códigos culturais que prevalecem em qualquer sociedade. O conceito é inspirado nos icebergs com partes visíveis na superfície da água e partes invisíveis. Muitas vezes, até 90% da área real de um iceberg permanece escondida debaixo d'água.

Organizações criativas geradoras de valor são como icebergs culturais: os olhos podem ver a ponta visível, mas o diferencial está na cultura e no clima da organização. E é o tema-chave a ser desvendado pelo CVO. Senão, faremos como no filme *Titanic*: agiremos de forma insensata e superficial; agiremos com negligência.

O insensato é simplista. Como a personagem Pinóquio não gosta do esforço, então é superficial, se ilude, acredita no que vê de imediato, vive no achismo, tem ambição desmedida, opina sobre tudo e permanece um menino de pino que acredita nos contos da raposa e do gato, na árvore do dinheiro. E mesmo que ele tenha boas intenções, não se trata disso, e sim de fazer com intenção na busca pela melhoria contínua.

E, assim, marcas "mágicas" são fruto de muito trabalho, e são pedagógicas, amigáveis, criativas. Você, CVO, e nós vivemos nessa busca, e é preciso entender mais sobre essa grande complexidade para gerar valor. Talvez isso torne mais claro o caminho do êxito das organizações que aprendem a aprender. As profundas águas escuras precisam de coragem para imergir e luz para emergir, para ir além do escondido nesse iceberg cultural. Quando aprendemos, geramos patrimônio.

Para as organizações — vale para todas, independentemente do porte, área de ação, se é com ou sem fins lucrativos —, isso é sacro, tal como agir é parte da própria missão, para continuar fazendo parte do tempo presente-futuro. É inegociável.

As pequenas organizações muitas vezes pensam que não é com elas; as grandes pensam que nunca falirão; então não se engajam com esses desafios. Mas hoje, em ecossistemas de negócios, todas as pequenas têm espaço e todas as grandes podem perdê-lo rapidamente. Para que serve o seu conhecimento? Para liderar. No lugar de ser mudado à força, deve-se liderar a mudança, senão, são palavras de propósito jogadas aos ventos, são intenções sem ações. Muitas organizações não conseguem agir, são compradas ou fazem fusões; outras vêm a falir, dissipando patrimônio econômico e cultural. Promover senso crítico com governança na organização é o novo papel do CVO; não é só uma oportunidade, e sim uma urgência.

A complexidade é uma situação dada e podemos flanar sobre ela, mas antes precisamos entender os contextos mutáveis por onde andamos. As organizações são chamadas à tal Governança (falaremos mais sobre isso no espaço da Ética); cada empresa está com o timão da própria navegação nas mãos, e a ela cabe guiar, com o apoio essencial do CVO, sabendo das turbulências conhecidas e desconhecidas. Pede "estabilidade dinâmica", como sabem os pilotos de avião; é preciso prevenir ou agir rápido contra turbulências ou falhas, e esse tempo de resposta dita a sobrevivência do grupo. Uma história real bem contada vale mais do que mil palavras: vale a pena assistir ao filme *O herói do Rio Hudson*, longa baseado em fatos. Ele conta a história do Capitão Chesley "Sully" Sullenberger — encenado por Tom Hanks —, piloto veterano responsável pela aterrissagem do Airways Flight 1549, no Rio Hudson, em 2009, salvando todos a bordo de um acidente que seria fatal.

Organização lúcida tem Governança que lhe permite aprender a aprender. Estar lúcida e despertar pedem corajoso autoconhecimento das lideranças. A lucidez lhe permite fazer escolhas, dividir erro criativo de negligência e leva a organização a um estado de antifragilidade, como escreveu Taleb. Ela também promove convergência afetiva das pessoas da organização, o que permite superar em grupo as fortes forças da angústia que geram medo da mudança e dor por não querer mudar. Nem sempre queremos lidar com a mudança necessária para resolver um incômodo. Serve conhecimento das causas, para lidar com a raiz do problema que causa a dor.

Ainda, a própria mudança pode gerar algum incômodo, e isso muitas vezes as pessoas querem evitar — a picadinha de vacina. A realidade com suas colisões pode gerar incômodos, e a dor depende da avaliação pessoal. As pessoas avaliam sempre o custo-benefício de resolver aquilo que as incomoda. A dor está nas emoções de quem sente e tende a ser vista como algo negativo. Então tomou Doril, curou o sintoma, a dor sumiu... e assim também a inovação. O problema, porém, ficou. Esse, infelizmente, é um dos maiores problemas que pesquisas inúmeras revelaram nas organizações — não tanto a falta de conhecimento, mas o não uso por medo da mudança.

Líderes criativos lidam com resistências culturais e curam dores com empatia emocional e compassiva. Porém, muitas vezes, no lugar da mudança, a organização disfuncional prefere tomar anestésicos... A ação nesse tipo de organização disfuncional não é orientada pela necessidade de resolver um problema real, realizar uma tarefa, ou seja, realizar o "*trabalho a ser feito*", como nos ensina o autor Clayton Christensen em seus diversos trabalhos e artigos publicados (e falaremos mais sobre isso quando tratarmos do canvas da proposta de valor).

Como deveríamos agir? Os processos criativos identificam COMO e O QUE fazer para que o trabalho seja feito.

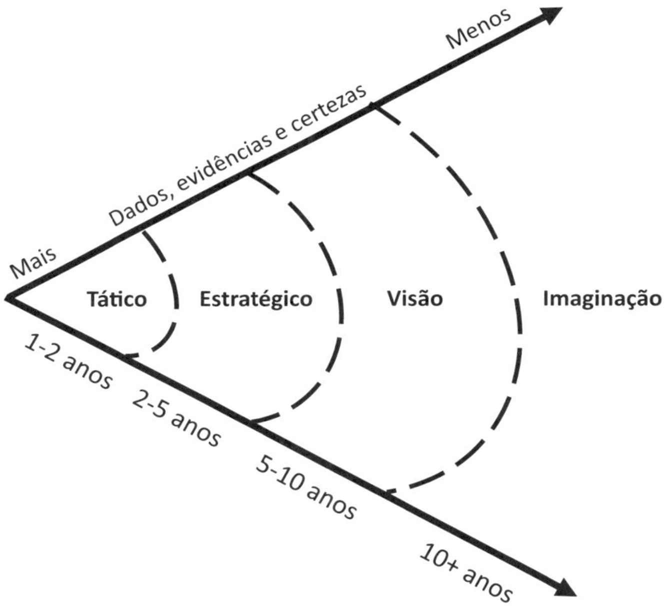

Pensamento produtivo e ambidestria
Fonte: Victor Megido

Tal é o pensamento produtivo na organização: para a alta liderança, é a estratégia e a visão; para a gerência, é a implementação, mensuração. A criatividade é como um jogo de xadrez em que os melhores jogadores são aqueles que conseguem pensar em vários movimentos antecipadamente, sem perder de vista a situação imediata de DOR ou GANHO. Para a alta liderança, significa ter ambidestria para orquestrar com estratégia e visão e vibrar para a adequada implementação.

Muitos não gostam de usar a palavra "dor", porém é disso que se trata quando oferecemos aliviadores — mas não somente. Existe também o *frame* da perspectiva de trabalhar na criação de ganhos. Mas, para isso, precisamos assumir um pensamento lateral, agir com proatividade.

O pensamento lateral contrapõe ideias para gerar *insights*, trabalha com probabilidades, aceita a ambiguidade, foge do superficial, observa o todo para entender a parte, navega entre o micro e o macro em busca de alternativas, e enfrenta, confiante, a complexidade em busca do trabalho a ser feito.

A boa liderança se baseia em diretores proativos, éticos e bem-informados, antifrágeis e ambidestros. Esse é um bom *identikit* do CVO, com linhas de responsabilidade baseadas na geração sistêmica de valor e com uma *pipeline* de liderança bem esclarecida, com membros do conselho alertas. Isso gera organizações saudáveis, que preferem fazer os melhores produtos e oferecer os melhores serviços na melhor qualidade, com eficiência e eficácia, empoderando pessoas, tratando os colaboradores como os primeiros clientes. Não é utopia, é realidade. Hoje, é possível conjugar inteligência artificial com inteligência emocional, e assim promover valor com êxito.

As organizações não podem ser conscientes e ajudar as pessoas emocionalmente, e até existencialmente, se elas próprias estiverem doentes, sofrendo de estados disfuncionais, de alienação ou de angústia descontrolada. Seria uma hipocrisia grave, como nos alerta o evangelista Mateus sobre a trave dos olhos: "*Tira primeiro a trave do teu olho e, então, cuidarás em tirar o argueiro do olho do teu irmão.*" (Mateus 7:3-5)

Mobbing, burnout, chefias com seus leões de chácara, tabus etc. Os problemas gerados pela disfuncionalidade são tantos:

- rigidez, incoerência entre finalidade e funcionamento;
- conflitos generalizados, representação ilusória da realidade;
- gestão dos colaboradores no mesmo nível de instrumentos e meios, e não como pessoas de valor.

Reumanizar a organização e tornar o consumo consciente passam pela revisão do modelo de ação, sem isso não será possível gerar valor com harmonia. Consumo consciente no desespero? Em estado de dor crônica ou de anestesia, uma organização não consegue se conectar com as pessoas da própria organização, com seus *stakeholders* ou seus clientes. Sobretudo, vive no negativismo, foge do futuro. A disfuncionalidade promove constantemente mau humor na organização; é um perigo. As pessoas tendem a ver sempre o copo meio vazio, reclamar, se desengajar da solução dos problemas. Quando estamos infelizes, tendemos a recordar eventos infelizes. Passamos a ter uma visão negativa do presente-futuro. Queremos fugir dele.

"Não há nada pior do que uma imagem nítida de um conceito vago."
— Ansel Adams —

"Não se pode soprar uma corneta incerta."
— Theodore Hesburgh —

Tampouco a solução está no otimismo! Precisa ter visão, que seja articulada clara e firmemente a todo momento.

Estamos vivendo, neste início de milênio, a oportunidade de uma nova jornada para as organizações com Governança, as quais irão superar a década e, por meio de práticas efetivas, oferecer a chance real às pessoas de exercer o direito de busca pela felicidade na promoção de marcas conscientes, e, no próprio consumo consciente, vão ajudar o indivíduo rumo à emancipação. Por outro lado, se nada mudar, daqui a uns anos, a doença que mais causará problemas à humanidade será a depressão, espuma da neurose, como escreve o psiquiatra e psicanalista J. D. Nasio em A *depressão é a perda de uma ilusão*[2], mesmo com tanto bem-estar possível. Tal livro, assim como tantos outros que tratam da ansiedade e depressão, merece nossa atenção para uma melhor compreensão do impacto psicológico das práticas que realizamos nas organizações e no mercado do consumo, nas ações que apoiamos, promovemos direta ou indiretamente nas organizações e nas ações para gerar valor e vendas.

Os antigos romanos diziam que valor é o que faz o outro estar bem. Vem de *valere*. Se estás bem, eu também estou, por reciprocidade. A falta de clareza sobre essas trocas é o que gera desvalor nos relacionamentos humanos. Em consequência, gera desvalor entre organizações e clientes,

---

2 NASIO, Juan David. *A depressão é a perda de uma ilusão*. Rio de Janeiro: Zahar: 2022.

entre marcas e consumidores. Esse descompasso é tantas vezes devido a uma erva daninha, um inimigo do consumo consciente: a vaidade, que em certa dose é remédio, mas em excesso vira tóxico e se torna motor de tanta tristeza desnecessária. Como lidar com a geração de valor e os tantos desejos humanos que podem se tornar também ilusões? Vivemos em uma grande "feira de vaidades"?

03.

Valor e vaidade

Em outros tempos, buscava-se a humildade por meio da narrativa do *memento mori* (lembre-se de que morrerás) e da *vanitas* (a vaidade vista como pecado capital), que eram os ensinamentos que a oligarquia eclesiástica da Igreja dava aos próprios súditos e fiéis das épocas antigas. Tal modelo, que foi interpretado e modificado diversas vezes no arco dos milênios, reconhecia a insustentável leveza do ser, aceitava a morte humana como condição natural, buscava lembrar às pessoas de que a vida era uma passagem, que tudo era vão quando longe da doutrina e do respeito da divindade, que o apego material era um vício diabólico e que a felicidade se realizaria em outra dimensão, por exemplo, no Paraíso, para os católicos, por meio de boas condutas humildes aqui na Terra.

Esse modelo ético, de fundamento católico, com mandamentos e outras regras impostas pela Igreja e pelas monarquias, foi superado e ressignificado pela curiosidade humana e seu instinto natural de vaidade. Não teve lei suntuária[1] que vencesse a ideia de querer consumir e fazer parte de algo maior no aqui e agora. Tão forte foi o desejo de conquistar status social que a guilhotina na Revolução Francesa foi cruel com o status quo. Aquele modelo de história de mundo entrou em crise e foi atualizado — mas não completamente

---

1 Recomendamos esta leitura, cara queira se aprofundar no tema sobre a lei santuária: https://pt.wikipedia.org/wiki/Lei_suntuária.

transformado — na Declaração de Independência norte-americana, na qual afirmou-se que todos os homens são criados iguais e são dotados por seu Criador de certos direitos inalienáveis, dentre eles a vida, a liberdade e a procura de felicidade.

Há mais de duzentos anos, os norte-americanos vivem segundo esta lei e influenciaram boa parte do planeta com tal abordagem ética, desenvolvida pela ética capitalista, com a tese de buscar a felicidade aqui e agora. Para obtê-la, acreditam e confiam na livre concorrência e na meritocracia. Trata-se de um modelo mais próximo à competição do que à colaboração, orientado ao engajamento à jornada material e existencial da sobrevivência, da segurança, da autoestima, e nesta década, para muitos, da autorrealização. Para que seja viável, é preciso uma ética que promova sustentabilidade, mais espaço para o autoconhecimento e para a jornada interior. São temas bem abordados pelo estudioso Abraham Maslow, assim como por outros estudiosos do consumismo. No apêndice, há maiores detalhes.

Mas obter autoconhecimento é difícil tarefa. Em seu livro *Philosophie des Als Ob,* o filósofo alemão Hans Vaihinger argumentou que os seres humanos têm grande dificuldade de realmente conhecer a realidade subjacente do mundo e, como resultado, constroem sistemas de pensamento para, em seguida, assumir que isso combina com suas realidades: nos comportamos como se o mundo correspondesse aos nossos modelos. E isso não é autoconhecimento, é autoconvencimento. É a ideia de que nossas construções são vistas mais como hipóteses úteis a nós mesmos do que como representações da realidade objetiva. Então existe a realidade e a percepção da realidade; e é nas entrelinhas desses elos que geramos ilusão ou sonhos, desvalor ou valor!

Esse é o *Homo sapiens*, criatura fascinante que, em dado momento, foi capaz de olhar para sua própria mente e ver o cosmos refletido nela. No instante em que começamos a refletir sobre nós mesmos, demos um grande passo como espécie, e o que nos diferencia do resto das espécies é o fato de que a evolução expandiu muito mais nossa consciência. Habita criatividade, memória e raciocínio lógico. Esses deslocamentos de perspectivas criam as diferentes dimensões do ser e é através deles que podemos chegar ao autoconhecimento, para, a certo ponto, aprender a dividir o joio do trigo. E, assim, tornar saudável a vaidade, para que ela não se torne tóxica. Esse aspecto é importante para que exista sustentabilidade individual e psicológica nos modelos de geração de valor por meio do consumo. Por isso, é difícil orquestrar harmonia nos contextos humanos. É uma questão cultural e biológica, e é dinâmica. Não é mais simplesmente um tema econômico tornar o modelo de negócios sustentável nesta década de 2020 para as pessoas e para a sociedade.

Dentre contextos culturais e psicológicos individuais, em que a vaidade é sempre uma força motriz, quando o desafio é gerar valor, nos cabe falar de consumo consciente com pragmatismo. O que buscamos trazer aqui como reflexão é que não devemos cair no erro da ingenuidade — saber como as coisas funcionam é necessário para poder respeitar pessoas e mitigar os potenciais danos da comunicação e do consumismo.

A mente humana ganhou os softwares que têm hoje nos últimos duzentos mil anos, quando nossa espécie, o *Homo sapiens*, desenvolveu-se neste mundo — e, a partir dele, foi se forjando de maneira acelerada há dez mil anos. Passávamos 97% do tempo em bandos nômades, que viviam da caça e da coleta. Nosso cérebro, por estranho que pareça ao leigo, ainda é uma ferramenta da Idade da Pedra tentando se virar num mundo BANI (deste século). Do ponto de vista dos nossos genes, ainda estamos no Paleolítico, uma época sem faculdade, carreira, dinheiro ou anticoncepcionais; época em que se vivia pouco, em que sexo, competição e violência contavam. E que, vindo aos tempos atuais, gerou o sistema consumista (no apêndice, damos mais espaço ao tema) e gerou alienação, seja em fase de produção ou de consumo. É nesse contexto que falamos de orquestração com atitude sistêmica para um *Chief Value Officer*. Caso contrário, seria um discurso simplório. O aspecto do indivíduo como trabalhador ou consumidor entra na pauta quando o desafio é reumanizar o modelo, para que este possa promover consciência, autoconhecimento, autoestima e autorrealização. É difícil, de grande responsabilidade. Pois...

"E essa é uma luta travada no arco de uma vida inteira, o conflito entre as pulsões de vida e de morte permanece por toda a existência. O inconsciente humano contém a pulsão de vida que nos empurra para o crescimento e a criação. E a pulsão de morte, que nos empurra para a destruição e desintegração. A própria vida é uma batalha contra a pulsão de morte. Isso gera uma tensão psíquica constante, na qual o conflito entre as pulsões permanece por toda a nossa caminhada."

— Melanie Klein —

E essas pulsões se alimentam muito das vaidades e anseios humanos. Dependendo de qual ação gerarmos ou promovermos, estaremos acelerando tensões psíquicas nas pessoas. Um *Chief Value Officer* trabalha levando sintropia para lidar com o natural caos (entropia), para promover emancipação e não consumismo, para agregar alegria e não tristeza, para promover pertencimento saudável e não exílio. Desenvolve projetos para fazer das organizações plataformas de superação da ansiedade e medo.

Esse tema do medo é importante, pois é um sério fator de complicação na orquestração do CVO e merece atenção. Preferimos dar-lhe também espaço no apêndice, para tornar a continuação da leitura aqui fluida. Para saber mais, está lá no final do livro. Para nós, aqui interessa olhar o que o medo causa nas organizações e nas pessoas e por que isso atrapalha a mudança desejada. Por exemplo, medo causa preconceito, um perigo fatal.

04.

O grande inimigo: o preconceito

Conceito é aquilo que a mente cultural concebe ou entende: uma ideia, representação geral e abstrata de uma realidade. É como um símbolo mental, uma "unidade de conhecimento", isto é, um *meme*. O conceito de *memes* surgiu em 1976, com Richard Dawkins, como um análogo cultural dos genes. Deveria ser possível estudar a cultura através do processo de evolução por seleção natural de *memes*, ou seja, de comportamentos, ideias e conceitos.

E isso nos leva a falar do preconceito, que é um juízo preconcebido, manifestado geralmente na forma de uma atitude aplicada a coisas e fatos; costuma indicar um conhecimento prévio do conceito. Não raro, o preconceito é uma opinião sem julgamento, como dizia o filósofo Voltaire. Esse assunto é muito mais emocional do que racional, diga-se de passagem, pois entendemos os conceitos e as coisas da vida por meio da percepção, uma função cerebral que atribui significado a estímulos sensoriais a partir do histórico de vivências passadas.

Por meio da percepção, um indivíduo organiza e interpreta as suas impressões sensoriais para atribuir significado ao seu meio. Basicamente, consiste na aquisição, interpretação, seleção e organização das informações obtidas pelos sentidos. Isso explica o motivo de toda a memória do passado ser uma reedição dos fatos, baseada em nossos preconceitos, conceitos e percepções.

A percepção é uma função biológica que envolve estímulos elétricos evocados pelos estímulos nos órgãos dos sentidos. Do ponto de vista psicológico ou cognitivo, abarca os processos mentais, a memória e outros aspectos que podem influenciar a interpretação dos dados percebidos. Os conceitos são formados de tal maneira, e preconceitos são formados a partir de um histórico de vivências. Ou seja, há muito de invisível e esquecido nesse processo.

Refletir sobre a percepção das pessoas e seu efeito no conhecimento e aquisição de informações do mundo é essencial para as organizações engajarem pessoas ao propósito dado. Se as pessoas são importantes para as organizações, pois organizações são pessoas, e se o consumo consciente ocorre em pessoas lúcidas, então é preciso prestar atenção nisso. Não são coisas que um departamento só da organização, como o de Recursos Humanos ou de Marketing, resolve. Não é uma campanha de comunicação interna ou externa. Não são só palavras, tampouco é assunto só de mídia. São relacionamentos e, antes, é comunicação.

Antes de tudo, comunicar é colocar em comum. Para compreender as coisas da vida, usamos a nossa percepção do mundo, e essa tecnologia natural humana é útil para a caça na savana, mas imperfeita quando o assunto é buscar a razão invisível que move o mundo complexo, cheio de colisões e onde as pessoas nesse meio tempo buscam a autorrealização. Imperfeita porque imprecisa. Por esse motivo, nossa ferramenta biológica pede constante higiene mental e prudência.

Tendo clareza do como comunicar, as marcas podem ser, sim, vetores de harmonia. Para tanto, precisam agir com competência, para gerar de fato pertencimento, que gera engajamento, para conseguir resultados produtivos. Isso ocorre por meio da Experiência, de que iremos tratar no modelo dos cinco Es, e concretizado por intermédio das pontes com o mercado, que abordaremos quando falarmos dos cinco Ps.

A ordem dos fatores influencia os resultados. Resultado é fruto de engajamento, e engajamento é fruto de pertencimento. Se as agendas batem, existe uma convergência afetiva. Essa questão determina a primeira escolha entre pessoas de querer dialogar ou não.

Acreditamos, no fundo, que seja essa a postura da marca virtuosa. Ela é ética não porque é bondosa, pois não se trata de bondade, e sim de sustentabilidade. A organização sabe que aquilo que a emoção traduziu em razão para as pessoas pode ser fruto de ilusão, então precisa pensar bem naquilo que vai fazer, para entender se existe incoerência com o propósito de promover bem-estar (usualmente, todas as organizações com governança pactuam com o bem-estar das pessoas).

Gestão de marca com transparência será natural quando agirmos em plataformas de negócios integrados, com rastreabilidade, *blockchains*. Essa sustentabilidade com transparência é o que chamamos de harmonia. Como dissemos, agir com harmonia não é obter a perfeição — algo impossível —, mas agir para prevenir e corrigir erros.

Falando das pessoas com quem as marcas se relacionam e podem ajudar na busca por autoestima e autorrealização, para a psicologia, a percepção é o processo ou resultado de tornar conscientes a nós os objetos, relacionamentos e eventos. A percepção faz isso através dos sentidos, por meio de atividades como reconhecer, observar e discriminar. Essas atividades permitem que o organismo se organize e interprete os estímulos. Na psicologia, o estudo da percepção é de extrema importância, porque o comportamento das pessoas é baseado na interpretação que fazem da realidade, e não necessariamente "na" realidade em si. Então devemos sempre lembrar que existe a realidade e existe a percepção que cada um tem dela. Por esse motivo, a percepção do mundo é diferente para cada um de nós; cada pessoa percebe um objeto ou uma situação de acordo com os aspectos que tem especial importância para si própria. O poeta alemão Goethe costumava escrever que a beleza está nos olhos de quem vê.

Isso pode parecer estranho à primeira vista, mas é um fato e talvez o motivo pelo qual as pessoas briguem e se desentendem tanto, tornando a comunicação uma arte e um verdadeiro desafio do novo século, já que nunca nos comunicamos com tanta velocidade como hoje e talvez nunca as pessoas estiveram tão desatentas quando se relacionam como hoje.

Preste atenção no que segue: o processo de percepção tem início com a atenção. Trata-se de um processo de observação seletiva, ou seja, das observações por nós efetuadas, que faz com que nós percebamos alguns elementos em desfavor de outros. Desse modo, são vários os fatores que influenciam a atenção, e eles se encontram agrupados em duas categorias: os fatores externos (próprios do meio ambiente) e os fatores internos (próprios do nosso organismo e da nossa mente, crenças, medos, traumas, sucessos).

O meio de contato, a interação, a linguagem e a mídia são fatores externos que influenciam a compreensão da realidade. Os conceitos apresentados pelas linguagens e meios criados por humanos, como os da arte (desde o desenho, pintura, arquitetura), as mídias tradicionais do século XX e as instantâneas digitais do século XXI, são representações da realidade e mostram as reflexões sobre a inter-relação do homem com o mundo. ■

Desde o começo da civilização, os artistas, tecnólogos e cientistas tentam representar o mundo com conceitos e realidade. Inicialmente, isso foi feito por meio de imagens sequenciais, bidimensional e tridimensionalmente, segundo o conhecimento técnico disponível nas épocas passadas. Isso, sem dúvidas, influenciou o nosso estar no mundo. Não por acaso, a censura do poder sempre buscou regrar e orientar a arte para que lhe fosse instrumental, embora não exista censura que consiga barrar as ideias.

Veja como as coisas mudam. Acredita-se hoje que os espaços da superfície terrestre possam ser concebidos não como entidades tridimensionais, mas sim quadrimensionais, como complexos de fenômenos espaço-temporais. Os sistemas da perspectiva quadrimensional são usados para representar a síntese do que é visto por um observador em movimento; o processo admite múltiplos pontos de fuga, bem como múltiplas linhas do horizonte. Por que isso é relevante? Vamos explicar.

A perspectiva da antiga arte medieval representava um tipo de visão do mundo e da realidade, influenciada e influenciadora de percepções definidas pelas lideranças da época — o *memento mori*, por exemplo. Era o homem e a Terra no centro do universo e Deus no controle e comando de tudo; uma visão linear e vertical de Deus para o homem. E isso definia como as igrejas seriam construídas, como as pinturas seriam realizadas, como as imagens seriam colocadas no quadro, quais as cores seriam utilizadas, e assim vai. Cada detalhe era regrado e os artistas não poderiam ousar com muitas mudanças.

Com o tempo, a ciência e a filosofia descobriram e abriram novas trilhas de conhecimento. A nova perspectiva do mundo entre os anos 1400 e 1600 gerou uma visão da arte diferente, durante o Humanismo e o Renascimento; mais recentemente, o período da arte cubista, futurista e abstrata foi influenciado fortemente pelas descobertas científicas, pela psicanálise de Freud, pela física de Einstein, e tudo foi relativizado com mais pontos de vista sobre as coisas do mundo, do cosmos ao inconsciente. Ambas apresentaram uma "nova" versão da realidade, mais complexa, com muitos mais pontos de vista além do horizonte. Para os curiosos, recomendamos buscar nas redes o quadro *Le demoiselle de Avignon*, quadro de Pablo Picasso que se tornou o manifesto cubista e trata dessas rupturas de perspectivas que citamos. A partir disso, entrou também a física quântica numa nova visão do impreciso mundo atômico! E tudo continuou evoluindo do jeito como interpretamos as coisas da vida; muito do que era certo virou incerto, e os preconceitos e conceitos foram mudando, mas alguns ainda resistem; veja o racismo, a homofobia e o machismo, por exemplo.

Nos últimos decênios, tecnologia e arte se uniram mais uma vez para trazer à tona a realidade aumentada das coisas, a visão panorâmica, os planos curvilíneos e a interatividade. Tudo isso tem sido explorado por diversas áreas do conhecimento, como design, arquitetura, geografia, cinema, entre outras, e a percepção das pessoas tem evoluído novamente nas últimas gerações. Um exemplo é o amadurecimento do *metaverso*, sobre o qual falaremos mais adiante no livro, quando tratarmos dos cinco Ps.

Essa mudança cultural é uma constante. A realidade muda, pois a cultura muda, e o design cultural também muda. O ecossistema biológico está em uma lenta e constante mutação; a cultura é mais rápida. Por isso quem se adapta mais rápido às mudanças é quem consegue ser mais produtivo nas mudanças, sendo, em certo ponto, proativo na criação de mudanças.

Mas o mundo ainda é movido pelo imediatismo, pelo impulso, pelas paixões incontroladas, e nossa percepção da realidade é feita de emoções. Com isso, nosso entendimento sobre os conceitos da vida ainda é parcial, e isso talvez não seja tão facilmente resolvível, considerando que nossa sociedade e a educação ainda são muito parecidas, em seus costumes e preconceitos, com as de séculos atrás.

Veja as escolas conteudistas em vista do diploma, os processos hierárquicos nas empresas, o *mobbing*, a corrupção, e assim vai. Devemos compreender isso como gestores de empresas e marcas e aprender a respeitar mais as emoções, para, a partir disso, ajudar, acolher, ressignificar. Conviver pacificamente com as pessoas, não mais colaboradores e consumidores a serem fidelizados, e sim pessoas com quem dialogar, empoderar. Emancipar, não aprisionar. Mais adiante no livro, quando falarmos do modelo de gestão da organização em rede distribuída, teremos maior clareza de que só é viável gerar valor no novo modelo de plataforma se empoderarmos o indivíduo para a real colaboração, fomentando atitude sistêmica, atitude T, numa convergência afetiva. Pois tudo será dinâmico e rápido demais, impossibilitando o comando e controle do atual modelo de organizações com topologia de rede decentralizada. Estamos num caminho sem volta. Procure na internet e veja como o time de basquete americano dos Lakers jogava antes de 1980 e como passou a jogar na década seguinte.

Todavia, existem ideias e *memes* poderosos que não morrem nunca. Por isso, dissemos neste capítulo que um grande perigo do líder é o preconceito: heurísticas e vieses cognitivos[1] permanecem no pensamento humano e, até certo ponto, são úteis para formar inteligência cristalizada. Na síntese do gráfico, podemos entender como funciona a nossa inteligência[2]. O autoconhecimento é o primeiro passo para uma liderança virtuosa e inovadora não se autossabotar ou para não gerar desvalor. Para fazer isso, é preciso fomentar também a inteligência fluida.

---

1 Existem muitas heurísticas e vieses cognitivos, como a heurística da disponibilidade ou da representatividade, teoria da perspectiva, excesso de confiança, argumentação motivada etc. Na internet, existem diversas fontes, e o leitor poderá pesquisar por elas.

2 Mais detalhes sobre a teoria Cattell-Horn-Carroll em: https://pt.wikipedia.org/wiki/Teoria_Cattell–Horn–Carroll.

Se assim não fosse, provavelmente não existiria a civilização humana neste planeta. Ambas são necessárias, mas ambas precisam estar sob controle.

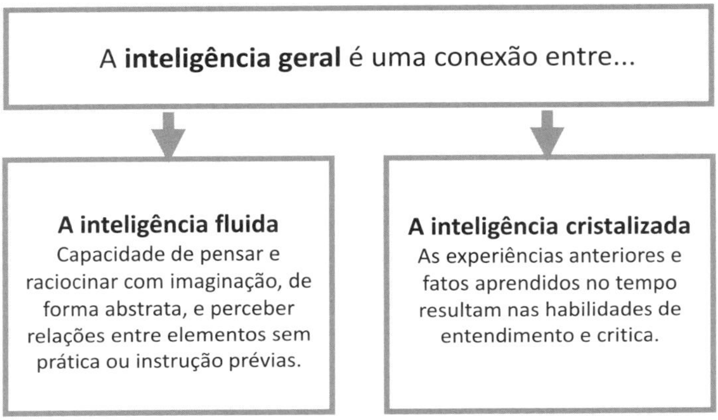

Inteligência geral
Fonte: Adaptado pelo autor Victor Megido do modelo "Gf – Gc" de Raymond B. Cattell, John L. Horn e John B. Carroll (Teoria Cattell-Horn-Carroll)

A questão da inteligência cristalizada é que ela pode promover também heurísticas e vieses. Não significa que ela determine isso, mas é a sua tendência natural fazer certa eficiência de raciocínio, e, a depender do contexto, pode levar para ações ineficazes, motivo pelo qual desenvolvemos também a inteligência fluida. O modelo de gestão de pessoas precisa dar conta deste desafio humano: promover as duas inteligências para que haja, de fato, atitude criativa na organização para resolver problemas e, assim, gerar valor, não caindo na potencial armadilha do preconceito. Peter Drucker nos diria: "*Minha maior qualidade como consultor é ser ignorante e fazer algumas perguntas*". Já Steve Jobs diria: "*Stay hungry, stay foolish*".

A vacina contra o preconceito é a junção de educação com empatia e boa comunicação. Ter atenção sobre os conceitos, buscar a escuta ativa, o olhar do outro, por mais cansativo que seja; ter como meta o agir eficiente para obter resultados eficazes. Por exemplo, para um gestor, o colaborador nem sempre tem razão, ou, para o vendedor, o cliente nem sempre tem razão; às vezes, ele precisa somente de acolhimento. Talvez devêssemos comunicar menos para comunicar melhor. E essa é a arte de fazer boas perguntas para obter respostas o mais assertivas possível, a qual nos permite, com indagação, chegar ao problema fundamental, à causa-raiz; que nos abre caminhos para desenvolver um plano de ação efetivo, admitindo o exercício pertinente da imaginação, da invenção, da inovação. Ou seja, usando as nossas inteligências como um todo podemos ser produtivos e gerar valor.

E esse valor é também sinônimo de felicidade.

05.

Valor e felicidade

Felicidade não é um objeto; não se compra, portanto, não se vende. Tudo indica que seja um efeito colateral benéfico da autoestima e da autorrealização, um fruto do autoconhecimento. Ressignificar o conceito de felicidade é urgente para a nossa sociedade, seja naquilo que a atrela ao consumo, seja ao trabalho. Para o orquestrador de valor, é assunto principal, porque as pessoas são movidas a desejos de bem-estar, de satisfação, e gostam de abraçar causas, aceitar desafios que se conectem a propósitos de felicidade.

Mas é um assunto complexo, pois a felicidade individual está ancorada aos conceitos individuais. Paul Bloom, professor de psicologia da Universidade de Yale, nos mostra que o que você pensa a respeito de uma comida afeta o quanto você irá apreciá-la no presente ou no futuro. As reações cerebrais durante uma degustação de vinhos foram acompanhadas por meio de ressonância magnética. Os voluntários beberam o mesmo vinho, porém extraído de garrafas diferentes: uma com etiqueta de dez dólares, outra de noventa dólares. As pessoas declararam gostar mais do vinho da garrafa mais cara.

O mais impressionante é que, nesses casos, a ressonância mostrou uma fusão entre o paladar e aroma percebidos e a expectativa de sabor gerada pelo preço no rótulo. O processo acontecia no córtex orbitofrontal medial. No fim, quem acreditou que por trás da garrafa de noventa dólares estaria uma vinícola minuciosa de fato sentiu mais prazer.

Sentir prazer não é ser feliz. Prazer é o gozo do corpo e da mente, um alívio momentâneo do desejo constante do homem de ser e valer mais, e de evitar a todo o custo ser menos.

Já o estado de felicidade é fluidez com lucidez, assunto de que iremos tratar com mais atenção no E de Ética deste livro. Entender que ser mais ou menos feliz são ocorrências da vida e que, no fundo, não viemos aqui para ser pura satisfação de desejos; se assim fosse, bastaria ficar em estado animal. O desafio ético é conviver de forma sustentável psicologicamente com nosso lado instintivo e primitivo.

Estado de felicidade não é algo que se ganha ou se compra. A felicidade não é um prêmio; não é concreta nem material; talvez esteja mais para uma frequência de ideias e pensamentos, e os sentidos traduzem isso em química corpórea. A harmonia, como dissemos no início do livro, é um estado do ser e estar no mundo em mutação perene.

Por exemplo, envelhecer saudavelmente é harmonia, como hoje algumas marcas da área da beleza e saúde buscam destacar. Basta ver na internet as belas campanhas da marca Dove, uma por todas, aquela de 2004 sobre os retratos da real beleza atemporal, em que ocorre a sensibilização e religação da estética com a ética. Para o autorrealizado, brilhar como uma estrela é ser estrela aqui na simplicidade da vida, sorrindo mesmo quando cansado, velho, imperfeito.

Harmonia não se assegura nem se vende, não é uma coisa "para sempre", pois, como dissemos, é fundada na mudança natural das coisas do mundo. Inclusive, é a filosofia do grego Heráclito, quando dizia: "*Panta Rei, tudo muda*". A felicidade é um estado amplo, de totalidade, mutável, que necessariamente está atrelado às coisas exteriores. No entanto, não é coisificável e nos condena à infelicidade quando nos alienamos ou nos iludimos em poder tê-la no materialismo.

Felicidade vem dos nossos preconceitos, medos, desejos, vaidades, anseios, *lives*. Quando fazemos da nossa vida uma ficção, ela é aparentemente feliz, mas potencialmente triste, pois estamos tentando nos autoconvencer.

Com frequência, nosso cérebro superestima o poder dos acontecimentos, tanto bons quanto ruins: o término de um namoro, uma promoção no emprego ou a compra de um carro novo. Atrelamos a recompensa do prazer a algo externo, que depende de coisas e outras pessoas que estão em um futuro que imaginamos na nossa cabeça cheia de armadilhas e labirintos.

Como as coisas acontecem na nossa cabeça? Da mesma forma que o sistema imunológico físico protege o nosso corpo contra bactérias, vírus e outros organismos que nos fariam adoecer, o psicológico é capaz de fazer as pessoas mudarem suas visões de mundo para se sentirem melhor com a realidade, seja ela qual for. Chamamos isso de ações que ocorrem para reduzir a dissonância cognitiva. Isso ocorreria por meio de processos cognitivos, principalmente, inconscientes. Fabricamos a felicidade — mudamos de opinião, por exemplo, ou tornamos suportável um fardo — quando não conseguimos exatamente o que queríamos. E esse sentimento mental não é inferior em qualidade ou duração ao prazer ou sensação de recompensa que se encontra naturalmente.

Para se ter uma ideia de como nossa mente é ardilosa em nos proteger e fazer convencer de que temos razão, existe um estudo que ilustra como a felicidade é "sintetizada" na nossa mente. Daniel Gilbert, psicólogo social e escritor americano, em estudos sobre a felicidade como ciência, chama isso de felicidade sintética. Sobre ele, existem diversos materiais disponíveis para assistir na internet, inclusive um episódio do TED Talks de 2014 que merece destaque chamado *A surpreendente ciência da felicidade*.

Gilbert provou sua tese por meio de um célebre experimento em que mostrou seis reproduções de quadros do pintor impressionista francês Claude Monet para voluntários. As pessoas tinham que enumerá-las de um a seis, começando pelo quadro de que mais gostavam. Depois, o pesquisador contava que tinha reproduções para presenteá-los, mas apenas as de número três e quatro no ranking criado; naturalmente, os voluntários escolhiam a de número três. Algum tempo depois — tanto fazia se quinze minutos ou quinze dias —, Gilbert pedia para que refizessem o ranking. O quadro que tinham levado para casa virava o segundo na fila, enquanto o que havia sido deixado para trás caía para a quinta posição. Era como se, para aquela pessoa, o quadro que tinha era melhor do que ela pensava, e o que deixou para trás era pior do que pensava.

Ou seja, quando estamos presos a uma realidade, ou a uma ficção, fica mais fácil produzirmos felicidade. O pesquisador aplicou o mesmo teste em pacientes que sofriam de amnésia. Os resultados foram idênticos, mas com um detalhe: os voluntários, dessa vez, não tinham como se lembrar de que haviam ganhado um dos quadros. Eles realmente mudaram suas reações estéticas, hedônicas e afetivas sobre aquelas reproduções.

Então, no nosso presente precioso, estamos ou muito ansiosos, ou muito eufóricos, com o que virá. Muitas vezes, nessa feira de vaidades, nos iludimos com coisas que vivem em dimensões e esferas irreais ou surreais. Nesses cenários, confundimos prazer, gozo, euforia com felicidade, e o resultado pode ser frustrante. Por isso, introduzimos também a questão do impacto psicológico neste livro.

O consumo continuará sendo necessário no modelo do capitalismo consciente, porém útil somente se sustentável psicologicamente, como um ato de libertação. Uma sociedade que seja capaz de exercer o direito à autorrealização é uma morada onde são permitidos a meditação, o lazer, o amor, a contemplação da beleza, o gozo, a amizade, a convivialidade, a segurança e o respeito — tudo aquilo que Maslow trata em sua abordagem. Esse é o rumo da emancipação que justifica uma civilização existir; o rumo que as organizações produtivas precisam assumir e promover para uma existência possível, uma "sustentável" leveza do ser.

Se olharmos bem, é o rumo que o progresso vem seguindo desde sempre, entre trancos e barrancos, e agora com desafios maiores. Recalibrar os pesos é preciso, neste modelo de negócios que olha o psicológico, social e ambiental junto com o econômico. Uma diferente sensibilidade dos gestores é demandada, por isso, é preciso coragem, aprender a agir também com o coração.

06.

Atitude criativa é agir com coragem

Existe uma reflexão linda em *A insustentável leveza do ser* sobre a liberdade que diz assim:

> *"São precisamente as perguntas para as quais não existem respostas que marcam os limites das possibilidades humanas e traçam as fronteiras da nossa existência... Procuramos sempre o peso das responsabilidades, quando o que na verdade almejamos é a leveza da liberdade."*
>
> — Milan Kundera —

Como transformar a organização para infundi-la sistematicamente com um significado inspirador? É preciso muita coragem e muito diálogo com as pessoas que pertencem à organização, para que seja possível fluir a criatividade. A junção na organização de tantas pessoas cocriando é de fato o valor social, e este promove o valor econômico. Existe também o valor social gerado entre as pessoas da organização e os *stakeholders*, quando olhamos de forma mais ampla o ecossistema de negócio. E o princípio é o mesmo, ou seja, é preciso existir uma convergência afetiva, emocional, em torno de interesses comuns.

O *design thinking* é um método dialógico para gerar valor muito pertinente para esse desafio. Nós o entendemos não tanto como design centrado no usuário, e sim como design de novos significados. Dessa forma, é possível cocriar coisas que encorajem a organização a convergir no significado coletivo maior de felicidade como emancipação. E é possível fazer da marca um elo de conexão sustentável social e economicamente. Agir com *design thinking* também promove uma mudança do sistema organizacional e comunicacional, permitindo caminhar mais agilmente para a cooperação em redes distribuídas.

Com o *design thinking*, nessa abordagem de novos significados, podemos engajar as pessoas da organização e seus *stakeholders* num movimento de significado profundo e motivador. Aqui reside o poder da essência da organização — e do significado de valor que ela defende e promove —, em meio a tanta gritaria sobre a qual fala o especialista em inovação Roberto Verganti, em um TED Talks muito bom e que merece ser assistido: *Meaningful innovation in a world awash with ideas* (*Inovação significativa em um mundo inundado de ideias*, em tradução livre).

Nesta década de 2020, marcas sem propósito e significado não encantam, não engajam. Podem ser eficientes, mas perdem em eficácia. No jogo da criatividade, não se é um jogador a menos que se tenha algo a dizer. E, nesse caso, os perdedores são substituídos por algoritmos inteligentes.

Você pode saber quem são as marcas impostoras ouvindo-as cantar as canções de outras marcas autênticas. As histórias com alma existem onde existe essência, e as outras histórias são, na melhor das hipóteses, cópias eficientes das canções de outros — mas que, com o tempo, pouco se sustentam.

Sonhar é preciso, e é por isso que a Fundação Louis Vuitton, por exemplo, quando decidiu criar o projeto de seu espaço, chamou em ajuda o arquiteto Frank Gehry, que declarou desejar projetar, em Paris, uma magnífica e segura embarcação que faria navegar com serenidade as pessoas mesmo por tempestades, simbolizando a vocação cultural da França de promover uma visão humanista e igualitária de sociedade.

O projeto nasce de uma visão clara de futuro da liderança de Bernard Arnault, quando diz que queriam presentear Paris com um espaço extraordinário de arte e cultura e demonstrar ousadia e emoção ao confiar a Frank Gehry a construção de um edifício icônico para o século XXI. E, para refletir sobre este nosso mundo em constante mudança, Gehry queria criar um edifício que evoluísse de acordo com o tempo e a luz para dar a impressão de algo fluido e em constante mutação[1].

Nas organizações, liderar, gerenciar, orquestrar é uma escolha criativa; antes, é um sonho, um desejo. Para isso, a escolha número um é fazer o propósito ser consistente com os valores declarados. Porque se tanto faz fazer de qualquer jeito, então não tem atenção, proatividade, criatividade. Quando assim, as bobagens correm soltas e a negligência é hábito. É uma ilusão pensar marcas conscientes sem fazer primeiro, dentro da organização, a mudança real de paradigma.

Uma organização alienada, anestesiada não tem olhar para o futuro possível e desconhecido, mas que já dá os seus sinais. Assim, fica prisioneira do passado-presente, sem repertório, perante os enfrentamentos do presente-futuro. Será uma vítima da cultura do medo, e a própria eficiência natural do mercado a destruirá, pois quando o ecossistema de negócios consolida riqueza, inova e renova valor, ele destrói recursos disponíveis no presente para "liberar" novos recursos e poder usá-los rumo ao futuro. Desse modo, os intermediários que não geram valor são otimizados.

Sim, é uma jornada árdua das organizações, feita de escolhas e com momentos de conforto. É difícil para todos. Uma escolha talvez de início forjada pela própria necessidade de sobreviver, porém até certo ponto com lucidez, que vem para gerar valor consciente. E isso é harmonia, dentro do conceito de mudança para a melhoria contínua.

> ***"Vender não é marketing... Todo o processo de negócio é um esforço fortemente integrado de descobrir, criar, despertar e satisfazer às necessidades do cliente."***
>
> — Theodore Levitt —

Milhares de *bits*, computadores quânticos e inteligência artificial não poderão ensinar à marca o caminho do coração e da beleza que levam ao essencial do cliente. Liberarão tempo, darão informações, e, com esse

---

1 Acesse e confira o site da Fundação: https://www.fondationlouisvuitton.fr/en/fondation/the-building.

tempo, os gestores deverão decidir melhor o que fazer dessa inteligência para gerar valor social.

Valor é o que está entre as pessoas. Não é a somatória de clientes de uma organização. Não é *market share*, nem número de vendas. Não é lucro. Valor é consciência.

> *"Porque é por meio dela que você será capaz de compreender as leis da existência. Pois da mesma maneira que, ao andar, tomamos cuidado para não pisar em um objeto cortante ou torcer o pé, devemos ter o maior cuidado para não prejudicar, de modo algum, a nossa mais importante faculdade mental. Se você preservar sua razão, ela preservará você."*
>
> — Epicteto —

A consciência é necessária para reumanizar o capitalismo — eis um enorme desafio. Com ela, podemos ter a capacidade de possuir um pensamento abrangente, como a imagem a seguir explica. Precisamos indagar e imaginar.

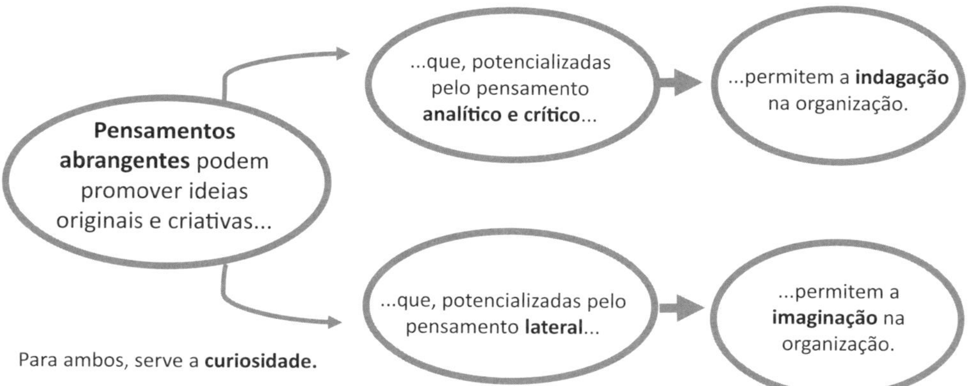

Pensamento abrangente e curiosidade
Fonte: Victor Megido

Harmonia é o estado de clareza saudável, não resignada, plena; é uma experiência de empatia; é o ócio criativo que Domenico De Masi escreve em suas pesquisas sobre as organizações do futuro; é vontade genuína de geração de valor. Uma organização feliz, como foi a Disney de Walt e tantas outras, busca promover um ambiente onde todos pudessem estar mais satisfeitos do que frustrados. Poder sonhar, imaginar, pertencer para estar bem. Veja na imagem a seguir como é importante o bom humor para que possamos ter uma visão mais feliz da vida[2].

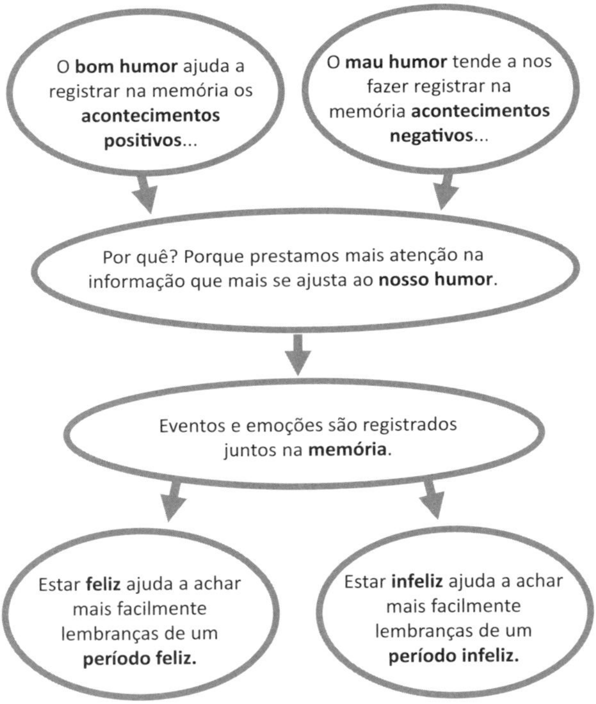

Humor, memoria e estados emocionais
Fonte: Adaptado pelo autor Victor Megido de estudos de António Damásio

Este é o clima cultural da organização; é um estado, e ocorre mesmo com as turbulências da jornada escondidas por aí, nas crises, podendo interferir a qualquer momento. Bom humor e alegria por si só não garantem uma vida feliz, seja dentro ou fora da organização. Há três tipos de vida feliz: uma vida plena, que é quando você busca o crescimento pessoal; uma vida significativa, que é colocar-se a serviço de um propósito mais

---

2 Para saber mais, recomendamos estas leituras: *The feeling of what happens: body and emotion in the making of consciousness* (Harcourte Brace & Co, 1999) e "We feel, therefore we learn: the relevance of affective and social neuroscience", artigo disponível em: https://doi.org/10.1111/j.1751-228X.2007.00004.x.

importante do que si próprio; e uma vida agradável, quando bá a socialização e a busca pelo prazer. Elas proporcionam uma felicidade duradoura, aquilo que traduzimos em busca pela autoestima e autorrealização.

No entanto, tal felicidade não pode ser conquistada na ausência das relações sociais. Portanto, a importância do valor social de um grupo feliz está na força de suas relações. Mesmo que tais elos sociais não garantam por si só a felicidade, sem eles um grupo dificilmente será feliz para realizar a sua missão com plenitude.

Você percebe quando o ambiente é bom quando neles as pessoas riem e conseguem ser a melhor versão de si mesmas — e isso é central para a geração de valor social. Esse clima saudável é a melhor vacina contra o negativismo, pois faz das coisas negativas — que são naturais do mundo — uma maneira para aprender a melhorar.

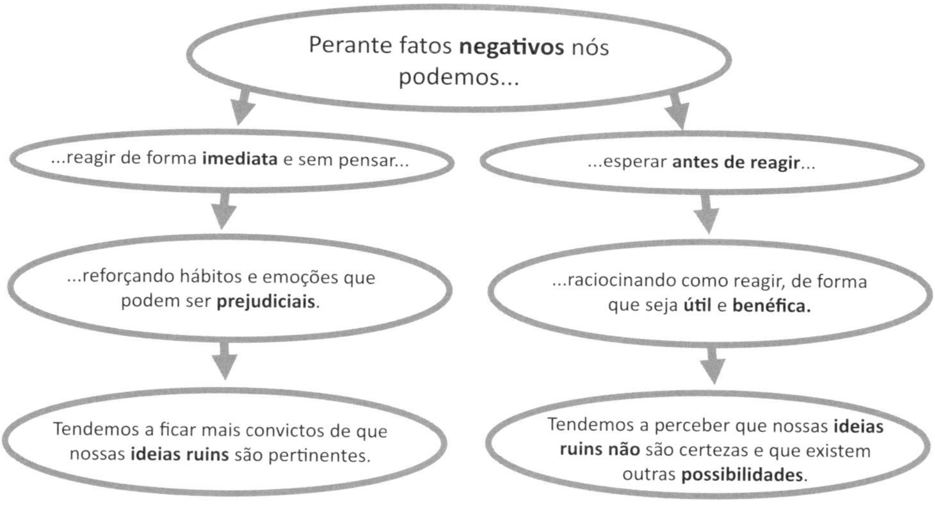

Humor, memória e estados emocionais

Fonte: Adaptado pelo autor Victor Megido de estudos de António Damásio

07.

É permitido rir na organização

A jornada pede bom humor. Ao humano, resta-lhe viver e aprender a rir. Mas é proibido rir, provoca Umberto Eco no romance de ficção *O nome da rosa*. Na nossa vida, encontramos muitos obstáculos na busca pela felicidade, por conta do medo e do desamor. Muitas pessoas, dogmas e crenças se colocam como muros em nossa frente e nos dificultam ao caminho da autorrealização.

No livro de Umberto Eco, rir é perigoso, pois liberta e conecta com a alegria. Esse ponto é crucial para o indivíduo, pois rir liberta. O escritor e filósofo baseia toda sua trama em torno do segundo livro da *Poética*, de Aristóteles, considerado perdido, e que, em linhas gerais, teria o condão de consolidar a teoria do riso como algo próprio do homem, bem como o próprio fruto de sua racionalidade, o que poderia abalar a fé, vista, na época retratada pela obra, pelo status quo como uma atitude de reverência e temor a Deus e de respeito à Igreja e a seus representantes na Terra. Portanto, rir era proibido, e temer era necessário.

Se para Aristóteles o riso é "próprio do homem", sinal da racionalidade humana e vetor de ligação do homem com os deuses por meio das ideias que elevam o espírito (teoria da felicidade), para os seus detratores, o riso rebaixaria o homem, destruiria a solenidade ou quebraria o dogma da fé e do respeito a tudo que provém da divindade. Talvez, por isso, para o antigo clero da Igreja Romana, segundo provoca o escritor Eco, Jesus Cristo não ria. Estamos frente a uma concepção sobre a dualidade do riso, e é importante entender isso quando o assunto é gerar valor social nas organizações.

O riso se revela em dois campos distintos:

- temos o corpo humano e, junto com ele, como presente dos deuses, o riso e a concepção do homem como ser racional;
- e a outra forma do riso, produto ou espelho dessa racionalidade.

Assim, a primeira forma de manifestação do riso vem da criação do homem, ou seja, provém da natureza, da sua essência natural. Nesta, o riso tem a ver com o gozo natural, com a saúde física, e, nesse sentido, se torna sublime, imenso, exprimindo primordialmente o sentir humano como atributo divino. Trata-se do homem em conexão com a sua essência. Um humano que pertence a si mesmo.

Quando pessoas que nunca escutaram algum som ouvem pela primeira vez, brota do fundo do seu ser um riso espontâneo, de felicidade pura, que, por sua intensidade, pode ser sentido por todos, no contexto e na realidade do fato. É sobre este riso que o segundo livro da *Poética*, de Aristóteles, inicialmente se debruça — e que, neste sentido, é sublime. A extensão desta ideia tornaria o homem e seu corpo partes incindíveis da essência de Deus, e, nesta percepção, sua profanação seria um crime contra o próprio Deus, e sua proteção e cuidados seriam uma manifestação humana de fé e respeito ao Criador. Mas isso, naquela época, era o oposto da visão do status quo.

Pelo potencial libertador que isso teria no indivíduo, foi censurado através dos séculos. Rir virou um tabu, e então, nas antigas cortes monárquicas, só o palhaço poderia rir do rei, pois o palhaço era feio e louco. Hoje, nas empresas, a felicidade ainda incomoda — seja feliz em uma empresa e logo o *mobbing* e as fofocas podem se erguer contra você. E temos resquícios disso nos ambientes escolares. Rir é pecado, falta de respeito. O riso então é censurado e passa a ser objeto de estudo dos homens em todos os tempos. Nasce disso a comédia.

Desse modo, a segunda parte da *Poética* trata do riso como fruto da racionalidade humana e o compreende dentro da comédia como resultado de uma cópia risível do ser humano travestido de Deus. Trazendo isso aos tempos atuais, um filme trata isso muito bem: a jornada do anti-herói *Coringa* bem narrada por Todd Phillips. Nele, temos o riso doentio, cínico e fabricado pela mente humana, o riso enquanto comédia, o riso como subproduto imperfeito da razão. É o riso dos alienados, dos ansiosos e dos transtornados consumistas.

Para o controle, é sempre preferível tudo aquilo que seja previsível e que não ameace a ordem estabelecida. Em tais organizações, não se aceitam perguntas nem mudanças; a curiosidade não é bem-vinda, pois teme-se tudo aquilo que é desconhecido. No caso do livro de Umberto Eco, é proibido rir porque isso liberta o homem do dogma. Rir se torna pecado, e, por reverência e respeito a Deus (naquela época "autoritária"), determina-se a ordem do silêncio e a prostração. O que difere é punido.

Preferia-se manter o controle e a ordem com o uso do medo, sofrimento, dor e castração, pois isso era concreto e, nesse processo, eliminava-se o riso perigoso e libertador. O riso sincero (veja as crianças) a certo ponto sempre questiona o que é insensato à felicidade humana — e isso é uma ameaça. Umberto Eco escreve em seu romance: "*Existe apenas uma coisa que excita os animais mais do que o prazer, é a dor*". O poder escolhe, então, ao riso a dor crônica. E vai tomando Doril sem curar as causas-raízes da dor, agindo sobre os sintomas das dores para tirar autonomia e consciência.

Coringa é essa manifestação da dor e do medo, no riso artificial da comédia trágica. Ele diz em dado momento: "*Eu pensava que minha vida fosse uma tragédia. Agora me dou conta de que é uma comédia.*" Em *Coringa*, e na nossa sociedade, a razão deturpou o riso de tantas formas que a farsa se tornou possível, e assim se criou a comédia, e não o riso, ou seja, frustração.

Coringa representa o pior de uma sociedade alienada com seus atos violentos, por seu distanciamento do prazer físico (natural), e assim usurpa ao riso, advindo da naturalidade das pessoas — sua origem divina —, e o incorpora, à força, aos atos em que torna todo o agir humano passível de riso, como racionalizáveis, submetendo-o ao jugo da razão cínica. O riso — manifestação divina por meio de nosso corpo humano — é reproduzido pelo Coringa como farsa, como busca por reconhecimento e supremacia, por meio da sua ficção, a ponto de virar, no filme, uma máscara, uma maquiagem amedrontadora.

No processo de "carceragem", rir é perigoso, pois revela a trilha da emancipação na jornada da busca pela arte da pergunta, da curiosidade, da autorrealização na organização e/ou por meio do consumo. Curiosidade não é orientada ao lucro e ao sucesso, e sim à descoberta; não nega o enfrentamento da complexidade através do conhecimento. Cabeças inquisitivas não têm preço, não são ordenáveis, e ninguém pode forçar tal engajamento.

A carruagem mecânica do status quo não consegue ver valor em tal trilha. A carruagem vive de ordem, dogmas e falácias, corre rápido sobre estradas asfaltadas por mão de obra obsoleta e é iluminada por holofotes nos quais a feroz e voraz velocidade sem rumo triunfa. Assim sendo, não há tempo para pensar. É o mote da destruição e apologia à ansiedade de futuro. Aqui, rir só vale se for por sarcasmo ou sátira, ou se for por bullying presencial ou — pior ainda — virtual, perante milhares de pessoas do mundo inteiro.

O bom humor é importante para se manter curioso na vida, para promover a divergência crítica necessária dentro das convergências afetivas dos ambientes corporativos, para dar grandes gargalhadas catárticas nas interações sociais e poder dormir bem à noite. Ele é fundamental para os momentos de ansiedade perante a dor, o erro, o problema, pois, por ele, poderemos conviver melhor, como vimos anteriormente nas imagens anteriores. Só com bom humor aprendemos a aprender. Tudo que gera bom humor é bem-vindo na nossa vida para promover as manifestações da criatividade humana.

Para as organizações geradoras de valor, tudo que nos faz questionar, rir, chorar, manifestar os sentimentos é necessário, pois purifica o egoísmo que carregamos no gene e ressignifica a pulsão de morte em pulsão de vida. Isso não é pouco; canalizemos nossa potência criativa para gerar valor.

08.

Valor e beleza que salvarão o mundo

Somos pequeninos sobre ombros largos de gigantes, e nossa busca pela geração de valor econômico, social, psicológico e ambiental é uma aventura transdisciplinar na "terra de ninguém" fronteiriça aos negócios e administração, ao marketing e *branding*, à ciência e arte, à filosofia e espiritualidade. Trata-se de um conceito de harmonia e de beleza de que tratamos no início do livro — intangível, imaterial, ético.

Tal beleza se manifesta nas experiências da vida, das flores ao canto dos pássaros, e também nas invenções humanas pensadas para aliviar dores e potencializar bem-estar, concretizar desejos, gerar alegria, promover consciência. O que é essa beleza escondida nas coisas e que nos guia? Os renascentistas toscanos tinham isso claro e fizeram disso uma bandeira. Nos cabe encontrar a nossa beleza, a beleza desta década de 2020, que poderá salvar o mundo.

Para os antigos toscanos, era a beleza e seus arranjos estéticos que nos guiavam rumo à harmonia da natureza. Em sua obra *Divina proportione*, escreveu Pacioli o seguinte, ao que nós hoje chamamos de pensamento sistêmico:

> *"Toda parte tem em si a predisposição de unir-se ao Todo, para que assim possa escapar à sua própria imperfeição."*
>
> – Luca Pacioli –

> *"A beleza é a harmonia e a concordância de todas as partes arranjadas de tal forma que nada possa ser adicionado, subtraído ou alterado, exceto para pior."*
>
> — Leon Battista Alberti —

Por harmonia, geralmente entendemos um ajuste, uma junção ordenada e agradável dos diferentes que, em si, carregam contrastes. Nesse sentido, é uma relação na qual elementos diferentes, e muitas vezes contrastantes, complementam-se ao juntar-se. Isso é importante, porque diz que o coletivo não precisa exiliar ou eliminar o diferente; a ordem harmônica não asfixia as pluralidades, mas o contrário — integra e complementa. E são essas diferentes musicalidades que fazem a bela sinfonia, como em um belo coral — tema central quando o tema é valor social.

Organizações, ecossistemas, cadeias de valor, mercados e consumo... fazemos parte de algo maior. É uma constatação. Portanto, é necessária orquestração, e tal é o desafio do *Chief Value Officer*. Até porque, se olharmos bem, qual o real papel social das marcas? Promover beleza. A beleza salvará um mundo caótico da falta de conexão na vida. Nos perdemos nesse labirinto sem sentidos — como na antiga sabedoria hebraica da Cabala, que diz que somos seres fracionados, vivendo em um mundo fracionado. Ela nos ensina que nossa tarefa na vida é a de devolver à unidade tantos fragmentos quantos possamos encontrar no caminho de nossas vidas.

Nisso, pode existir, sim, espaço para produtos, serviços e sistemas que ajudem pessoas a caminhar pela totalidade. É um processo social e individual, é uma jornada compartilhada. Quando duas pedras, uma perto da outra, são atiradas na água, elas criam ondas de padrões circulares que, ao se juntarem, formam eclipses que vão se ampliando, até que se tornam círculos também. Enquanto isso, os primeiros círculos se transformam: de círculos fechados com o centro em si mesmos, eles crescem formando arcos parabólicos, que vão além de si mesmos, na busca do infinito. Seria isso apenas um padrão de pedras, de vibrações, ou também a metáfora para a reciprocidade, uma proposta de valor entre nós que nos eleve?

Tais vibrações são os movimentos culturais e sociais aos quais gostamos de pertencer e dos quais precisamos fazer parte, pois somos seres sociais. Não existe felicidade na solidão. Solitude é diferente de solidão; solidão é tragédia, exílio, abandono, queda na depressão.

Quando compartilhamos nossas limitações com os outros, contrabalanceamos nossas fragilidades com as forças de outrem, o que nos possibilita criar, assim, uma harmonia viva na arte coral da vida da organização, comparável às harmonias criadas na música, na dança, na arte, no valor oferecido pelas marcas.

É essa a beleza, em harmonia recíproca, que salvará o mundo. É pragmática, e o papel das organizações e marcas será de apoio, não de protagonismo. Vetor de transformação. Quando visitamos a Fundação Prada em Milão, ou a Ferragamo em Firenze, ou quando entramos em uma de suas lojas, percebemos as vibrações de beleza destes ambientes de conhecimento e acolhimento, além do comercial. Não se trata de luxo ou moda, mas de essência com significado.

É assim, por exemplo, que nós, autores, entendemos o projeto arquitetônico realizado por Rem Koolhaas para a Fundação Prada em Milão, quando a visitamos recentemente. Não é uma obra de conservação, nem uma concepção de uma nova arquitetura. Quando imersos naquele ambiente, sentimos essas duas dimensões coexistirem, mesmo permanecendo distintas. Elas se confrontam em um processo de interação contínua, é um programa cultural aberto e em constante evolução, no qual tanto a arte quanto a arquitetura se beneficiam em seus desafios mútuos.

> *"Alguém me perguntou uma vez: 'Por que arte? Por que moda?' E eu disse: 'Porque são minhas ferramentas. Se eu fosse médico, usaria a ciência disponível. São ferramentas de conhecimento usadas para apresentar ideias... Quando me perguntam como posso ser elegante e bem-vestida, digo: 'Estudo!' Estude moda, estude cinema, estude arte e depois estude a si mesmo."*
>
> — Miuccia Prada —

Para Dostoiévski, autor da ideia revolucionária de que "*a beleza salvará o mundo*" — e isso pode soar distante para uma mente que a tudo racionaliza com o riso cínico —, a contemplação da *Madonna* de Raffaello era a sua terapia pessoal, pois sem ela desesperaria dos homens e de si mesmo, diante de tantos problemas que vivia. "*Seguramente, não podemos viver sem pão, mas também é impossível existir sem beleza*", repetia. Beleza é mais que experiência estética; possui uma dimensão ética, uma excelência que não compactua com a mediocridade.

Como nos ensina através de seu legado, Ferrucio Ferragamo, com suas atitudes criativas e memórias que pudemos testemunhar em visita à Fundação Ferragamo em Firenze, por exemplo, dialogava assim com uma cliente:

> *"'Você sente seus pés livres o suficiente?'"*
> *Perguntei à minha cliente.*
> *'Livres?', ela respondeu, 'Com estes sapatos, tenho a impressão de que meus dedos estão nadando, e isso é uma liberdade que ninguém pode tirar de mim!'*
> *E, nesta descoberta, no conforto das centenas e milhares de pessoas para quem fiz os sapatos, é que fundei a minha fortuna."*
>
> — Salvatore Ferragamo —

Ferragamo tinha clareza no "trabalho a ser feito" que motivava a sua razão de existir, e nisso tinha fé inabalável. Somente assim é possível desenvolver relacionamentos, produtos, serviços ou sistemas com autenticidade e êxito. O trabalho, não o cliente, é a unidade fundamental de análise[1]. E, como veremos, é a condição necessária para a construção de uma boa proposta de valor.

Estejam as harmonias dando forma a um vaso de cerâmica, um quadro, um sapato, um serviço financeiro, uma marca ou uma organização; elas estão promovendo a satisfação da pessoa que compra e consome. A coerência e a consistência desta proposta é o que os gestores precisam orquestrar, e elas darão aos clientes plenitude individual e social. Aqui, mais uma memória de Ferragamo que queremos recordar:

---

1 Para aprofundar, leia depois o artigo completo do autor, disponível em: https://hbswk.hbs.edu/item/what-customers-want-from-your-products.

"Siga suas ideias originais e autênticas, não o que funciona! Liberte a criatividade! Não há limites para a criatividade se você entender como colocá-la no chão. Tudo pode inspirar, deixe-se estimular pelo que está ao seu redor e faça do seu jeito... E se eles copiarem você? Eles copiarão a forma, mas não a substância que torna suas ideias e criações autênticas e irrepetíveis. Eles não serão capazes de replicar sua essência! Porque eles podem fingir ser você, mas nunca podem se tornar você. Sapateiros de todo o mundo copiam o que posso oferecer, menos uma coisa: a essência."

— Salvatore Ferragamo —

Sabedoria é juntar, como fez Ferragamo em seus calçados; conhecimento é separar. Sabedoria converge e integra, enquanto conhecimento analisa e diferencia. Estamos naquela fase do capitalismo consciente em que flanar entre essas duas aptidões humanas se faz urgente para transformar a mera sobrevivência em arte de viver espontaneamente. Governança é transformar organizações em grupos criativos e gestores em líderes criativos que desempenham diversos papéis na organização.

Podemos resumir em pelo menos três esses papéis. Um papel informacional, de monitor e porta-voz; outro papel interpessoal de conector, promotor de relacionamentos; e o papel decisório, de solucionador de conflitos, negociador, apoiador, motivador, empreendedor. A gestão é uma mistura desses papéis, quase sempre em conflitos, na qual se unem a arte, a ciência e o ofício, nos diz Henry Mintzberg. Ou ócio criativo, como nos diz Domenico De Masi.

O *Chief Value Officer* conecta pessoas e ideias, supervisiona processos criativos, orquestra, estimula, opina e decide.

Chamamos de arte o próprio viver e agir das marcas que se aventuram entre esses aparentes opostos. Uma jornada intensa, árdua, que, para as lideranças, como dissemos, trata-se de olhar para onde ninguém está olhando, nos parênteses, nas notas de rodapé do mercado; é ali que habita a oportunidade. Perspectivas, pontos de vista — todos olham, mas só alguns compreendem.

A elevação de valor à potência, enfim, ocorre quando conseguimos respeitar o local onde interagimos, aquilo que está entre nós e nos religa. É o *genius loci*, "espírito do lugar" ao qual pertencemos. A expressão latina diz respeito ao conjunto de características socioculturais, arquitetônicas, de linguagem, de hábitos, que caracterizam um lugar, um ambiente, uma cidade, um projeto; para nós, também uma organização. Indica o "caráter" do lugar, o propósito da organização traduzido em valores da marca. Refere-se à preocupação com o local e o entorno das suas futuras construções mentais e sociais. Esse ato cultural genuíno é a primeira escolha para promover o bem-estar, de investir para defender os valores da beleza, da harmonia, da sustentabilidade, do consumo consciente.

Para isso, trazemos à tona a gestão criativa, guiada pelo design, com liderança sistêmica, temas de que iremos tratar a seguir, dando exemplos e modelos de gestão.

PARTE II

Chief Value Officer, gestão e modelos

01.

A gestão criativa

No novo paradigma desta década de 2020, gerar valor por meio das organizações no mercado é resolver problemas reais de pessoas para pessoas em busca de autoestima, autorrealização e emancipação. Isso é feito pela proposição de produção e consumo consciente.

Pessoas, sejam elas lideranças, liderados, colaboradores, empreendedores, *stakeholders* da cadeia do negócio, consultores, consumidores... Todos aqueles que desejam algo, e que também têm algo a dizer, são os protagonistas desta década e não serão substituídos por máquinas e algoritmos.

Para as organizações do século passado, acostumadas ao pensamento rígido e lógico, isso tudo pode soar estranho, falso, distante. Para os críticos do capitalismo e do consumismo, pode soar ingênuo, utópico. Por isso falamos de um novo paradigma, no qual o *Chief Value Officer* age mais como um produtor de cinema, um navegador, um orquestrador. Na prática, dentro do trabalho a ser feito, esse novo jeito de agir significa ser paciente para montar um quebra-cabeça, ser flexível para saber jogar o xadrez, ser sensível para reduzir estresse e dores, ser corajoso para aumentar ganhos, fazer isso tudo de forma equilibrada para as pessoas que atuam dentro e fora da organização. De certa forma, isso não é um cargo, mas uma atitude.

Valor é aquilo que ocorre entre pessoas, entre *stakeholders* na rede de relacionamentos, entre as organizações e o planeta, entre as organizações e as sociedades culturais, isso tudo imersos nas identidades territoriais, biomas, bairros das cidades. Valor é um conceito amplo, flexível e, não por isso, complexo. Como citamos anteriormente, já diziam os antigos romanos, valor é o que faz o outro estar bem. Vem de "*valere*". Se estás bem, eu também estou, por reciprocidade. A falta de clareza sobre essas trocas é o que gera desvalor nos relacionamentos humanos.

Exemplos: agenda confusa da organização ou mistura de agenda pessoal com agenda organizacional, indefinição sobre o que é êxito, confusão sobre percepção do problema e do sucesso, achismo do indivíduo na organização, falta de autoconhecimento, comunicação violenta, *pipeline* de liderança indefinida, processos baseados sobre opiniões não validadas, medo da mudança etc.

Eu A relação do indivíduo com ele mesmo. O autoconhecimento.	**As relações** A relação sistêmica entre o indivíduo e os outros. Comunicação e relacionamento da pessoa com o grupo.
A organização O alinhamento com a cultura e as estruturas organizacionais. A visão, o propósito, a missão e os valores.	**Os processos** O desenvolvimento criativo das tarefas, a implementação das ações em práticas de melhoria contínua. É a inovação.

Liderança sistêmica
Fonte: Adaptado pelo autor Victor Megido de estudos de Peter Senge e outros em *A quinta disciplina*.

Este quadro é uma síntese dos quatro elementos da liderança sistêmica[1] necessários para o *Chief Value Officer* prosperar na organização. Ela nos permite refletir sobre as habilidades e competências demandadas para a execução da liderança que busca pela produtividade com inovação, primando também por manter o bem-estar dos colaboradores. Esclarece que valor é resultado de visão sistêmica, em que empresa, processos e pessoas caminham juntos e alinhados, criando ambientes saudáveis, integrados e produtivos. Revela o primeiro passo, que é o autoconhecimento (pessoal e profissional) necessário para se aprofundar no entendimento sobre si mesmo na organização (inteligência lógica e emocional), para, a partir disso,

---

1 Bons resumos das ferramentas de pensamento sistêmico e aprendizagem organizacional podem ser encontrados nos seguintes livros: *A quinta disciplina* (Best Seller, 2018), *The dance of change* (Doubleday, 1998) e *Schools that learn* (Doubleday, 2013).

promover uma comunicação não violenta (*design thinking*), ativando os diferentes tipos de empatia com o outro (cognitiva, emocional e compassiva). Trata-se de comunicação para gerar relações mútuas no alinhamento dos níveis organizacionais e na implementação de mudanças e melhorias contínuas que desafiam criativamente toda a equipe de trabalho. Essa é a gestão criativa promovida pelo CVO.

Quando projetamos no mercado ou no outro coisas irreais, ou quando temos expectativas surreais, geramos. Para isso, serve lógica — mas não basta. As pessoas querem? Convergir afetivamente é um passo necessário para gerar valor. Aqui, precisamos de inteligência emocional, e a empatia é o caminho para tal conhecimento. Autoconhecimento é, então, a base para se relacionar, e o valor é resultado natural das trocas entre percepção e realidade, pois o que a razão pede, a emoção não deixa. Como dizia o físico Albert Einstein, "*é mais difícil quebrar um preconceito do que um átomo*". E, respondendo-lhe, o amigo e físico Max Born detectou na causa de todos os males a incapacidade de mudar[2].

> *"Se eu tivesse uma hora para resolver um problema e minha vida dependesse dessa solução, eu gastaria 55 minutos definindo a pergunta certa a fazer, porque quando soubesse a pergunta certa, poderia resolver o problema em menos de 5 minutos".*
>
> — Albert Einstein —

> *"Creio que ideias como certeza absoluta, precisão absoluta, verdade suprema etc. são produtos da imaginação que não deveriam ser admissíveis em nenhum campo da ciência. Por outro lado, qualquer afirmação de probabilidade é correta ou incorreta do ponto de vista da teoria na qual se baseia. Este relaxamento do pensamento me parece a maior bênção que a ciência moderna nos deu. Porque a crença de que existe apenas uma verdade, e de que você próprio está em posse dela, é a raiz de todos os males do mundo."*
>
> — Max Born —

---

2 Saiba mais em: https://www.bbc.com/portuguese/geral-62476283.

Portanto, deve-se:

- Ter clareza sempre de qual a pergunta certa (Einstein). Por exemplo, a partir do lugar ou "papel social" que você desempenha na sua organização, cidade, sociedade, ou da liderança que você exerce, da maneira como você compra e consome, como você gera valor? Qual o desafio e como você pode influenciar? O que é valor para seus *stakeholders*? E, do lugar de consumidor perante as marcas, qual a percepção que você tem do valor?
- Definir as prioridades na organização do presente-futuro com ambidestria, trabalhar junto com as equipes e parceiros nas alianças estratégicas, escolher com atenção as formas de medição e controle sobre a geração de valor e executar isso tudo com excelência.
- Coletar dados a todo momento: antes, durante e depois. Esta fase é critica, plena de armadilhas (pré-conceitos individuais, achismos, vieses, conformidade).
- Analisar os dados. Esta fase é delicada, pede trabalho coletivo, com método, para evitar o viés, cegueira intencional (que é o foco exagerado), simplismo. Aqui, o *design thinking* e outras metodologias ajudam muito.
- Interpretar os resultados. Divergir e convergir em equipe para a maior e melhor compreensão do fenômeno antes da tomada de decisão. E não se trata de decisão coletiva, o *Chief Value Officer* não contemporiza, pois isso pode levá-lo à armadilha da conformidade. A decisão é, então, sempre individual.
- Testar, prototipar, validar rápido. "*Não confie em mim, teste-me*" (Aaron Beck). E nisso, para bons entendedores, poucos feedbacks já bastam.

Pode parecer trabalhoso demais, ou pouco palpável, e é por isso que é difícil de ser assumido por pessoas com pensamento vertical. Talvez sejam processos menos visíveis, mas não menos sistemáticos. Uma célebre afirmação do fundador da Sony, Akio Morita, a seus colaboradores, dizia que a alta liderança deveria criar as condições em que as pessoas pudessem se juntar num espírito de trabalho em equipe e exercer até o máximo o desejo de seu coração. Esse deveria ser o mote de todas as organizações que buscam agir com valor social nesta década.

E tudo indica que tal método de trabalho seja o único possível para gerar valor na era BANI. É a teoria de campo do Kurt Lewin; é importante conhecê-la para orquestrar inovação nas organizações. Lewin nos diz que, para uma mudança de comportamento acontecer nas pessoas da organização, deve-se levar em consideração os detalhes, seja do indivíduo, seja do contexto. Conforme a mudança desejada ocorre, a realidade e os valores centrais daquele sistema começam a se revelar mais efetivamente. Então, é o próprio processo de mudança que revela o sistema como ele é.

Tais informações, uma vez descobertas no arco da navegação, nos permite compreender efetivamente o sistema em que interagimos e o qual buscamos transformar. Mas como na era BANI as coisas mudam em continuação, devemos ter a capacidade de aprender a aprender sempre, pois os caminhos mudam e os mapas se tornam rapidamente obsoletos.

Desse modo, seguindo essa abordagem desenvolvida por Kurt Lewin, só compreendemos um sistema quanto tentamos transformá-lo. Para gerar valor dentro e a partir do sistema, precisamos compreendê-lo, e isso é mais orgânico do que teórico. Não funcionam mais soluções de prateleira; é mais da cultura da organização do que dos desejos da alta liderança em aplicar "*top down*", um método X ou Y de consultoria. Até porque valor, como dissemos, é algo cultural, então muda no tempo. Portanto, esse processo de ação e interação é contínuo. A boa notícia é que quando o indivíduo entende que o seu destino depende do destino do grupo inteiro, ele sente vontade de assumir uma parte da responsabilidade pelo bem-estar geral. Esse "*bottom up*" da cultura da organização é o que pode, de fato, salvá-la do fracasso, dos boicotes e das alienações, tantas vezes oriundas da própria alta liderança.

O diálogo produtivo entre alta liderança e colaboradores é um tema de governança corporativa, que precisa compreender o processo da mudança dentro dessa abordagem citada para assumi-lo como necessário e, dessa maneira, promover a atitude T[3], a atitude transdisciplinar nos colaboradores, nas pessoas, que, assim, podem influenciar positivamente seus interlocutores e, nessa convergência afetiva, dialogar com comunicação não violenta, gerando processos organizacionais mais fluidos e integrados. Desse modo, pode promover, em tais dinâmicas, a mudança desejada e assumida no propósito da organização. É a maneira de se manter inteligente, consciente, antifrágil, e — não tendo bola de cristal — de aumentar as chances de prosperar no futuro.

A liderança sistêmica caminha pela transdisciplinaridade. Pede competências múltiplas, imaginação, mas também atitude lógica para lidar com o desconhecido. A transdisciplinaridade traz à tona — a partir do confronto entre as diferentes competências e habilidades da organização — novos dados que os articulam e dão uma nova visão da natureza e da realidade.

Na organização, a atitude transdisciplinar do líder sistêmico faz convergir e alinhar a abordagem sobre a missão de cada colaborador e departamento e revela — a partir do confronto crítico e da divergência "amigável" entre as diferentes áreas — novas informações, que, conectadas e interpretadas, lhes dão uma visão lúcida do contexto e da realidade. É um agir interdisciplinar (dentro da organização) e transdisciplinar (dentro do ecossistema de negócio). E, atenção: não confundir multidisciplinar com interdisciplinar.

Aqui, vale um esclarecimento. Você sabe qual a diferença entre multidisciplinar, interdisciplinar e transdisciplinar? Na era da complexidade

---

3 O termo "*T shaped*", ou atitude T, surgiu com a empresa de consultoria norte-americana McKinsey & Company, na década de 1980, e se referia aos indivíduos ideais para serem funcionários e também àqueles que poderiam virar consultores ou até mesmo sócios. O primeiro uso oficial do termo, no entanto, foi feito em 1991 por David Guest. A popularidade do termo alcançou novos patamares com o *design thinking*, graças a Tim Brown, executivo da IDEO, empresa de design estadunidense que aplicou o conceito de habilidades e pessoas *T shaped* na hora de avaliar os currículos dos candidatos. O resultado, então, foi um processo que levou a adições de pessoas mais eficientes na empresa, gerando uma empresa inovadora com uma cultura organizacional mais forte. "*T shaped*" significa "em forma de T", em tradução livre, em que a letra T é formada por duas linhas, uma vertical e horizontal. Nessa abordagem, a linha horizontal compreende as competências gerais do indivíduo, e a vertical, por outro lado, refere-se aos conhecimentos específicos. Aqui no livro, estamos levando tal atitude T ao patamar da transdisciplinaridade e atitude criativa.

em ecossistemas abertos à inovação, todos precisam entender a diferença entre estes conceitos.

Trata-se, nos três casos, do modo como os diferentes conhecimentos da organização se articulam nos modelos de interação. São formas de integrar diferentes áreas do conhecimento (dos tantos departamentos) para um propósito comum — como produzir um novo produto ou serviço inovador, por exemplo.

Como vimos na teoria de campo, a maneira como fazemos influencia o resultado. Dado o "por que fazer", entra em cena o "como fazer", que influencia o resultado final daquilo que criamos. Por exemplo, ninguém mais atua "isoladamente", e, para resultados eficazes na era complexa, todos necessitam dos saberes de outros para que esses resultados sejam alcançados.

A multidisciplinaridade ocorre quando há mais de uma área de conhecimento em determinando projeto ou propósito, mas cada uma destas disciplinas mantém seus métodos e teorias em perspectiva. Serve para resolver problemas imediatos e não possui foco na articulação e nos ganhos colaborativos, típico de organizações com modelos decentralizados. Por exemplo, na escola, se em História se estuda a história americana, na aula de Educação Física pode-se estudar os esportes praticados nos Estados Unidos que não são praticados no Brasil e, em Geografia, a economia pós-Guerra Fria e seus impactos na economia americana. Veja que, aqui, não há integração entre as disciplinas em um projeto; elas seguem seus caminhos em paralelo.

Na interdisciplinaridade, agimos com o mesmo propósito e método, e neste caso, mais de um conhecimento se une em um projeto comum, com um planejamento que as relaciona. Durante o processo, as áreas trocam conhecimentos e enriquecem ainda mais as possibilidades, e, como resultado, há um novo saber, menos fragmentado e mais dinâmico. Ainda no exemplo da escola, esta visão dá significado à experiência escolar integrada entre professores e projetos.

Um exemplo disso na organização pode ser um projeto de sustentabilidade aplicado sob a ótica interdisciplinar, que é o que costumamos fazer quando utilizamos métodos como o *design thinking* na organização. Promovemos diversas imersões e olhares diferentes, para depois debatê-los, analisá-los e interpretá-los de forma sistêmica.

O líder da área X pode explorar as formas de reduzir o consumo energético com uma pesquisa de consumo; o líder da área Y pode propor uma pesquisa sobre meios energéticos mais ecológicos; o líder da área Z pode abordar os impactos econômicos e sociais em um mercado com e sem as práticas sustentáveis; outro departamento pode elaborar uma análise dissertativa-argumentativa sobre os conhecimentos aprendidos, discutindo exemplos, justificativas, casos, argumentos etc. — tudo em um projeto construído em comum com um propósito único.

Na transdisciplinaridade, promovemos conhecimento além das fronteiras do conhecimento da organização; aqui, estamos agindo no ecossistema. É defendida por muitos filósofos e pensadores, como Edgar Morin, por exemplo, e parece ser a mais eficaz abordagem para navegar na era BANI. Trata-se de um novo modo de pensar e conceber as práticas do conhecimento para além das disciplinas e do método cartesiano.

Por que ela é necessária na organização criativa? Trata-se de um nível bem superior e complexo de integração contínua e ininterrupta dos conhecimentos da organização. Neste caso, não há mais disciplinas segmentadas — ou departamentos separados ou *stakeholders* na cadeia de valor desintegrados —, e o propósito da organização e do conhecimento é gerar contínua inteligência de mercado, entendendo o impacto econômico, social, individual e ambiental das ações da organização. Há uma relação complexa dos diversos saberes, sendo que nenhum é mais importante do que o outro — todos são simetricamente importantes na visão, estratégia e tática.

A cultura sistêmica promove práticas transdisciplinares. Ainda é algo muito recente e inovador e há dificuldades conceituais para aplicá-las, por exemplo, em organizações com uma topologia de rede decentralizada, segmentada e com forte apelo à chefia e hierarquias rígidas, mas é a abordagem do presente-futuro das redes distribuídas, como veremos quando falarmos do P de Plataformas.

Graças ao *design thinking*, muitas iniciativas interdisciplinares e também transdisciplinares têm sido propostas nas organizações inovadoras. Veja que uma não exclui a outra, são simplesmente ativadas em momentos diferentes de diálogo, a depender do perímetro no qual estamos agindo. Com isso, ocorre a orquestração de perspectivas diferentes dentro do ecossistema de ação, que permite gerar valor elevado à potência.

Portanto, a visão sistêmica do *Chief Value Officer* não é somente uma somatória de fatores, mas um ato cubista.

Isso chamamos de êxito. Vamos usar como exemplo o pensamento inovador de Picasso: êxito, para o artista, é provocar uma nova visão da realidade e, assim, dar sentido a uma sociedade de humanos. Ele vem do século XIX e é protagonista na arte do século XX, uma nova época que estava nascendo, com:

- inspirações da arte de outras etnias (africanismo);
- descobertas revolucionárias de Albert Einstein, que envolviam conhecimentos nas áreas da física, matemática e especialmente geometria, passaram a povoar o imaginário dos artistas;
- descobertas de Sigmund Freud sobre o inconsciente, que passaram a mostrar os tantos "eus" do indivíduo, as incertezas da consciência;
- transportes cada vez mais rápidos, processos de automação de produção, facilidade da comunicação, aviões, rádio etc.

Uma nova época, um novo olhar, ou seja, novo valor. Nasce a oportunidade de novas narrativas para representar conceitos, como a multidimensionalidade. O que poderíamos considerar como o "trabalho que foi feito" pelo artista foi:

- representação da obra em três dimensões;
- forte inspiração na Revolução Industrial e em cenários urbanos do início do século XX;
- busca pelos múltiplos pontos de vista;
- uso de técnicas diferentes para compor as mais variadas cenas retratadas;
- representação da natureza de forma mais simples e geométrica;
- não comprometimento com uma representação exata de cenários, pessoas ou objetos: a velocidade.

Está nas atitudes, e são estas que promovem a metamorfose, gerando novo valor. E quem não se emancipa também mudando nesse processo de aprendizado não se transforma. Para as organizações que atuam nesta década de 2020, e também para seus líderes, a atitude sistêmica vem para gerar êxito. Isso significa determinar as coisas que podem e devem ser feitas e descobrir a forma de fazê-las, célebre afirmação de Abraham Lincoln, ex-presidente norte-americano. Gestão criativa é, então:

- Saber se ver na organização e no mercado. Saber onde se está atuando, reconhecer os próprios desafios e *gaps*. Mediar entre expectativas e possibilidades potenciais.
- Ter clareza sobre VALOR, estratégia, execução, medição, "controle".
- Ter visão sistêmica, ter o conhecimento da organização como um todo, de modo a permitir a análise crítica e estratégica, e as consequentes tomadas de decisão, de forma mais assertiva e integrada entre todas as áreas.
- Liderança criativa é *problem solving*: interagem sobre o "trabalho a ser feito".
- É um tema individual e coletivo. Ambientes escassos de cooperação dificultam a liderança criativa de prosperar.

Embora muitos confundam chefe e líder, existe uma grande diferença. Liderança não está necessariamente atrelada ao cargo que possui, mas sim às atitudes. Enquanto um chefe manda, o líder orienta. A chefia (como atitude) à moda antiga ameaça, é autoritária, diz sempre "eu", "vai lá", aponta culpados, faz mistérios das questões da organização, fiscaliza e desmoraliza. Já a liderança, para gerar valor social na organização, incentiva, acolhe, diz "nós", "vamos lá", ajuda, acompanha, se corresponsabiliza, partilha conhecimento e, sobretudo, confia. O chefe promete e tende a não cumprir, pois está focado em sua própria sobrevivência no curto prazo, e usualmente se justifica culpando o outro, quando não a crise. O líder assume compromissos quando sabe que as chances de poder realizar são altas. E é transparente nessas comunicações de expectativas.

Um ponto central nesse quesito da liderança e valor é a capacidade de comunicação, colocar em comum. Uma comunicação falha não permite que a estratégia permeie a organização em todas as suas camadas, gerando desentendimentos, frustrações e dúvidas. Uma comunicação clara promove o engajamento das equipes. E, na organização, assim como nas plataformas comunicacionais da marca, pessoas e áreas que não se comunicam adequadamente comprometem a cultura de alto desempenho e de geração de valor.

Portanto, gestão criativa pede atitude sistêmica que se comprometa com a qualidade da comunicação. Assim, o líder coloca em comum com o outro algo importante a ser:

- compreendido e elaborado;
- analisado e criticado;
- negociado e pactuado;
- colocado em prática e observado;
- corrigido durante o processo;
- aprendido e compartilhado.

"Ah, mas o outro não me entende quando falo". Daqui, a importância da lucidez nas organizações que aplicam o *design thinking*, a dialógica, no respeito da diversidade, na aplicação de mapas (tantos e diferentes) como o da empatia, dos cinco porquês, do modelo de negócios, da proposta de valor, para debater e problematizar mais, antes de tomar decisão. Qual decisão? O que fazer para traduzir o intangível valor social em concreto valor econômico, no respeito do ambiente e das pessoas?

Aqui, duas perspectivas são centrais para o *Chief Value Officer* promover algo novo e autêntico:

> *"Se estamos na sociedade do conhecimento, é preciso transformar cada organização numa organização que saiba aprender, estruturar a atividade de empresa como um conjunto de projetos levados adiante por grupos dotados de ampla autonomia."*
>
> — Tom Peters —

> *"Se você pensa que, como líder, pode e deve ter todas as respostas, então você está errado e restringindo significativamente a capacidade da organização de ser criativo."*
>
> — Tim Brown —

O ato "revolucionário" é fazer a diferença com consciência, tendo um sentimento de proporção dos riscos assumidos, e com coragem sempre, pois de fato existimos por uma causa e razão que façam sentido, além da venda do objeto. Esse ato vem para emancipar organizações e pessoas do consumismo, dando a todos significados pelos quais valha a pena se viver, tornando sustentável, assim, o modelo econômico.

Para as marcas, gerar valor é assumir um compromisso, agir com lealdade à promessa, palavra dada dentro e fora da organização, e tal jornada pede força para agir com qualidade. Fazer com intenção, porque não é uma ordem dos céus nem só porque manda a lei. É a primeira escolha. Agir lúcido para aprender durante a trilha, sem demasiadas distrações e alienações.

E assim, como gestores de empresas e marcas, mas também como pessoas que consomem (necessariamente) marcas, entendemos que todas as coisas vão se tornando plataformas comunicacionais e relacionais com significado. Ecossistemas ascensionais que elevam o valor à potência (da organização, do indivíduo que com ela se relaciona direta ou indiretamente). Amplos ambientes de convergência afetiva que condensam múltiplos repertórios com significados relevantes para todas as pessoas que se envolvem direta e indiretamente.

Valor é princípio e fim. É sistêmico. Neste cenário de jogo BANI, tudo é informação, inteligência, interação, conexão. Galáxias emocionais onde pessoas, paixões, produtos e algoritmos cooperam e interagem em plataformas (os cinco Ps que trataremos no livro). E tudo vai se tornado um projeto com significado, com um sentido belo, sustentável, amigável, acolhedor, consistente. Fácil? Não. Espontâneo? Não. Um Shangri-La? Não. É complexo, intencional, tem as dores no caminho e lida com o impreciso, o indeterminado, o dinâmico.

O mais importante nesta relação de valor é ouvir o que não foi dito. E para profissionais de marketing, de *branding*, administradores de negócios, enfim, todos aqueles que querem agir como um *Chief Value Officer*, não se trata de "criar necessidades": elas existem antes dos profissionais existirem. Aqui, gerar valor é aprender a aprender através dos elos sociais, obtendo feedback do mercado, avaliando resultados e efetuando correções destinadas à melhoria constante do desempenho, assim como, nessas trocas sociais, compreender as mudanças que estão por vir e se preparar para novos significados. Tentativa, erro, correção, acerto, estar em constante movimento, sem esquecer do bom humor.

No século XXI, as pessoas, organizações e marcas (todas) precisam de beleza para realizar a própria missão. Todos gritam. Para isso, é necessária uma gestão criativa. Todavia, antes, é fundamental exercer um pensamento inovador.

02.

Um pensamento inovador

Para os gestores das organizações e das marcas que geram valor com propósito visando à inovação, lidar com o futuro é uma aposta mais baseada no que desejamos e menos na extrapolação do passado. Isso vale muito em fase de planejamento estratégico de uma empresa, fase delicada e complexa. Por exemplo, escolhemos e damos preferência a um ou outro dentre vários cenários futuros possíveis, e, ao assim proceder, depositamos fé em nossa estratégia e investimos nisso. Nesse sentido, adotamos uma posição em que é preciso que estejamos conscientes de nossas apostas (missão, visão, valores, propósito) e de nossos métodos. Esse é o pensamento inovador[1].

Como dissemos, é de grande valia o *design thinking* nesses processos "cubistas" de formação de opinião para tomadas de decisão, pois permite uma visão de diferentes perspectivas e sensibilidades, além de possibilitar a formulação de estratégias cocriadas com os próprios aliados (clientes e *stakeholders*). O processo do design considera, portanto, a incerteza e a imprevisibilidade, e, por isso, não deixa de ser também uma aposta.

O processo criativo de inovação passa por dois momentos distintos: o pensamento divergente e o pensamento convergente. Esses

---

1 Para saber mais, recomendamos a leitura do livro dos autores Peter Skarzynski e Rowan Gibson, *Innovation to the core: a blueprint for transforming the way your company innovates* (Harvard Business Review Press, 2008) — *Inovar no Essencial: transformar o modo como a sua empresa inova* (Actual, 2010), no Brasil.

momentos ilustram a capacidade de grande geração de ideias (divergência) para uma futura potencialização do filtro dessas ideias (convergência). A má gestão do processo criativo ocorre principalmente na dinâmica da fase do pensamento divergente, pois a liderança não se coloca como moderadora, e sim como tomadora de decisão, juiz. Assim, influencia diretamente para um resultado mais individual que coletivo, não escuta a inteligência do grupo, e assim a dinâmica é pouco ou nada inovadora nas ideias, mesmo sendo conduzido pelo *design thinking*.

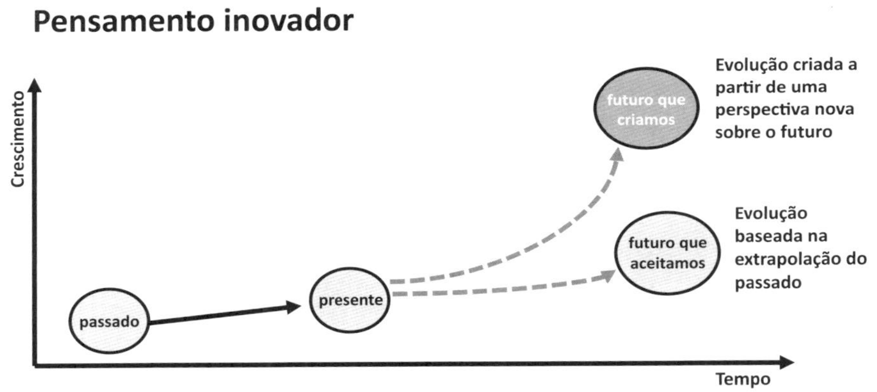

Pensamento inovador ambidestro

Fonte: Adaptado pelo autor Victor Megido de estudos dos autores Peter Skarzynski e Rowan Gibson em *Innovation to the core*

Nossas ações são sempre o resultado de uma decisão, uma escolha entre duas ou mais alternativas.

O filosofo francês Edgar Morin propõe, ao falar em aposta, que não devemos pensar em jogos de azar ou em realizações que trazem perigo para os empreendimentos, algo inclusive recorrente nos noticiários. Na realidade, apostar equivale a ligar lucidez com incerteza, mantendo a inteligência emocional mesmo entre tantas colisões.

Quando apostamos, introduzimos em nossas vidas e ações o desejo e o comprometimento. Não há estratégia nem enfrentamento de desafios sem a disposição de apostar, seja qual for a questão envolvida. Apostar — e lideranças sabem disso — é um modo de entrar em contato com a aleatoriedade, a incerteza e a imprevisibilidade e, a partir disso, dar-se um rumo. Pode-se dizer que toda visão e estratégia que inclui reflexão inclui também um certo grau de aposta.

> *"A única coisa que sabemos do futuro é que ele será diferente."*
> — Peter Drucker —

Para que haja alguma mudança que não se limite à extrapolação do passado ou à retórica — e aí é que está a grande dificuldade —, é indispensável que se aposte também numa mudança de modelo mental: na disseminação de um modo de pensar que permita ver as coisas difíceis, mas sem perder o bom humor, a esperança, o positivismo, e que mitigue o cinismo e o ceticismo. Sobre isso, tratamos quando falamos da importância do clima na organização, em que é permitido rir.

Nessa linha de raciocínio, falando de tomadas de decisão que levam a outras tomadas, gostamos de citar a célebre fala do escritor Kurt Vonnegut, que diz que temos que seguir pulando de penhascos continuamente e desenvolver nossas asas na descida.

Essa é a proposta do pensamento complexo de Morin, da antifragilidade de Taleb[2] e de tantos outros pensadores. Para Taleb, a antifragilidade é um neologismo que seria o exato oposto da fragilidade, estando além da robustez. O antifrágil resiste a choques ao tempo e fica melhor. Segundo o autor, os melhores cavalos perdem quando competem com os mais lentos, mas vencem contra os melhores rivais.

Somos harmonia na mudança e precisamos de um propósito para agir com vontade, e nisso a coragem se forja. A ausência de um agente estressor leva à falência. O antifrágil aceita a dialógica como um modo de se tornar sempre a melhor versão de si mesmo. A geração de valor ocorre em meio às colisões; o negativismo atrapalha, isola as pessoas na fragilidade ou pura resistência, e tudo isso de nada serve nesta época. Por isso, é preciso apostar, sim, já que não apostar é reconhecer que estamos ausentes de nossas próprias vidas. Uma vida passiva, a vida dos outros.

A aposta se justifica também diante do que Morin e Lise Laférière chamam de ecologia da ação, fundamental nos ambientes empresariais

---

[2] Saiba mais em: https://nassimtaleb.org/.

quando pensamos nas lideranças que criam ou governam um empreendimento com criatividade:

a. o nível de eficácia ótima de uma ação está em seu começo, *in primis* em sua liderança;
b. uma ação não depende só da intenção ou intenções de seu líder, mas também das condições do ambiente em que ela se desenvolve;
c. a longo prazo, os efeitos das ações não podem ser previstos.

A aposta, concluindo, é um ato cultural, sintrópico, dialógico. Cultura significa todo aquele complexo que inclui o conhecimento, a arte, as crenças, a lei, a moral, os costumes e todos os hábitos e aptidões adquiridos pelo ser humano não somente em família, mas também em sociedade da qual é membro (Edward B. Tylor). E essa sociedade em que vivemos é, e continuará sendo, uma sociedade do consumo, que, como já dito, precisa migrar para uma sociedade empática, de consumo sustentável.

Apostar é assumir posição, arriscar. "O *ato mais corajoso ainda é pensar por si mesmo em voz alta*", dizia Coco Chanel. Ou seja, organizações são determinadas pelas escolhas e por suas questões culturais, e todo o resto são consequências desta visão, sua coerência no como fazer, sua consistência nos processos organizacionais e práticas cotidianas que geram elos com o mercado, sua flexibilidade em lidar com o contexto.

Na verdade, essa aposta é, antes, um agir em coerência com o próprio propósito de existir, com a própria essência. A essência está na primeira escolha, e isso a liderança controla. O resto, como nos diz a ecologia da ação, são técnicas e tecnologias para implementar, mensurar, corrigir. Sem excelência, não há chance de a essência perdurar; não se pode ser "mambembe", amador, errático, caótico. Não bastam as boas intenções. A organização pode acreditar, sim, na aposta de promover o consumo consciente gerando lucro econômico por meio de seu valor social, e essa é uma escolha. Mas é preciso estar lúcido para saber quais recursos e pessoas aliadas serão necessários para o êxito.

Por isso, fala-se tanto de cultura de inovação como um *modus operandi*. Cultura da inovação é possível, por exemplo, com a cultura do *design thinking*, com gestão criativa, com liderança sistêmica. Mas, como dizem os italianos, "*trai il dire e il fare c´è di mezzo il mare*" ("entre o dizer e o fazer tem no meio o mar", em tradução livre).

É difícil escolher, apostar e se posicionar em um mundo cada vez mais complexo e superlotado de informações e ideias. Qual o modelo de jogo para prosperar? Como praticar o pensamento inovador, florescer a gestão criativa, envolver as pessoas protagonistas nesses elos, nesse ciclo virtuoso criativo? Esse é um desafio dos *Chief Value Officers* na jornada da inovação rumo ao *match*. Uma organização consistente é plena em seu estar presente no mercado, é transformadora, geradora de significados, e para isso serve um modelo consono.

03.

O modelo da organização que gera valor

Dissemos que ser líder é ter atitude, e isso independe de cargo. Atitude de investigar, descobrir e promover contextos organizacionais em que os indivíduos possam aprender, mudar, inovar, não apenas por se envolverem com outros no compartilhamento de um propósito pessoal, mas também por serem engajados por outros na criação de uma direção inovadora e de significados compartilhados.

Por esse motivo, atuar como um *Chief Value Officer* não depende de cargo, e sim de comportamento. Todos podem — e devem — agir para gerar valor, independentemente da posição ocupada na organização. E isso é necessário para fazer dar certo o modelo de jogo da organização, pois fica claro que uma organização sem um modelo consono e ágil a esse tipo de interação criativa não promove a geração de valor sob os pontos de vista múltiplos que estamos trazendo no livro. O "como fazer" é importante para que o propósito ocorra efetivamente, visto que o campo de ação são plataformas integradas e colaborativas, numa era BANI.

Os integrantes dessa plataforma em rede conectada são membros ativos da indagação colaborativa e se conectam para imaginar, pesquisar, prototipar, aprender e transformar a organização. Mas a organização está pronta para essa conexão? Consegue transformar as informações entre os elos em inteligência de mercado, inteligência da organização, patrimônio cultural e social? O "*plug and play*" acontece ou é rígido demais para conectar? Ou até conecta, mas não tem processos internos integrados que conseguem traduzir dados/informações em inteligência?

Como dissemos, a organização que inova age com um modelo de jogo interdisciplinar e dialoga além de seus perímetros com um time transdisciplinar que permite diferentes perspectivas. Os parceiros de plataforma podem ser outras empresas bem-sucedidas, líderes globais interessados em inovações significativas e outros atores sociais. Veremos isso no próximo capítulo. Ela conta com pensadores respeitados em diferentes áreas que inspiram e validam a jornada da organização, e conta também claramente com pessoas mais concretas, analíticas e muito importantes para testar e validar conceitos e ideias.

No entanto, além das pessoas, do que modelo precisa para funcionar? Dissemos até aqui que tal modelo aspira a:

- trazer inovação para o centro das organizações;
- criar valor para as pessoas, seus negócios e moldar uma cadeia de valor com significados compartilhados;
- tornar-se um farol de percepção e catalisador para a transformação das pessoas em busca de autoestima e autorrealização a partir dos elos com, também, outras organizações, *stakeholders* e clientes.

O papel do CVO ajuda a organização a modular, moldar, transformar o jeito de fazer, em que ao "mais, mais e mais" da nossa sociedade (consumista) insere-se o que é significativo, o que é o essencial e que justifica a nossa razão de existir (no consumo consciente). *Design thinking* é o jeito para catalisar a mudança nas organizações em um contexto BANI e num mundo constantemente transformado pelas tecnologias. E, nele:

- a criação de valor ajuda a transformar toda a riqueza das tecnologias da informação e das informações em valor real para os clientes;
- a transformação organizacional sistêmica envolve os colaboradores em um amplo processo de mudança que fortifica a marca, *bottom up*.

Este modelo de organização, o *design driven*, em que a inovação é guiada pelo *design thinking*, seja qual for a nuance que você considere, sempre tem a perspectiva de fazer negócios começando pelo que é significativo para as pessoas. Em coerência com a abordagem deste livro, a nossa visão é a de que o *design thinking* aplica uma regra básica da vida aos negócios: a felicidade é consequência de uma vida significativa. O mesmo vale para o lucro financeiro da organização como consequência de fazer coisas significativas para as pessoas — por exemplo, promover soluções para problemas reais.

Quando o lucro se torna a meta imperante do modelo da organização, quando é o princípio, e não um dos fins, ele passa a ser obtido por meio de modelos feitos de "mais eficiência", sem necessariamente eficácia no médio e longo prazo, o que gera desvalor psicológico, social, ambiental. É o oposto de uma organização ambidestra. Assim, a organização está sob contínuo estresse negativo, *burnout*, *mobbing*; é o paradigma do século XX ainda enraizado no obsoleto modelo de *shareholders* versus o desafio de reumanizar o modelo numa gestão de *stakeholders*. Precisamos ser claros: sem tal *balance*, nesta década, não há capitalismo consciente, somente retórica e de consequência, desvalor.

O *design thinking*, como modelo dialógico, está enraizado em um entendimento fundamental: se algo é significativo para as pessoas que o recebem e para as pessoas que o criam, como o valor de troca pode não fluir? Então, de certa forma, o *design thinking* na aplicação do canvas da proposta de valor começa com uma mudança de perspectiva — é o trabalho a ser feito a partir do cliente que atendemos. Mas essa mudança de perspectiva traz consigo uma transformação em termos de mentalidade, processos e ferramentas de trabalho para que exista harmonia organizacional.

O modelo da organização harmônica na era BANI é em rede distribuída. Mas qual a diferença entre modelos centralizados, decentralizados e distribuídos em rede?

Nos centralizados — e isso existiu milênios atrás —, a inteligência era centralizada e repassada por linhagem de sangue entre dinastias. O poder estava sob uma bandeira, à qual você precisava se conectar para acessar as informações. Como a imponente biblioteca de Babilônia, que, uma vez destruída, foi-se, com ela, todo aquele conhecimento.

Modelos descentralizados são mais flexíveis, certamente existem há milênios em formatos diferentes e neles não há um só ponto central de poder, a informação é decentralizada por várias estruturas conectadas entre si, que podem estar em um mesmo local físico ou dispersos. A Igreja Católica Apostólica Romana e os grupos militares dos séculos passados fizeram disso um modelo de sucesso.

No modelo com topologia de rede distribuída, cada estrutura ou nó da rede possui informação, é inteligente, pode agir com graus diferentes de autonomia, tendo, portanto, igual importância e acesso às informações, e sendo dinâmica, promovendo a antifragilidade, mas sobretudo podendo decidir. Esses nós podem estar dispersos geograficamente. Um ecossistema de negócios inovador é aberto, e não fechado; é dinâmico e aprende a aprender; é a mudança necessária e desejada, ou seja, age por essa topologia de rede.

Quem estudou isso com atenção foi o engenheiro Paul Baran[1]. Quando trabalhava na RAND Corporation, Baran teve a tarefa de desenvolver um sistema que pudesse manter a comunicação entre pontos finais mesmo quando parte da rede fosse danificada por um ataque nuclear.

Os estudos de Baran foram muito úteis para a criação da internet, entre outras coisas, mas aqui para nós serve para entender essa nova topologia de rede numa visão de organização, para gerenciar valor social, ou seja, inteligência da organização conectada em ecossistemas.

Quem bem explica isso e faz uma bela tradução da linguagem da engenharia para a da sociologia da organização é o professor Augusto de Franco[2] em seu TED Talks, *Redes sociais: como funcionam as ligações entre as pessoas*, que merece ser assistido na íntegra. Na internet, está disponível em diversos sites, como no Café Filosófico da TV Cultura, procurando facilmente por "O mundo está caminhando para redes mais distribuídas". Ou, buscando por "Redes centralizadas, descentralizadas e distribuídas" na página YouTube do Colaborativismo.

Então, o que chamamos de rede é um campo interativo, cujas fronteiras não são físicas, e sim de interação. Ocorrem em ambientes *phygitais*

---

1 Saiba mais em: https://pt.wikipedia.org/wiki/Paul_Baran.

2 Augusto de Franco é escritor, palestrante e consultor. É o criador e um dos *netweavers* da Escola-de-Redes — uma rede de pessoas dedicadas à investigação sobre redes sociais e à criação e transferência de tecnologias de *netweaving* — e um dos promotores do projeto Casas da Democracia. É autor de dezenas de livros e textos sobre desenvolvimento local, capital social, democracia e redes sociais.

(falaremos disso no capítulo sobre os cinco Ps). Esse modelo é centrado nas pessoas e nos *stakeholders*, o princípio é promover relação social e "inteligência" entre pessoas, no caso das organizações. Falaremos mais sobre essa questão das relações entre pessoas e *stakeholders* numa abordagem *design driven* logo na sequência. Mas, antes, outra questão crítica vem à tona: qual a dimensão correta de uma organização para poder existir em rede? Qual a harmonia de uma plataforma?

A lei de Metcalfe diz que toda vez que você adiciona um novo usuário (um *player*) a uma rede, o número de conexões aumenta proporcionalmente ao quadrado do número de usuários. Dependendo da dimensão, pode implodir ou explodir. Muitos gráficos disponíveis na internet exemplificam esse aumento exponencial da complexidade. Procure sobre a lei de Metcalfe para ver tais gráficos.

Mas por que isso acontece? Por causa da estrutura de nossa mente, podemos ter relacionamentos estreitos com apenas cinco pessoas. Então existe um limite além do qual temos dificuldade em lidar com informação — e, por consequência, de gerar inteligência. Por causa disso, as organizações que buscam inovar com agilidade se estruturam como redes com poucos intermediários — os nós podem ser pessoas, departamentos — com atitude T, equipes autônomas, em que os membros cuidam da comunicação, coordenação e engajamento, sempre mais assistidos pela inteligência artificial regenerativa.

Devem ser ágeis e pequenas o suficiente para que os membros não fiquem sobrecarregados com comunicação, informação, e autônomas para decidir sem temor por punição. Nesse modelo, o erro criativo faz parte do processo (erro aqui não pode ser confundido com negligência).

Existem estudos sobre a pregnância da forma, lei básica da Gestalt, que diz que a construção da forma — da organização também — deve possuir uma estrutura simples, equilibrada, homogênea e regular. A forma deve apresentar harmonia, unificação, clareza e simplificação em sua organização. Ou seja, existe uma harmonia, senão vence a entropia. E podemos compreender se o modelo está funcionando se estivermos nele em diálogo contínuo. Uma topologia de rede distribuída funciona em consonância com a teoria de campo de Lewin, a antifragilidade de Taleb, o ócio criativo de De Masi, a omniconexão da Accenture.

Para o que esse modelo funciona? Para obter harmonia. E, com ele, as organizações conseguem inovar, seja em melhoria contínua, seja, sobretudo, na criação de novos significados.

Normalmente, novos significados não são exigidos pelo mercado, que buscam por "cavalos mais rápidos", mas são criados por intérpretes, artífices e organizações humanas responsáveis por interpretar o que é bom e o que é ruim para a sociedade. Um designer de estratégias italiano e de notoriedade internacional que nós, autores, apreciamos fortemente é o Marco Zanini, hoje residente do Rio de Janeiro e com quem colaboramos, um dos participantes do movimento Memphis[3] nos anos 1980, grupo de importantes pensadores liderado por Ettore Sottsass. De Milão para o mundo, eles foram revolucionários na visão do *design thinking* como vetor de transformação social, quebrando rótulos e barreiras mentais. De acordo com a abordagem de Zanini sobre a inovação, as organizações vislumbram cenários para apoiar a busca por um novo significado e fazer as pessoas se engajarem nisso. E isso não é algo específico de empresas atuantes no "*business to consumer*", pois o próprio conceito de B2B, B2C, B2B2C é ressignificado hoje — trata-se de pessoas para pessoas, em pontos de encontro não fixos, onde tudo está conectado com o todo e tudo faz diferença na geração de valor na cadeia.

Nos trabalhos de inovação guiados pelo *design thinking*, desenvolvidos para as organizações junto com Zanini no arco destes últimos anos, desenvolvemos uma abordagem diferente baseada no mix de pensamento analítico com o lateral, na profunda indagação curiosa; primeiro para compreender o fenômeno observado, depois para, com ousadia, buscar soluções de melhoria ou também inéditas, indo contra o óbvio do cotidiano. Trata-se de trabalhar com o inédito, de aumentar as chances do "acaso" a favor da solução, religar as particularidades, misturar ideias, "minerar" informação, como se diz hoje, e visualizar esse todo em mapas mentais, infográficos. Sobretudo, nos momentos imersivos junto aos clientes, praticar o método socrático da arte da pergunta, sem deixar de provocar críticas curiosas dentro de um ambiente de respeito e segurança psicológica.

---

[3] Grupo italiano de design e arquitetura fundado por Ettore Sottsass que esteve em atividade entre 1980 a 1987. O grupo projetou móveis pós-modernos, iluminação, tecidos, tapetes, cerâmicas, vidros, objetos metálicos etc.

O objetivo é criar com velocidade e intensidade uma visão poderosa, consistente e significativa daquilo que procuramos entender.

Em um mundo onde as opções são abundantes, sem um propósito comum, as empresas caem no paradoxo das ideias: quanto mais ideias elas criam — em *brainstormings* erráticos —, mais se movem em direções diferentes, maior é a dissipação de energia e menos inovação é implementada para gerar produtividade e prosperidade.

Fazendo uma analogia, o universo e a galáxia estão em expansão, mas eles se movem juntos, nos ensinam os físicos. E não é tudo que interessa para a vida na galáxia; existem leis gravitacionais etc. Nesse sentido, no que nos tange, para as organizações vale o mesmo, a quantidade de pessoas ou ideias pode aumentar a confusão e a entropia, tornando o processo criativo errático demais e, consequentemente, anárquico.

Perdemos o foco e nos esquecemos da causa-raiz do problema e do trabalho a ser feito. Vira, então, dinâmica bem-intencionada de *brainstorming*, mas com menos sinapses e mais tormentas. A maneira de obter uma nova interpretação significativa da essência para gerar valor é se aprofundando pela dialógica, selecionando perspectivas, contrastando-as, fundindo-as. Precisa de crítica. Há disciplina no método.

A crítica curiosa se esforça para desvendar o que está sob a superfície para desenvolver uma interpretação mais rica e consistente, dentro de convergência afetiva, segurança psicológica e tolerância ao erro. É uma dinâmica de divergência que precisa ocorrer dentre pessoas e intérpretes muito bem selecionados, numa orquestração que possa gerar resultado produtivo para aquele grupo criativo que busca significados novos. Nisso, como dissemos falando do modelo, trata-se de equipes de trabalho enxutas, de dimensões bem calibradas. Extremamente assertivas.

Um dos mantras mais populares e equivocados para a inovação é "evitar críticas", porque a suposição subjacente é que a crítica mata o entusiasmo de uma equipe. O debate e a crítica em grupos bem calibrados e orquestrados não inibem as ideias, em vez disso, os estimulam, pois o progresso requer um confronto e a fusão de diferentes perspectivas com o aproveitamento da curiosidade.

São as colisões que o autor Steven Johnson explica em seu célebre livro *De onde vêm as boas ideias*. Para gerar valor, é necessário colidir informação e inteligência, e isso pode ser pacífico, sem necessidade de analgésicos. Vale muito a pena assistir ao TED Talks do autor disponível na internet.

O livro do autor está disponível no Brasil e merece leitura. Aquilo que queremos resgatar deste paradigma do autor para o nosso modelo de jogo são os notórios conceitos como o possível adjacente e erro criativo — na verdade, popularizados graças a ele.

No possível adjacente, a evolução ocorre passo a passo, é um processo contínuo. De uma molécula simples que se junta à outra, formando células e depois organismos, até chegar nos seres vivos. Uma ideia muito à frente do seu tempo não funciona. Se o YouTube tivesse surgido em 1995, não teria dado certo, já que nem internet de banda larga existia. Outro exemplo é o computador mecânico de Charles Babbage, cem anos à frente dos computadores eletrônicos: ele não funcionou porque não tinha os elementos necessários para tal. Por outro lado, ocorrem múltiplas descobertas simultâneas quando a invenção está no seu momento. Quem inventou o avião, Santos Dumont ou os Irmãos Wright? A relatividade geral é trabalho de Einstein, porém outros como Henri Poincaré também estavam chegando à mesma conclusão. Quando a inovação está "madura" para surgir, ela vai surgir. Nisso, o autor fala das ideias como uma intuição lenta, que não há momento Eureka. Ideias demoram tempo para amadurecer; Charles Darwin ficou décadas elaborando sua teoria da evolução.

O possível adjacente consiste em todas as coisas — dependendo do contexto, podem ser ideias, moléculas, genomas, produtos tecnológicos etc. — que estão um passo além do que realmente existe e que, portanto, podem surgir de modificações incrementais e recombinações de material existente. Veja na imagem a seguir uma maneira de explicar isso por meio da visão do biólogo Stuart Kauffman — originalmente introduzida na estrutura da biologia — de como uma coisa nova pode levar à outra[4]. Vamos traduzir da seguinte forma: os nós cinzas são "situações conhecidas" pelo líder, enquanto os brancos nunca foram acessados, é um potencial possível

---

[4] Desde finais da década de 1960, o biólogo Stuart Kauffman estuda a origem da vida, em que a matemática tem relevância, em especial a teoria de grafos aleatórios, desenvolvida poucos anos antes por Paul Erdös e Alfréd Rényi. A teoria clássica de Kauffman, baseada nos seus trabalhos até 1995, e os argumentos daqueles que têm vindo a contestar essas ideias foram permitindo a evolução da própria teoria no arco do tempo (*Sobre a teoria para a origem da vida de Stuart Kauffman*).

e/ou desconhecido. Uma vez que o líder provoca a "colisão" com uma situação nova (nó branco), abrem-se novas possibilidades que nem poderiam ser previstas antes de tal colisão.

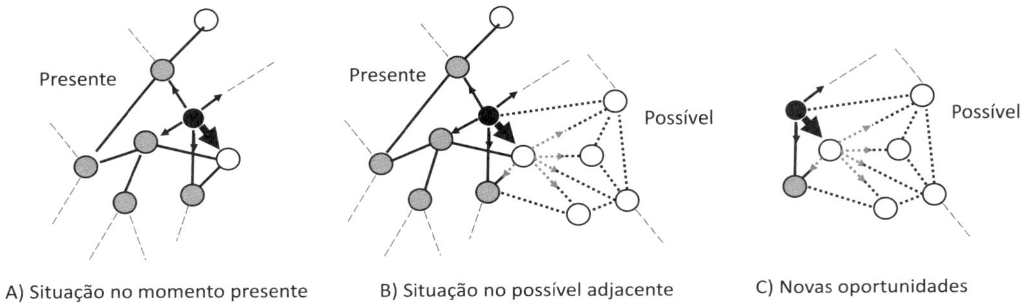

Pensamento inovador ambidestro

Fonte: Adaptado pelo autor Victor Megido de estudos do biólogo Stuart Kauffman sobre a teoria para a origem da vida e do autor Steven Johnson sobre o possível adjacente em *De onde vêm as boas ideias*

Não se conecta bem com o conceito de tipologia de rede distribuída? Não é uma outra maneira similar de olhar para a teoria de campo?

É como brincar de detetive ou de esconde-esconde; estamos em busca de algo que pode estar à espreita não sabemos onde, talvez atrás da porta, debaixo da cama. Esse algo aqui para nós são novos significados que geram valor. A cada passo que damos com curiosidade nessa busca, de repente tropeçamos numa pista, naquilo que era possível, potencial, mas que ainda não tínhamos visto, ou nem mesmo percebido. Mas que, pelas nossas interações no ecossistema de negócios, passamos a perceber.

Sempre que algo novo é criado dessa maneira, parte do possível é embutido no processo e se torna "atualizado". Podemos dizer assim: ajuda-te que o ecossistema te ajuda.

E assim adiante, devagar com ritmo por novos possíveis adjacentes. Nesse sentido, toda vez que ocorre uma novidade, o possível adjacente se expande. A *serendipidade* (o erro criativo) é importante para o CVO, para cruzar com outras ideias naquilo que chamamos aqui de *design thinking* para gerar valor, de tentativa e erros, de reciclagem e combinação de ideias antigas para inovar, para fazer isso tudo em redes distribuídas e gerar valor social. Redes de colaboração, lugares para ideias fluem livremente.

Pulando alguns capítulos do livro, por fim, o autor fala de Ecossistema (tema que iremos tratar mais quando falarmos de Plataforma). Para ele — e nós —, as ideias fluem gerando valor em organizações abertas à inovação. Recifes de corais são o grande exemplo de ecossistema de inovação; os corais envolvem dezenas de milhares de formas de vida diferentes. Cada forma de vida modifica, então, o ambiente e possibilita que outras formas de vida surjam, nas suas cascas vazias ou consumindo os seus subprodutos.

Não dá para competir individualmente. A competição tem que ser sistêmica, como um ecossistema competindo com outro — e, no caso das organizações, com orquestração. Um belíssimo TED Talks que fala de liderança criativa, participativa, orquestradora, em linha com esse modelo de jogo, é o do Itay Talgam. Ele demonstra os estilos únicos de seis grandes maestros do século XX, ilustrando lições cruciais para todos os líderes que buscam criar harmonia. Vale a pena assistir na internet.

E aqui, um ponto de atenção central para o CVO orquestrador: a inovação de significados não decorre a partir de uma abordagem centrada no usuário. Como nos lembra o industrial norte-americano John Harvey James em célebre afirmação, é pouco provável que as pessoas saibam que precisam de um produto que não existe. Interagir com os clientes finais — ou usuários — é importante sim, claro, mas apenas reforça os significados já existentes, é útil para a inovação incremental, design de interação, design de experiência do usuário.

Quando o assunto são novos projetos "vivos" em constante transformação — porque dinâmica é a sociedade, e dinâmicas são as pessoas em busca de significados ascensionais —, serve uma cultura de inovação mais abrangente. Precisa de diálogo intenso e aberto com outros atores sociais, sejam estes gestores, pesquisadores ou especialistas criativos de N outras áreas atuantes do lado de fora da organização — mas que, em seu dia a dia, imaginam e visualizam novos significados de produtos e serviços que nos interessam.

Neste *design thinking* com diferentes *stakeholders*, e até mesmo com concorrentes, por meio de relações e imersões mais profundas e amplas acerca da evolução social, cultural e tecnológica, é possível ir além das perspectivas extrapoladas do passado. Podemos cocriar o novo desejado, mas sempre a partir de uma nossa visão de futuro. Agimos com pensamento inovador, e o modelo nos permite cocriar a nosso favor. Nessa coautoria e cooperação dialógica, os interlocutores podem realmente ser gestores de outras empresas concorrentes, assim como acadêmicos, fornecedores de componentes tecnológicos, cientistas, engenheiros, artistas, designers, arquitetos etc.

A curiosa indagação requer um grande aprofundamento sobre determinada concepção, valoriza um conhecimento acumulado e teorias consolidadas, mas desafia paradigmas por meio de uma visão aberta. O modelo permite a pesquisa e promove a curiosidade.

> *"Pesquisa é curiosidade,*
> *tem a ver com cutucar e se*
> *intrometer tendo um propósito."*
> — Zora Neale Hurston —

Para resolver problemas, a pesquisa de significados é intrinsecamente visionária e baseada na cultura pessoal daquele que a conduz. Já a criatividade, como atitude, vem para valorizar esta nova perspectiva. Ela constrói variedades e divergência. O modelo de organização inovadora guiado pelo *design thinking* aqui apresentado não é centrado no usuário, porque quanto mais a organização se aproxima dele, mais presa fica à maneira como as pessoas dão significados aos produtos (hoje) por extrapolação do passado (ontem). Nós, aqui, queremos olhar para o futuro.

> *"Não é papel dos consumidores*
> *saberem o que eles querem."*
> — Steve Jobs —

> *"Se eu tivesse perguntado às pessoas*
> *o que elas queriam, provavelmente teriam*
> *dito 'cavalos mais rápidos.'"*
> — Henry Ford —

E desse passado, como sabemos, precisamos ressignificar muita coisa quando escolhemos nos lançar no novo valor, promovendo a autorrealização das pessoas também por meio do consumo — dizemos "também" porque nossa perspectiva é de que o consumo, quando consciente, é também meio social de transformação individual. E organizações fazem isso promovendo modelos equilibrados (harmonia), gerando valor sob diferentes pontos de vista. E são as ideias que, transformando as pessoas com o passar do tempo, tornam grandes as organizações, que assim podem se autodenominar geradoras de valor para o mercado. Não importa de onde você tira as coisas, e sim para onde as conduz, diz o célebre cineasta Jean-Luc Godard. Nesse sentido, nos é útil citar o exemplo da Apple.

Sete anos antes do iPhone, a Nokia criou um telefone com tela sensível ao toque. O dispositivo foi usado para localizar um restaurante, jogar um videogame e fazer compras. No fim dos anos 1990, a empresa desenvolveu um computador *tablet* com uma conexão sem fio e uma tela de toque (o futuro iPad). Conta a lenda que os engenheiros da Nokia, todavia, não acreditaram nessas novas tecnologias, consideradas caras de fazer e primitivas diante da tecnologia 3G da marca; pensaram que não teria sucesso tecnológico. O maior equívoco foi de fato ter feito uma leitura exclusiva no platô da tecnologia sem pensar no espírito do tempo e expectativas sociais.

Anos depois, no segundo trimestre de 2012, o prejuízo da Nokia era de US$1,73 bilhão. Já o camaleão Apple, em 1980, inovou constantemente no hardware e sistema operacional Macintosh; em 2000-2010, com o iPod, iTunes e mais de 10 bilhões de canções vendidas; em 2007, com o iPhone e Apple Store; em 2010, com o iPad e iBooks. É um modelo dialógico de agir, o "*think*" diferente, além da retórica; é a Apple do "*stay hungry stay foolish*" do Steve Jobs.

Quando uma organização deixa um pouco de lado seus usuários e consumidores, passa a ter uma visão mais ampla das pessoas e do mercado, e faz isso agindo conectada em rede, a partir de seus núcleos — todos de certa forma criativos, solucionadores de problemas, agindo naquilo que precisa ser feito —, percebendo que não está sozinha em seu esforço para entender as mudanças que ocorrem na sociedade, na cultura e na tecnologia.

Esse interesse é compartilhado por muitos grupos e outros pontos nodais da rede distribuída. Essa é a pertinência da aliança que dá consistência à rede; são os aliados que, cocriando, nos apoiam rumo ao futuro. A partir de uma primeira escolha interna da alta liderança centrada na essência da organização, elas podem dar início a um processo de colaboração e pesquisa externo, no qual o foco seja o significado dos produtos/serviços e sistemas para as pessoas. Existem nomes diferentes que o *design thinking* deu a esta abordagem — design estratégico, design dialógico, *design discourse* etc. Como são práticas criadas a partir de outras efetivas, nos importa menos o nome, e sim como esse processo de pesquisa informal, difuso e semelhante a uma discussão coletiva funciona.

04.

Os stakeholders-agentes da plataforma

Os agentes da plataforma são os "atores" que atuam em conjunto, os *stakeholders* (pessoas ou empresas) especialistas em campos distantes que abordam o mesmo contexto estratégico, mas de perspectivas diferentes. Eles ajudam a refletir mais profundamente sobre as implicações da visão de futuro emergente do presente e do contexto.

Toda empresa está rodeada de numerosos agentes — empresas de outras indústrias agindo sobre os mesmos clientes, fornecedores de tecnologia, associações de categoria, pesquisadores, designers, artistas, futuristas etc. — compartilhando o mesmo interesse. Embora se dirijam a mercados diferentes, ou estejam posicionadas em pontos distintos da cadeia do negócio, preocupam-se com o impacto de valor que geram no mercado e conseguem olhar sistemicamente para o mesmo cliente final. Todas indagam como essa pessoa poderia dar sentido às coisas, como ela, por exemplo, busca se autorrealizar por meio dos elos sociais, psicológicos, mercadológicos.

O debate contínuo com intérpretes permite que as organizações passem a se compreender como atores ativos culturais e sociais, antes que ainda econômicos, troquem informações e, em seguida, testem a efetividade de suas premissas na própria plataforma, que é um grande laboratório de pesquisa coletivo e dinâmico, onde os agentes fazem suas próprias investigações e mantêm um diálogo contínuo.

Podemos então afirmar que uma maneira de navegar os mares da era complexa para gerar valor é com tal atitude criativa e sistêmica.

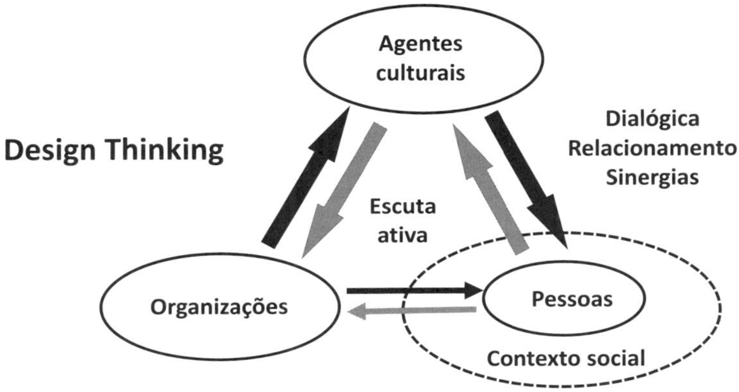

Design thinking e dialógica

Fonte: Adaptado pelo autor Victor Megido de trabalhos do designer Marco Zanini e do autor Roberto Verganti em *Design driven innovation*

Toda organização, em qualquer contexto, está cercada por esse tipo de aliado. Elas se perguntam: quais empresas de diferentes segmentos estão observando pessoas que pertencem a um mesmo contexto social? Que outros tipos de produtos e serviços são ou poderiam ser usados por essas pessoas?

Todos esses agentes possuem muito conhecimento sobre os significados e linguagens dos clientes que atendemos e tendem a estar dispostos a compartilhar essas informações para aprender novas interpretações, pois possuem os mesmos problemas e interesses. Fazem parte da mesma galáxia em expansão, nutrem-se da mesma essência.

O processo da inovação guiado pelo design tem suas raízes em três ações:

1. **Escutar ativamente, empatizar**: Esta ação envolve a avaliação do conhecimento sobre possíveis significados e linguagens de novos produtos, por meio da identificação dessas informações e possíveis maneiras de internalizá-las. Requer um movimento contínuo de identificação, atração de intérpretes-chave e diálogo. Mas a orquestração é um movimento norteado pela essência da organização, não se delega, é de dentro para fora, pois aqui estamos falando da essência, da razão de existir da organização.

2. **Compreender sem preconceitos e interpretar**: Esta ação envolve a criação de uma visão específica e de propostas para novos significados radicais e de linguagens, buscando a integração e a recombinação do conhecimento adquirido por meio do *design thinking* (com todos os aliados) e a produção de novas interpretações (as soluções), tornando necessária a condução de pesquisas internas e trocas de experiências. O papel do *Chief Value Officer*, do líder, do fundador, é filtro básico para que a organização preserve a própria essência. Neste caso, é um movimento de fora para dentro, que procura atrair soluções cocriadas e que busca eficiência com eficácia.
3. **Comunicar as novas ideias com empatia**: Esta ação envolve a comunicação de ideias a agentes aliados, pois seu poder de atração pode ser benéfico e, com isso, pode-se passar a influenciar positivamente a maneira como as pessoas dão significados às coisas. É necessário que se defina o modo pelo qual propostas possam ser discutidas e internalizadas pelos atores envolvidos.

Portanto, de dentro para fora do contexto da organização, trabalhamos a partir da essência da organização. A essência é o marco zero da cartografia de uma organização no mercado. A partir disso nos norteamos, criticamos curiosamente e com os aliados — de fora para dentro — dialogamos, escutamos e problematizamos para cocriar soluções. Ajuda-te que o ecossistema te ajuda, sem jamais esquecer do teu Marco Zero.[1]

É fundamental perceber que as empresas que usam esta abordagem não buscam ideias de inventores anônimos e não delegam a inovação para consultorias estratégicas. É a alta liderança e/ou a governança corporativa o *head* da mudança — elas pesquisam cuidadosamente, selecionam e atraem os agentes mais promissores para trabalharem em conjunto. A colaboração é fechada, não aberta; nem todos são convidados, e a habilidade de identificar os certos — afastando-os de outros ecossistemas — é o que faz a diferença. Essas empresas investem nos relacionamentos, e as soluções são consequências desse agir em ecossistema.

[1] Marco Zero é o nome que se dá ao local de fundação de uma cidade. Por exemplo, a Praça da Sé, em São Paulo; o Largo do Carmo, em Campinas; a Praça Sete de Setembro, em Belo Horizonte; a Praça Rio Branco, no Recife etc.

Muitas organizações não têm consciência do fato de que estão imersas no *design thinking*, pois esse processo revela aspectos que diferem daqueles normalmente relacionados à linear pesquisa tradicional, ou seja, aspectos tecnológicos de Pesquisa e Desenvolvimento (P&D). Os agentes dos quais falamos estão menos em laboratórios de pesquisas e mais em diferentes segmentos da economia e contextos variados. Sua maneira de agir é informal e imprevisível; misturam-se às pessoas de diferentes círculos de atuação e as interpretações que fazem desses grupos só são comunicadas a outros membros. Acima de tudo, agentes não são apenas engenheiros ou cientistas — e provavelmente não se reconhecem como pesquisadores —, são profissionais das mais diferentes áreas. Os Beatles não inventaram o rock, mas foram extraordinários intérpretes e líderes deste movimento. Não por acaso, Steve Jobs declarou que o seu modelo de negócios eram os Beatles. Na internet, é possível assistir a um breve trecho legendado em português, em que ele explica essa visão inspiradora de grupo criativo; basta procurar por "O meu modelo de negócios são os Beatles, com Steve Jobs [Legendado]".

Os agentes da produção cultural estão envolvidos diretamente com significados sociais: são artistas, organizações culturais, sociólogos, psicólogos sociais, antropólogos culturais, profissionais de comunicação e tantos outros que fazem da indagação e estudo de culturas e significados um componente evidente de sua atividade principal.

Os agentes da tecnologia são aqueles que, por meio de suas descobertas, de suas inovações tecnológicas e de novos produtos e serviços, promovem uma verdadeira mudança no mundo das coisas e, implicita ou explicitamente, propõem novos significados. Geralmente aqueles que exploram as mudanças radicais em tecnologias também exploram as consequências que essas mudanças terão na cultura e na vida das pessoas. São eles: instituições de ensino e pesquisa, fornecedores de componentes tecnológicos, participantes de projetos experimentais e pioneiros, empresas em outros setores, designers, empresas de serviços etc.

A partir de uma verdadeira razão de existir, uma organização pode atuar com visão sistêmica, junto a diferentes parceiros e *stakeholders*, em uma atitude orquestradora, para definir com clareza a proposta de valor do negócio. Um mapa muito utilizado é o *business model canvas*, que foi adaptado mais recentemente com uma camada tripla que olha o social e o ambiental também, e é a versão correta a ser utilizada pelo CVO. Sobre esse assunto, a internet tem ampla variedade de fontes para estudos. O mapa original foi desenvolvido pelo consultor suíço Alexander Osterwalder.

Em resumo

O *design thinking*, naquilo que tange ao CVO, vem para ser um modelo de organização inter e transdisciplinar, para:

- dialogar com todas as partes interessadas de um ecossistema;
- planejar o impacto econômico, social, psicológico e ambiental de uma organização;
- revelar a realidade e sustentabilidade do desafio estratégico na observação e análise durante o processo de mudança;
- pesquisar, descobrir e evidenciar gargalos no meio do caminho e corrigir;
- prototipar ideias e testá-las em um *design thinking* contínuo;
- gerar o *team bulding* (pois é dialógica, o que reduz o boicote durante o processo);
- evitar preconceitos (o que reduz a miopia e os vieses cognitivos).

Consideramos nas nossas reflexões do que é valor o espírito do tempo, o cenário dos indivíduos em busca por autoestima e autorrealização, as organizações com propósito em busca de encarnar o capitalismo consciente. Falamos de marcas com significados novos, de modelos para gerenciar a transformação. Passamos pelas questões atreladas à atitude do líder, do gestor criativo, assim como as dinâmicas para integrar melhor as cadeias de valor com o *design thinking*, inovando e agindo com criatividade em plataformas. Tudo isso dissemos ser útil para promover a mudança desejada, a transformação necessária e aspirada de uma sociedade do consumo consciente, em que, sem isso, o perigo é a feitura, o consumismo, a depressão.

Dissemos que executar e colocar em prática com consistência no mercado produtos, serviços e sistemas geradores de valor é o papel central da organização nesta década de 2020. Esclarecemos, segundo a nossa visão, o que é valor nesta década. Fica claro como essa é a primeira escolha dos fundadores, da governança, da liderança e das pessoas/agentes que atuam nas relações dentro e fora da organização.

Para isso, vamos tratar, na próxima parte do livro, do modelo de gestão de marcas, do relacionamento com consumidores e do *go to market*. Tal modelo ajuda o *Chief Value Officer* na orquestração, como uma bússola, um metrônomo, e com isso ele poderá ter uma visão de totalidade, ou poderá se aproximar melhor dela. Usaremos uma linguagem diferente da usual para tratar desses dois modelos e chamaremos isso de modelo dos cinco Es e modelo das cinco pontes, os cinco Ps.

PARTE III

Os modelos dos cinco Es e dos cinco Ps

01.

A lei do mínimo para a gestão de marcas

Para o *Chief Value Officer*, iremos propor a lei do mínimo da gestão de marcas com propósito e com novos significados. Essa visão sistêmica serve para orquestrar com harmonia, promover beleza, ser a mudança desejada, respeitar o cliente, agir com cultura da inovação, promover a autoestima e autorrealização das pessoas com quem as organizações se envolvem, sejam colaboradores ou clientes. Nessa visão de gestão de marca, o colaborador é sempre o primeiro cliente da empresa.

O modelo foi pensado para apoiar numa gestão de *stakeholders* com empatia e propósito, para ser o "capitalismo consciente em ação". A lei do mínimo como teoria é um princípio que estabelece que a qualidade do desenvolvimento de uma planta será limitada pela presença ou menos de seus nutrientes necessários, e se faltar 1% de cem, mesmo que todos os outros elementos estejam presentes, ela não cresce. Ou seja, o crescimento das plantas é determinado pelo nutriente com menor oferta no solo. Na lei do máximo, é observado que o aumento ainda maior de doses de um nutriente faz com que os rendimentos da produção comecem a cair; neste caso, o excesso limita ou mesmo prejudica a produção.

Como a organização também é uma plataforma viva, feita de pessoas, desejos e medos, de tantas inteligências emocionais em convergência afetiva, ela está se transformando "todos os dias um pouco". A sua vitalidade depende da sua harmonia, como abordamos em precedência. Então sonhos, ideias, hábitos e modelos vão ganhando forma, como na lei básica da Gestalt. Uma forma criativa, mas simples. Pois a criatividade, nos diz o contrabaixista e compositor Charles Mingus, é mais do que apenas ser diferente. Fazer o simples, o incrivelmente simples — isso é criatividade.

Nesse sentido, um grupo criativo é um ciclo virtuoso: o grupo é composto por pessoas conscientes que promovem e realizam o consumo consciente. E organizações conscientes promovem modelos de consumo consciente. Depende da harmonia e da orquestração do CVO.

Como isso se reflete na gestão das marcas? É a coerência e a consistência de uma gestão criativa que podemos tangibilizar no círculo dourado, criado pelo especialista em liderança Simon Sinek, um método para pensar, agir e comunicar com o intuito de inspirar e engajar pessoas, em sintonia com o *design thinking* já abordado e atrelado à essência da organização. Por que algumas pessoas e organizações são capazes de inspirar? E por que outras não conseguem fazer isso?

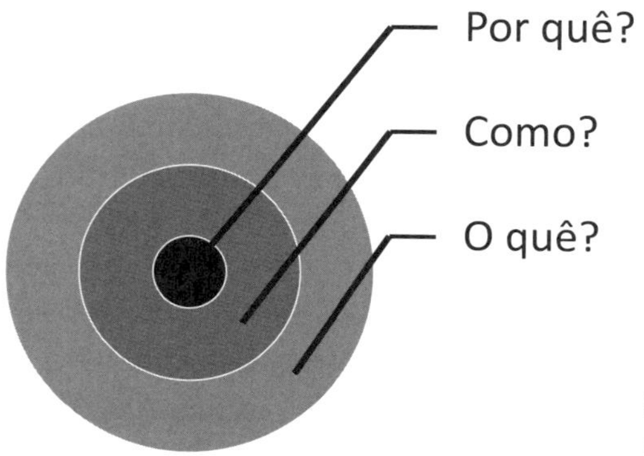

Círculo dourado
Fonte: Simon Sinek

O círculo dourado dá um bom direcionamento. Trata-se de um círculo que tem três perguntas centrais: "Por quê?", "Como?" e "O quê?". A ordem dos fatores influencia o resultado; a proposta é fazê-las exatamente nessa ordem. Na prática, significa que, antes de implementar uma ideia ou criar um negócio, você pensa sobre o propósito que aquela ação tem. Em uma empresa, é a sua razão de existir.

Usamos também essa metodologia, junto com outras apresentadas neste livro, como base para a nossa lei do mínimo na gestão de negócios e marcas. A partir dessa gestão sistêmica, aplicando o modelo dos cinco Es e dos cinco Ps que logo serão apresentados, a certo ponto conseguimos implantar "a mudança desejada no mundo", neste caso, ser uma organização artífice e promotora do capitalismo e consumo consciente. Métodos são inúmeros, mas princípios são poucos.

Nesta lei do mínimo, afirmamos que pessoas escolhem agir por propósito e convergem afetivamente, decidindo cooperar com empatia, se conectando para promover a mudança desejada, dentro de um contexto que tolera o "conflito criativo", ou seja, que permite críticas construtivas com segurança psicológica, em que o erro seja tolerado por ser fonte de aprendizado, e não puramente confundido com uma negligência. Em tal contexto, existe uma cultura da inovação, ou seja, um *modus operandi* que atrai e retém pessoas com atitude T, ou seja, pessoas dispostas a agir com proatividade para resolver problemas e gerar valor. Esse fluir é o valor social da plataforma. A filosofia deste ambiente é a dialógica, o modelo organizativo é do *design thinking*, do ócio criativo. A liderança é participativa. Assim sendo, essa organização *design driven oriented* consegue inovar. É duro. E para saber mais sobre a dureza das organizações que buscam implementar a cultura da inovação, recomendamos procurar na internet os trabalhos e artigos do Prof. Gary Pisano[1]. Em extrema síntese, ele nos diz que devemos ter tolerância ao fracasso, mas não à incompetência. Agir com disposição para experimentar, mas altamente disciplinada. Promover a franqueza, a segurança psicológica e a colaboração, mas com responsabilidade individual. Diz que tais organizações tendem ao nivelamento de hierarquias, mas que permanecem fortes a presença e o papel da liderança. Enfim, que liderar a jornada é preciso para inovar.

Essa navegação pode e deve usar os benefícios da inteligência das máquinas e da potência de cálculo para remar mais agilmente e com eficiência ao norte definido pela inteligência emocional dos humanos. É uma embarcação inteligente, como a imaginou Frank Gehry quando desenhou

---

[1] PISANO, Gary P. The hard truth about innovative cultures. *Harvard Business Review*, Jan.-Feb. 2019, p. 62-71.

o espaço da Fundação Louis Vuitton sobre o qual falamos. É um contexto em que não se joga fora nada, tudo é aprendizado.

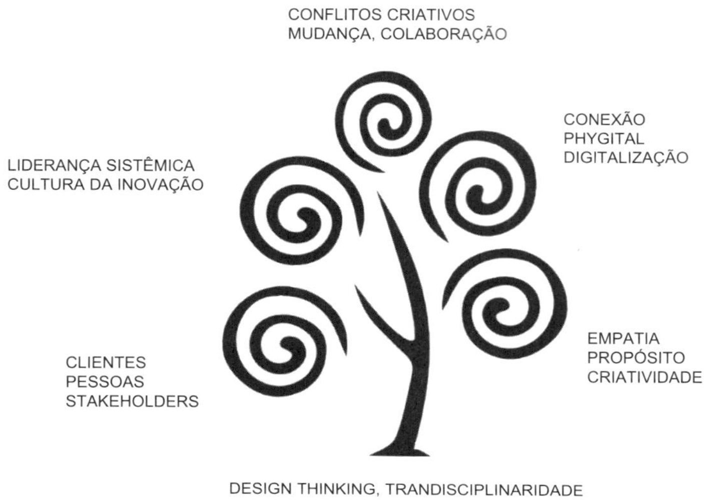

Lei do mínimo da inovação
Fonte: Victor Megido

Para transformar isso tudo em realidade, do intangível para o tangível e "monetizar" isso, temos o modelo de gestão que chamamos de cinco Es (Essência, Estética, Ética, Excelência, Experiência) e cinco Ps (Pessoas, Paixões, Produtos cultuados, Pontos de encontros, Plataformas). Não perseguir a lei do mínimo é ignorar a missão do CVO de gerar valor com impacto econômico, social, psicológico e ambiental.

Fazer para valer aquilo que precisa ser feito é necessário para gerar valor. Regras para orquestrar diferentes frentes de trabalho são demandadas. Isso significa criar meios para as empresas fazerem eficiência de recursos e poder reinvestir onde é necessário, atraírem e reterem bons profissionais, integrarem a cadeia do negócio onde atuam, para poder de fato chamá-la de cadeia de valor, conectando boas ideias com os clientes. Os modelos dos cinco Es e cinco Ps, em resumo, tratam dos pontos fundamentais que pedem equilíbrio para gerar valor:

- A beleza está na simplicidade, e isso permite ser eficiente, reusar a energia para criar coisas novas (destruição criativa).
- Combinar rentabilidade e responsabilidade social/ambiental.

- Ser um local afetivo e amigável para atrair pessoas competentes de diferentes idades e gêneros que ali queiram pertencer e se engajar.
- Equilibrar metas de longo prazo e demandas de curto prazo (atitude ambidestra).
- Alinhar estratégia e experiência do cliente/gestão de *stakeholders*.
- Ser plataforma inteligente e digital.
- Promover o aprendizado constante.
- Fortalecer o engajamento e a performance.
- Promover novos significados, plataformas comunicacionais.

O modelo dos cinco Es inserido neste livro vem, portanto, como uma bússola de orientação para desenvolver um modelo de ação sistêmico, do tipo funcional, simbólico e experimental, com a adoção de um novo tipo de plataforma organizacional. Pois quando tudo está conectado com o todo, para o bem ou para o mal, tudo é importante e faz a diferença.

Os 5Es
Fonte: Victor Megido

Esse modelo é oriundo de uma pesquisa realizada e publicada no livro *Luxo for all*[2], um estudo analítico feito pelos autores José Luiz Tejon, Victor Megido e Roberto Panzarani e um grupo de pesquisadores italianos e brasileiros que operam nos campos da sociologia, comunicação,

2 TEJON, Luiz; MEGIDO, Victor; PANZARANI, Roberto. *Luxo for all*. São Paulo: Gente, 2010.

marketing e moda. Foram observadas, recolhidas e examinadas informações relativas ao mercado e ao comportamento das empresas; uma pesquisa voltada para a busca e a descrição das tendências em ação no consumo de marcas, ou mesmo em fase embrionária na primeira década do século XXI, amadurecidas no decorrer de 2010 a 2020.

Da primeira para a segunda década do século XXI, ficou evidente que o consumo traria novas demandas e exigências e que deveria servir a todos. Essa foi a grande tendência. No novo cenário deste livro, trouxemos reflexões sobre qual é o senso do consumo, independentemente da classe social, qual são os sonhos das pessoas que buscam também no consumo autoestima, autoconhecimento, emancipação e autorrealização.

Nos últimos quarenta anos, no Brasil e no mundo, foi crucial a passagem da ideia de acumulação de coisas para a acumulação de possibilidades. Do mito da abundância dos bens ao mito da liberdade; portanto, do sonho de poder acessar, viver, conectar-se ao mundo; em outras palavras, ser um cidadão de verdade. Hoje, estamos em busca não só de entretenimento, informação e valores, estilos e experiência de vida; buscamos maior conscientização. Em uma única palavra, procuramos a própria identidade, por meio do acesso a novas realidades e a fluxos de comunicação globais e interativos, que nos permitam encantamento com senso de realidade, sustentável para que possamos ser mais harmonia e menos desilusão.

> ***"O consumidor de hoje é diferente dos consumidores de ontem e de amanhã. Em um mundo em rápida evolução, equilibrar as necessidades de hoje com as exigências do amanhã é algo fundamental para qualquer marca interessada em continuar existindo no futuro."***
>
> — Carla Buzasi —

O consumo pode ser compreendido somente se inserido na vida cotidiana: dimensões simbólicas e dimensões materiais são interligadas e não isoladas umas das outras.

Por meio do consumo, falamos de nós: nossa história, nossas representações do mundo, nossos desejos e medos. Construímos e reconstruímos continuamente nossa imagem. Reforçamos a nossa visão de que consumir também faz parte do processo por meio do qual moldamos a nossa identidade, e é por intermédio do consumo — também — que passamos ao reconhecimento de nós mesmos. O entrelaçamento entre tendências sociais e consumo é sempre estreito e direto. Em suma, os consumos são interligados com:

- os tratos que caracterizam a nossa época;
- as mutações antropológicas que acompanham as novas fronteiras da técnica;
- a exigência de reconstruir ligações sociais colocadas em crise pela perda de tradições e de referências de identidade que a globalização também contribuiu para ampliar (fenômenos de secularização, queda de ideologias etc.).

Todos esses aspectos contêm significados ampliados que exaltam e compreendem não só os conceitos inerentes à função e ao estilo do produto, mas também aos valores agregados a ele. Na gestão da marca, precisamos de uma ação sistêmica, em que as seis pontas da estrela devem estar bem amarradas.

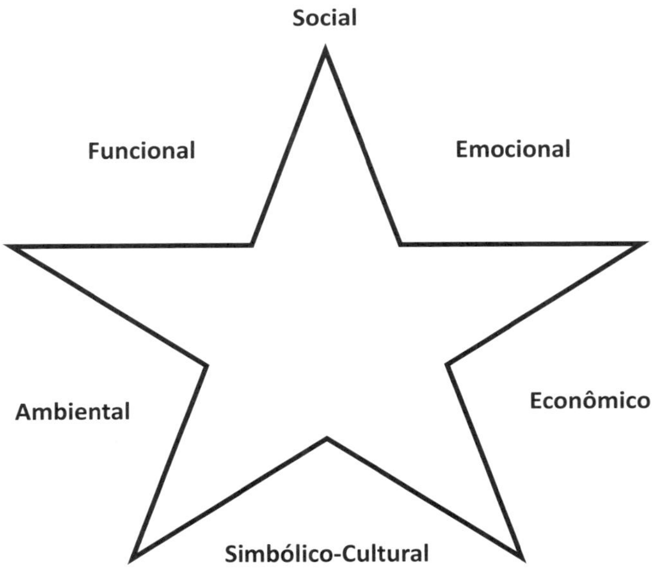

Gestão sistêmica da marca
Fonte: Victor Megido

02.

O modelo dos cinco Es

Vamos começar aqui pelo modelo dos cinco Es. A aplicação deste modelo pela organização é uma orquestração; prevê um processo de gestão a partir da primeira escolha — a Essência —, sobre a qual falaremos mais agora. A partir disso, traduzimos em práticas — Estética e Ética — uma proposta harmônica e integrada, que determinará escolhas de como implementar tais ações — Excelência —, e, em consequência disso, a Experiência da marca na promoção de produto e serviço para a geração de valor econômico para acionistas e investidores; social para os *stakeholders*; ambiental para este planeta e todos os seres vivos; psicológico no consumo consciente para as pessoas. Este modelo reequilibra o desafio do puro lucro financeiro que *shareholders* buscam, sem negá-lo, ressignificando-o para esta década de 2020. É *win-win*, em que o menos é mais; é intencional, e é transparente por escolha, não por obrigação de lei.

2.1 Essência

O quinto elemento, a quintessência, uma alusão à Aristóteles, que considerava que o universo era composto de quatro elementos principais — terra, água, ar e fogo —, mais um quinto elemento, uma substância etérea que permeava tudo e impedia os corpos celestes de caírem sobre a Terra. Em 1998, três astrofísicos da Universidade de Pensilvânia — Robert Caldwell, Rahul Dave e Paul Steinhardt — reintroduziram o termo para designar um campo dinâmico quântico presente no nosso universo.

Para nós, é o fator "quântico cultural", determinante e diferencial. A Essência é aquilo que é o mais básico, o mais central, a mais importante característica de um ser ou de algo. É invisível, mas sabemos que ela está lá presente nas coisas. É a ideia central da sua história, o argumento principal, o espírito do lugar. É o significado e razão de existir que citamos quando falamos do *design thinking*.

O pressuposto metafísico da Essência institui o que está "*nos céus como na Terra*" para os antigos; o que está dentro (a cultura) e o que está fora da organização (percepção da cultura), para os estudiosos das organizações; o microcosmo refletindo o macrocosmo, aquilo que religa o econômico com o social, ambiental e psicológico dos indivíduos; a Essência traduzida em produtos, serviços, ritos, práticas, espaços. Trata-se, então, de estabelecer as correlações e analogias entre as realidades da Estética, Ética, Excelência e Experiência, que, na verdade, expressam a mesma Essência. São todas faces da Essência. Nesse sentido, é a alma da organização.

A Essência traduzida em estratégia é escolher o que não fazer; em visão, é decidir para onde não ir; em tática, é dividir o joio do trigo. A Essência diz antes "não" para tudo aquilo que não faz sentido e não é coerente com a própria alma. No ciclo dourado, ela está na base do porquê existimos; então, é atitude, não técnica.

Uma bela analogia vem de um filme belíssimo chamado *A festa de Babette*, em que a Essência se manifesta nas decisões da grande chefe de cozinha Babette. Em uma célebre cena, na qual ocorre um jantar maravilhoso, isso é revelado de forma clara. Procure na internet, é só escrever "Gastronomia na Telona - A Festa de Babette". Nesse exemplo, podemos entender que ela faz aquilo que precisa ser feito, e não se trata do cliente, do público, do consumidor, trata-se da visão de valor *em primis* que Babette quer promover para tornar o mundo mais belo, digno de ser vivido.

Outro belo exemplo de Essência se manifesta no diálogo sobre autoestima e autoconhecimento neste breve trecho do filme de Luc Besson, *Angel-A*. Procure pelo trecho legendado em português na internet, buscando por "Filme Angel-A - Autoestima".

A Essência se manifesta na frase de Dostoiévski: "*A beleza salvará o mundo*". A contemplação da *Madonna* de Raffaello é a terapia pessoal dos autores, pois sem ela desesperaria dos homens e de si mesmos, diante dos tantos problemas que viviam. Para eles, o contrário do belo não era o feio, mas o espírito utilitarista e o uso dos outros, roubando-lhes assim a dignidade.

A grande questão, pois, colocada à atenção do CVO quando gerencia o modelo de marcas com propósito é saber ressignificar sonhos e desejos humanos em autoestima e autorrealização, por meio do relacionamento com as marcas.

Essência é beleza, resultado de um processo histórico e cultural, intangível e que proporciona dignidade por intermédio do consumo. Vale relembrar o conceito de cultura que estamos usando no livro:

> ***"Cultura significa todo aquele complexo que inclui o conhecimento, a arte, as crenças, a lei, a moral, os costumes e todos os hábitos e aptidões adquiridos pelo ser humano, não somente em família, como também por fazer parte de uma sociedade da qual é membro."***
>
> — Edward B. Tylor —

Essência é o aspecto cultural, o *genius loci*, um termo latino que já explicamos que se refere ao "espírito do lugar": diz respeito ao conjunto de características socioculturais, arquitetônicas, de linguagem, de hábitos, que caracterizam um lugar, um ambiente, um bioma natural, uma cidade, uma praça. Indica o "caráter" do lugar. Refere-se à preocupação com o local e o entorno das suas futuras construções.

Cultura organizacional é a forma pela qual um grupo de pessoas resolve problemas. Falamos do ócio criativo como um exemplo de cultura criativa e produtiva. E isso determina as escolhas Estéticas e Éticas, a Excelência como são feitas as coisas e a Experiência que a organização propicia para os *stakeholders* e o consumidor final. Bendita seja a cultura como Essência que faz com que a mudança possa ocorrer de forma orgânica na organização. Deve ser por isso que Peter Drucker dizia que a "*cultura come a estratégia no café da manhã*"[1]. Além das boas intenções

---

[1] Para saber mais sobre a visão do autor, recomenda-se a leitura do livro *Desafios gerenciais para o século XXI* (Cengage, 2000).

da alta liderança, a realidade se revela no processo cultural de mudança, nos diz a teoria de campo de Kurt Lewin, e é ela que faz acontecer.

A organização que atua preservando a Essência por meio de sua cultura organizacional privilegia o prisma da sua fecundidade de ideias, da felicidade humana de quem nela trabalha e de com quem ela se relaciona. A cultura de um grupo existe, mas a alma não necessariamente. A alma é uma alquimia alimentada dia a dia, senão murcha, e com ela esmaece a felicidade. Alma é visão e missão voltadas para o futuro, a criação, o crescimento, o conhecimento e a harmonia. Alma, mãe e filha da criatividade feliz. É indispensável proteger e recuperar a alma da organização que pretenda agir com Estética e Ética. Para que isso ocorra, é fundamental combater a corrupção, a inveja, a mentira, as fofocas e aqueles que remam contra, assim como é necessário nutrir tal jardim de beleza e propósito.

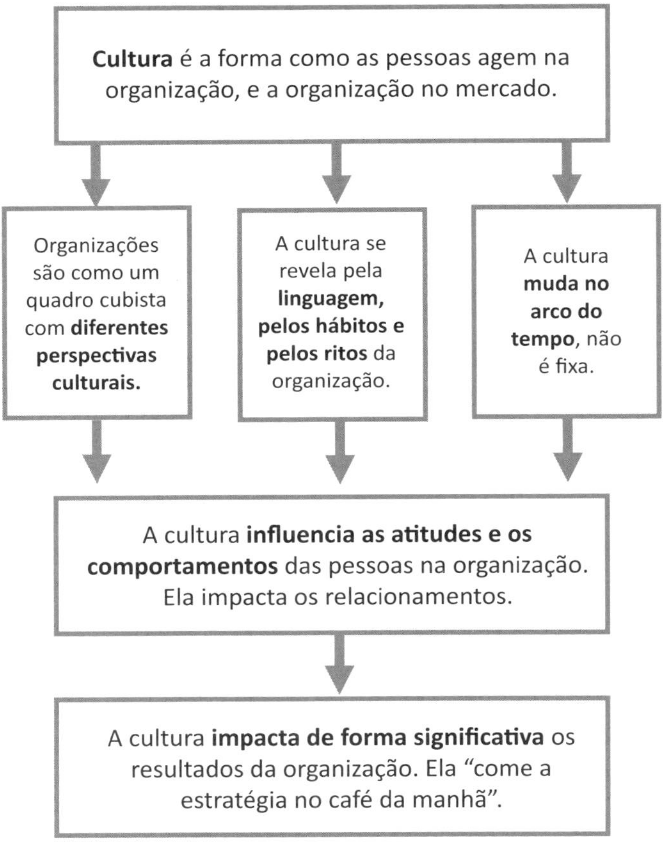

Cultura organizacional

Fonte: Adaptado pelo autor Victor Megido de estudos de Peter Drucker em *Desafios gerenciais para o século XXI*

Para liderar com Essência, serve uma liderança afetiva. Um ambiente criativo, com *design thinking*, que valoriza todos os *stakeholders*, e onde as boas ideias fluem. A alma de uma organização não pode consistir em competitividade destrutiva, na busca espasmódica de um proveito próprio em prejuízo dos outros. Isso é eficiência sem eficácia, quando sob a lente do espírito do tempo desta década de 2020.

A alma do grupo em questão é visível onde a organização é bela em todos os aspectos: nos lugares, nos seus produtos, nos seus modos de comunicar e se relacionar, enfim, nas suas tomadas de decisão. Não se trata de certo ou errado, e sim de coerente e consistente com a essência declarada. É essa beleza que gera alegria de se engajar em algo maior e eleva o valor à potência. A alma do grupo é jocosa, pois é importante o bom humor: longe de temer a serenidade e a felicidade, antes as segue com intencional leveza, consciente de que trabalho, estudo e bem-estar podem valorizar-se reciprocamente, tornando-se híbridos. Não tem medo de rir, como falamos neste livro. A alma de um grupo é ameaçada por quatro perigos:

1. O excesso de racionalidade (a contagem e a classificação das coisas como fim e não meio).
2. O excesso de avidez (tudo é mero lucro).
3. O excesso de imprudência (as heurísticas e vieses cognitivos, a falta de planejamento de longo prazo, a delega irresponsável, uma comunicação falha, a teimosia etc.).
4. O excesso de curiosidade ou de preguiça (muita fantasia e pouca concretude, falta de atitude e ação, ausência de olhar nos detalhes, não terminar o que se inicia).

A alma de um grupo é mais que seu corpo (ativos tangíveis) e do que a sua mente (ativos intangíveis): é a razão de existir, o que vivifica corpo e mente, conferindo sentido e significado a ambos; esse é o verdadeiro sentido de propósito na sua visão mais honesta. É sabia e ponderada, pois sabe que tais grupos vivem de divergência e convergência: ama e desconfia, procura e foge, ousa e critica, sabe dos limites, sabe quando acabou e precisa mudar tudo de novo para preservar a Essência. É união, mais que separação; é dialógica, é estar conectada em si, sentir-se um só com o todo pela alegria da viagem e da pesquisa. É emulação solidária; é encarregar-se dos problemas comuns ao grupo e à humanidade.

A alma de um grupo é fantasia e concretude, entusiasmo e visão, identidade e universalidade, reflexão ociosa e vitalidade fecunda, é imaginação, tensão em direção ao futuro, respeito às raízes e responsabilidade com a natureza. A alma é frágil, porque pode sofrer traição a qualquer momento, pela inveja, pela desconfiança, pela mesquinhez, pela rudeza. Ela nunca é alimentada de uma vez por todas, mas cultivada dia a dia, terna e obstinadamente, como se cultivam todos os ideais, todas as iniciativas impossíveis. Para a alma perdurar, os líderes precisam ser necessariamente antifrágeis, ou não será preservada a Essência no tempo.

Essência não é um ato, e nas empresas se manifesta na definição de visão com direção estratégica e no investimento em ativos tangíveis e intangíveis. Por isso, é fundamental ser abraçado pela liderança da empresa. É a capacidade de avaliar e construir capital social, repetindo o já citado fundador da Sony, Akio Morita, quando dizia que uma companhia não vai a lugar algum se todo o pensamento for deixado somente para seus executivos. Seria necessário então, segundo ele, criar as condições em que as pessoas pudessem se juntar num espírito de trabalho em equipe e exercer até o desejo de seu coração o potencial do grupo. É isso que chamamos de Estética e Ética da organização.

A Essência se manifesta nas experiências proporcionadas pela organização, as quais se realizam por meio de escolhas Estéticas e Éticas da liderança, tendo clara a maneira de fazer com Excelência, não de qualquer jeito.

> ***"A alma só é bela pela inteligência, e as outras coisas, tanto nas ações como nas intenções, só são belas pela alma que lhes dá a forma da beleza."***
>
> — Plotino —

2.2 Estética

A Estética (do grego *aisthésis*: percepção, sensação, sensibilidade) é um ramo da filosofia que tem por objetivo o estudo da natureza, da beleza e dos fundamentos da arte. Ela estuda o julgamento e a percepção do que é considerado beleza, a produção das emoções pelos fenômenos estéticos, bem como as diferentes formas de arte e de técnica artística; as ideias de obra, de arte e de criação; a relação entre matérias e formas nas artes. Por outro lado, a Estética também pode ocupar-se do sublime, ou da privação da beleza, ou seja, o que pode ser considerado feio, ou até mesmo ridículo, pitoresco. Para o CVO, a questão dos arranjos estéticos é fundamental.

Estética e cultura geram criatividade e originalidade. É evidente, portanto, o interesse das organizações em atuar com Estética, sejam elas organizações de diferentes setores e portes, do privado ao público, com ou sem fins lucrativos, no BtoC e no BtoB; o que as une é a busca por significados, identidade e reputação, o fomento do engajamento com *stakeholders*, ser uma apoiadora das pessoas em busca pela autoestima e autorrealização. Como falamos de cadeias de valor, de ecossistemas, não tem mais como separar, precisa religar, orquestrar com Estética. Não é mais tema exclusivo de empresas atuantes no *fashion* ou *furniture system*; a todos cabe agir com Estética.

O fator estético determina uma mudança na cadeia de ideação-produção-distribuição-consumo-descarte e nas fases de pesquisa e desenvolvimento (P&D) das empresas, onde Estética não é mais religada à imagem e aparência, coisa de designers gráficos, publicitários e outros especialistas. Estética entra como design de estratégias e sistemas, vem no antes, no princípio, atua pela Essência da coisa a ser feita. Estética está para a Essência no sentido de como iremos encantar e manifestar as coisas que queremos criar para ajudar o outro a estar bem — este outro é o colaborador, o cliente externo, os *stakeholders*, a sociedade.

Para isso, como falamos, entram em jogo o *design thinking*, o ócio criativo, a ação interdisciplinar e transdisciplinar, entre intérpretes de diferentes frentes atuando junto para "fazer sentido". Levando em conta o aspecto estético, o produto deve mostrar capacidade de emocionar para engajar, de transmitir sentimentos e até mesmo de representar pessoas e estados da alma, para se tornar harmônico e sustentável psicologicamente para o cliente. Como chegar ao platô da alma, se a própria organização não tem alma?

O clima de uma organização, como vimos, é a sua temperatura cultural; é a condição em que a sua alma cresce ou se atrofia. Por sua vez, a alma de uma organização age com Estética por meio de sua cultura, sua percepção sensorial, sua consciência do tempo e do espaço, sua inclinação, sua autoconsciência e inteligência, suas emoções, seus impulsos e desejos, sua capacidade de simbolizar, imaginar, exprimir-se, recordar, aprender, representar o mundo, autorrepresentar-se e auto-organizar-se. Se a alma da organização são as coisas que não podemos ver nem explicar com os olhos da razão e dos processos, é a Estética que traduz isso em fatos tangíveis. O *feeling* que não sabemos explicar com palavras, um ambiente onde queremos ficar, tudo isso é obra da Estética. Ela transita entre o lógico e a intuição. Vale lembrar:

> ***"A eficácia organizacional não se baseia num conceito estreito chamado racionalidade. Ela se baseia na mistura entre a lógica clara e a intuição poderosa."***
>
> — Henry Mintzberg —

Esta eficácia combina com o valor social da organização, e a entendemos como algo que transcende a soma aritmética dos indivíduos. A alma da organização é elevada à potência por meio da Estética — e claramente também da Ética. Entendemos sua interação recíproca, sua síntese capaz de exprimir de forma intangível o nível de equilíbrio, de beleza e de sustentabilidade a que o indivíduo chega. Lembrando aqui que quando falamos de Estética, estamos também falando de Essência e de como isso está entrelaçado com Ética, Experiência e Excelência. Somente para fins de explanação estamos separando-os neste formato linear; mas devem ser vistos como uma espiral elíptica.

E não será com mesas de pingue-pongue e salas de relaxamento e meditação que as empresas realizarão Estética. O abismo entre as novas exigências e as velhas regras organizacionais desconta-se em termos de desmotivação, dando vida a um círculo vicioso: quanto mais a organização tem necessidade de cultura e Estética para responder com presteza às necessidades e aos valores emergentes do mercado e do sistema social, mais ela deve dispor de pessoal motivado. A tudo isso acrescente-se que a flutuação cada vez maior dos mercados reduz, dia a dia, a segurança ocupacional dos trabalhadores, atirando-os ao medo e à ansiedade. Em outras palavras, a organização cria barreiras à Estética logo agora que tem mais necessidade de ser harmônica e bela, voltando-se assim ao seu próprio insucesso.

Indo além de uma Estética cativante e sedutora, a comunicação também muda seu papel e ajuda a alimentar o valor recebido: é cada vez mais difundida a necessidade de informação por parte do cliente, para reconhecer atributos, proveniência, origem, tipos de metodologia, técnicas de produção das diversas mercadorias, impacto social, contribuição em vista do futuro ambiental. Com a comunicação, acentua-se a importância da marca, da rastreabilidade, da autenticidade, da transparência na narrativa sobre conhecimento e valor.

Neste processo emancipatório, a marca assume uma importância especial, e a identidade empresarial, que vem sendo comunicada, reflete-se na percepção do público, *ergo* na reputação. As mensagens lançadas têm origem na Essência, na primeira escolha, nas atmosferas da tradição, ou dos vínculos entre fundadores, e se traduzem em práticas harmoniosas, nos tantos pontos de encontro e ambientações, nas práticas apaixonantes e encantadoras de marketing e propaganda, nas caracterizações dos pontos de venda e espaços de relacionamento que promovem ativamente os mecanismos decisórios, fazendo peso sobre componentes emocionais, de satisfação íntima, que fazem desejar o perpetuar de um momento belo. "*It is a beautiful day*", canta U2.

Aqui, a Estética como filosofia da marca vai muito além do mundo fashion, portanto, exemplos disso em segmentos até então "estranhos" à beleza não faltam. Por exemplo, recentemente uma instituição financeira decidiu divulgar seu seguro de vida de forma diferente, falando de amor. A *call to action* (CTA) do e-mail marketing enviado era: "*Você sabe qual é a sua forma de amar*?" E a mensagem discorre dizendo que a empresa, com empatia, sabe que todo mundo tem uma forma especial de demonstrar o amor: tem os que mandam bom-dia todo dia; os que lavam aquela baita louça do almoço; e até quem comemore mêsversário depois de jurar que nunca faria isso. Uma abordagem afetiva que aproxima, faz a venda e abraça no final; um bom exemplo de estética a serviço da essência de uma marca financeira.

Agora, o quanto tal comunicação é consistente com as práticas éticas efetivas da instituição financeira não se sabe — e isso somente o tempo dirá. Se a organização age também com ética e excelência, somente um cliente pode saber; caberia um estudo de caso.

No que nos tange, queremos ressaltar que investir em estética será cada vez mais condição indispensável para gerar valor, que se traduz em permanecer no mercado pertencendo a uma plataforma. Trata-se de um passo fundamental para alimentar o patrimônio cultural da organização, permitindo o engajamento dos colaboradores, clientes e *stakeholders* e promovendo a confiança entre todos esses elos da plataforma em rede. Mas atenção: se para promover a confiança precisa existir elo entre estética e ética, isso se dá efetivamente somente por meio de uma excelente experiência de marca.

O CVO de uma organização que age com práticas fundadas na estética deve saber fazer isso com excelência, pois só a boa intenção não basta. O trabalho a ser feito dentro da organização é grande para que a experiência da marca seja efetiva. É difícil montar uma equipe de pessoas com características complementares, com doses diferentes de fantasia e concretude e dispostas a navegar juntas em colisões constantes típicas da destruição criativa. A diversidade é um fator determinante. Depois, é difícil fazer com que essas pessoas sejam resilientes, mesmo nos momentos de desestímulo, acreditando na estratégia da marca com confiança, sem necessidade de muitas explicações racionais.

A liderança precisa agir de modo que a meta indicada fique fascinante também para seus companheiros de aventura, como um sonho resplandecente, mas atingível, como uma realidade concreta. Deve buscar envolvê-los emotivamente, encantá-los, até entusiasmá-los, não só pelo objetivo proposto, mas também pelo tempo previsto e pelos métodos para atingi-los. Não é espontânea a jornada da estética com excelência. Mais adiante, deve procurar ativar o melhor de cada um, fazendo com que gostem da empresa e dos companheiros de viagem. Deve transformar os naturais conflitos nascentes em dialógicas construtivas, emulações solidárias; os vínculos em oportunidades; a carência de recursos em aceitação do desafio; tudo isso com disposição para o sacrifício, com engajamento e pertencimento à causa.

O desafio do CVO é evitar a todo custo a perigosa conformidade e contemporização nas decisões.

> ***"Os que caíram na armadilha do instinto de manada se afogaram no dilúvio da história. Mas sempre existem aqueles poucos que observam, raciocinam e tomam cuidado, evitando a inundação."***
>
> — Anthony Sutton —

Dissemos que não se trata de cargo, e sim de atitude. Mas quando se está em posição de liderança, isso se faz mais central ainda, dado o poder que a autoridade tem na organização. O líder CVO deve estar em condições de manter cada indivíduo do grupo em equilíbrio entre autonomia individual e integração relacional na organização, entre identidade pessoal e participação, entre crescimento e espera, entre coordenação e liberdade, sem que as regras indispensáveis degenerem jamais em procedimentos insensatos. Enfim, deve saber dosar a arte da palavra com a da escuta, dando ao interior e ao exterior do grupo a sensação correta de que a obra criada não seja de um só, mas de todo o grupo. É o valor social que está em jogo.

Tal líder, para agir com consistência, precisa gostar muito do que faz e gostar muito de trabalhar com pessoas. Deve ser lúcido, ter uma boa dose de autoconhecimento e empatia, não só cognitiva, mas também a emocional e compassiva, pois necessita ser uma liderança respeitada, agir com autoridade e não autoritarismo. Precisa ser compreensível, acessível e ainda capaz de inspirar e influenciar, "organizar, desorganizar e reorganizar", mudar tanto que surpreenda, mas não tanto que desoriente, com uma combinação certa de astúcia e ingenuidade.

O líder CVO entusiasma, contagia com a paixão e o amor pela causa. Ele está presente e tem atitude. O carisma exercido num grupo não ocorre de uma vez por todas, mas sua paixão se mantém no estado ardente dia a dia, hora a hora, talvez pelo período de muitos anos, até que a obra sonhada se transforme em realidade. O líder — e isso não é cargo — vive com alma e corpo o projeto e é capaz de infundir um entusiasmo constante, porque o trabalho é sempre a "tempo integral": quem está preocupado com um problema requer soluções, como no caso do CVO, que não pode interromper o fio do pensamento do modo como o operário, ao soar da sirene da fábrica.

Tal liderança apoiadora de pessoas as empodera e fomenta a cultura da excelência, pois a cultura é a alma do grupo — e a alma é frágil sem excelência. Seu corpo é tangível, aquilo que permite que as coisas aconteçam. O corpo são os seus ativos concretos, equipamentos, matérias-primas etc., já a mente da empresa são suas estratégias e táticas, programação, organização, estudos e pesquisas, marketing, design etc. A sua alma, como falamos, é a essência, a síntese de clima, imagem, missão, valores, coesão, equilíbrio, eficácia, sabedoria, e assim por diante. Resultado: o encantamento.

Sob essa liderança com atitude criativa, afetiva e pedagógica, o grupo é eternamente beta, não envelhece, permanece jovem, curioso, empreendedor, experimental, capaz de gerar valor *ad continuum*. A alma desse grupo não morre, é generosa e humilde, pois é como a alma individual das pessoas que lhe pertencem, feita de anseio e ingenuidade, de otimismo e curiosidade, de ternura e potência. Isso tudo junto e misturado faz uma organização ser verdadeira e uma marca ser icônica. De pessoas para pessoas, com paixão e empatia, cultuando, curando, contextualizando, religando.

Estética para agir com ética sem preconceitos: investir no encantamento, no imaginário, tornar a empresa uma parceira para a autorrealização das pessoas, onde possam ter reconhecimento como colaboradores e satisfação como clientes; uma marca aliada para derrubar paradigmas e conceitos preestabelecidos, para ousar, ajudar as pessoas e a sociedade a inovarem-se continuamente, para promover um consumo consciente e procurar surpreender, sempre com afetividade e sem ludibriar, em todas as fases do processo de compra. Quando Walt Disney estava projetando os parques temáticos, ele se ajoelhava constantemente para não perder de vista o olhar e a perspectiva das crianças, para quem ele estava naquele momento trabalhando.

Sobre o encantamento, vale a pena dedicar mais um pouco de espaço, pois esse tema é central nos próximos anos. Nos momentos de encantamento, ficamos mais conectados e próximos das outras pessoas; esse é um dos propósitos do encantamento. O que é o encantamento que faz a diferença para a marca? É a sensação de arrebatamento que sentimos quando nos deparamos com algo tão poderoso que se torna difícil de explicar. O encantamento é um misto de medo e admiração, um sentimento que esteve em segundo plano nos últimos anos. As pessoas trocaram os momentos de encantamento pela estabilidade, pela sobrevivência e pela certeza.

Por que se faz central? Ele reúne e inspira as pessoas. Na autorrealização, é a energia que ajuda a gerar movimento. Cientistas acreditam que o encantamento pode ter sido decisivo para a evolução dos nossos ancestrais, que tiveram de lidar com fenômenos ambientais que exigiram cooperação em grupo, ferramenta essencial para a sobrevivência humana há diversos séculos. Ele é necessário, então, para o futuro, principalmente nos momentos de reconstrução.

Qual o mecanismo? O sistema nervoso tende a formar as tão importantes conexões entre as células onde existe uma dose concentrada de afeto. A emoção fixa as sinapses, assim, toda informação merece atenção do cérebro, e é o afeto que ajuda a determinar a importância e permanência de um registro na memória. Ninguém é exatamente o mesmo após tais experiências encantadoras. Pessoas são movidas por expectativas de experiências, e é disso que vem o poder da percepção e de ambientes amigáveis. Emoção gera engajamento. E, de necessidade, se torna uma prática cultural virtuosa nas organizações e elos entre pessoas e marcas. Gerar valor é assumir um modelo centrado em pessoas comunicantes por meio de encantamento, não de tecnologia.

Como emoção coletiva, o encantamento diminui a perspectiva do eu e ajuda a expandir o mundo. Nos próximos anos, o encantamento será o maior conector numa era de fragmentação. Além de tornar as pessoas mais empáticas, ele reduz a ansiedade. Uma pesquisa conduzida por neurocientistas na Alemanha com imagens de ressonância magnética apontou que as experiências de encantamento — como assistir a vídeos inspiradores em vez de vídeos neutros ou apenas agradáveis — diminuem a atividade da rede padrão do cérebro, associada ao foco em si mesmo e à meditação. As pessoas que participaram da pesquisa registraram índices mais baixos de estresse e de *brain fog*, a chamada névoa cerebral.

Um estudo do Laboratório de Neuropsicologia e Tecnologia Aplicada de Milão, na Itália, descobriu que as experiências diárias de encantamento podem ajudar a reduzir a depressão. Esses momentos de encantamento podem ocorrer quando alguém caminha em meio à natureza (*awe-walks*, em inglês) ou escuta uma nova música. A variedade é um dos benefícios do encantamento para a saúde mental — cada experiência é pessoal, independente do nível socioeconômico. Os eventos que induzem ao encantamento podem ser um dos métodos mais rápidos e poderosos de crescimento e de mudança pessoal. Encantar-se, e não se iludir, com a vida.

O encantamento, inclusive, faz-se importante na desaceleração, muitas vezes necessária para engajar-se com o essencial das coisas. Para poder prestar atenção nos detalhes, melhorar o foco e a qualidade de vida das pessoas, sejam elas artífices ou clientes.

De acordo com um estudo conduzido por psicólogos das Universidades de Stanford e de Minnesota, nos Estados Unidos, a experiência de encantamento desacelera a percepção do tempo das pessoas. É frequente a sensação de que o tempo para em momentos de arrebatamento. Melanie Rudd, coautora desse estudo, diz que experimentar o encantamento amplia o foco da pessoa no momento presente. Quando a pessoa está mais consciente do agora, ela tem experiências mais ricas e acredita que mais coisas podem ocorrer ou serem alcançadas em determinado período de tempo. Isso se conecta diretamente com a argumentação inicial usada neste livro sobre a importância do bom humor e da vida feliz para melhores escolhas, tomadas de decisão, engajamento e performance. O encantamento permite que a pessoa ajuste o foco e seja mais eficiente. Para as organizações, será importantíssimo incorporar momentos de encantamento ao dia a dia. Encantamento enriquece de beleza o humano e o sensibiliza, dando-lhe repertório, permitindo autoestima e autorrealização, fazendo-o existir de forma efetiva, pois a beleza está nos olhos de quem vê, disse o escritor Goethe.

Essa questão do encantamento desencadeado pela estética, por sua vez, fruto da essência da marca, tem elo com a felicidade do ser humano. A Estética como disciplina estudada pela filosofia deu muitas contribuições para entendermos esse elo com a felicidade. No século passado, as organizações e suas marcas agiram sobretudo sobre a felicidade hedônica em formas mais imediatistas de gratificação da felicidade e bem-estar, com práticas para aumentar o prazer e evitar o sofrimento. Para os colaboradores, eram salários, status, bônus, cargos; para os clientes, eram descontos, acesso facilitado, crédito e diversificação. Isso foi muito útil para ajudar as pessoas na manutenção da autoestima, porém também desencadeou o consumismo e colocou em crise o próprio modelo.

Nesta década de 2020, portanto, evoluímos para agir sobre a felicidade que vem de relacionamentos pessoais positivos ou do orgulho e sensação de dever cumprido depois de um trabalho importante, por exemplo, ou de um consumo com a consciência de que estamos também ajudando e sendo cidadãos responsáveis. A partir desses estudos da filosofia, muitos psicólogos acabam vendo a felicidade como uma combinação dessas duas visões. Quando falarmos adiante de Ética, poderemos dar uma visão ao leitor mais completa desse assunto.

Toda essa discussão reforça a ideia de que entender a história da felicidade social e psicológica pode trazer lições importantes sobre como o CVO orquestra as práticas da marca e posiciona a organização no mercado.

Os fatores que estudamos e apresentamos até o momento nos dão certa confiança em afirmar que elevar valor à potência significa dar ênfase às conquistas das pessoas com quem nos relacionamos (como organização), sejam elas quem forem na cadeia de valor. Não se trata mais de uma perspectiva de status, mas sim de agir com sentimento de contribuição junto à sociedade e ao planeta, ajudando a criar uma sensação de que a vida do indivíduo vale para algo. Os antigos romanos já diziam: "*Se tu vales, eu valho*". Esse é provavelmente o objetivo mais importante. Outra lição é o equilíbrio delicado ao buscar sentido na vida, mas sem fazer disso algo obsessivo. E esse é um dos desafios ao engajar as novas gerações.

A pressão para ser feliz corre o risco de ser contraproducente. Nessa orquestração, para que exista sustentabilidade psicológica da organização junto aos seus *stakeholders* e da marca junto ao cliente, é preciso promover senso de realidade também. Comunicar e promover aspirações sem que sejam ilusórias. Mas como fazer isso? Esse é o desafio da Ética, pilar fundamental que ganha nesta década importante espaço no capitalismo humanizado, no consumo consciente, e que vem sendo debatido com mais força, em escala social, sobretudo a partir do século XVIII, a ponto de, na redação da Declaração de Independência dos Estados Unidos, em 1776, a busca pela felicidade ser considerada um direito humano. Se é um direito, é um desafio ético. A Constituição da França de 1793 também explicitou a ideia de que "*o objetivo da sociedade é a felicidade comum*".

A partir disso, vem à tona a necessidade de praticar a estética e a ética com excelência, não para inglês ver. Ambas fazem o encantamento da felicidade ser sustentável para os humanos e o planeta.

2.3 Ética

Falar de Ética não é coisa fácil, ainda mais associar isso ao mundo dos negócios, do capitalismo, do consumo, sem cair nas armadilhas do *wishful thinking*[2]. Mas é central para que a essência da marca se "faça luz" e para que as organizações passem a assumir um papel de vetor de transformação

---

[2] Conforme a Wikipédia, "*wishful thinking*" é uma expressão idiomática inglesa que significa tomar os desejos por realidade e tomar decisões ou seguir raciocínios baseados nesses desejos, em vez de em fatos ou na racionalidade. Pode ser entendido também como a formação de crenças de acordo com o que é agradável de se imaginar, em vez de basear essas crenças na racionalidade. Em português, a expressão, "vontade de crer" reproduz com precisão a ideia de "*wishful thinking*", como atesta a definição do dicionário Houaiss da Língua Portuguesa: "impulso que conduz o ser humano à crença em determinadas suposições, tais como os princípios da religião ou do livre-arbítrio, cuja legitimidade não depende de qualquer comprovação obtenível por meio de fatos ou dados objetivos, mas de sua utilidade psicológica e dos benefícios vitais que as acompanham."

social. Também, no que diz respeito ao indivíduo em busca de autoestima e autorrealização, ética passa a ser um tema desafiador, pois é um assunto que coexiste com a estética. E é o que determina de fato — nas reuniões internas das organizações — a atenção, o foco e os investimentos nas práticas excelentes que combinam a sustentabilidade econômica com a social, ambiental e psicológica dos humanos, sejam eles colaboradores ou clientes da organização.

É complexo levar isso para o mundo corporativo e conectar o mundo econômico e financeiro com as virtudes da empatia compassiva, da tolerância, da reciprocidade, do bem-estar individual e social — da pluralidade da organização e do mercado —, tendo em vista os medos e as ansiedades humanas, fruto, em grande parte, do próprio sistema capitalista consumista.

As pessoas têm o direito de querer mais, de sonhar algo maior. Atenção é devida à diferença entre sonho e ilusão. Para o CVO, nesta década de 2020, o desafio será gerar valor, promovendo para os clientes e consumidores a autoestima e a autorrealização, e, para isso, dedicar energias para momentos de introspecção dentro e fora da organização. Tem uma reflexão que diz assim:

> ***"São precisamente as perguntas para as quais não existem respostas que marcam os limites das possibilidades humanas e traçam as fronteiras da nossa existência... Procuramos sempre o peso das responsabilidades, quando o que na verdade almejamos é a leveza da liberdade."***
>
> — Milan Kundera —

Conseguirá a organização promover a beleza, o encantamento, a felicidade, enfim, tal leveza da liberdade sem torná-la uma obsessão? É para isso, pois, que serve a Ética.

A Ética é um campo de estudos amplo, com diferentes abordagens teóricas, paradigmáticas e práticas, portanto, não existe somente uma visão filosófica ética. Aqui, estamos assumindo perspectivas que, na nossa opinião, fundamentam uma abordagem discursiva da ética para as organizações, mercado, consumo, base da dialógica — que citamos no arco do livro como o jeito para cocriar valor com *stakeholders* no mercado — e para promover valor econômico, social, ambiental, psicológico. Este último aspecto é central para a nossa abordagem nesta década, pois assumimos como ético que o indivíduo em sociedade tenha o direito à autorrealização, segundo seu próprio estilo e sua própria concepção de felicidade. Os desejos e os afetos (falaremos mais sobre isso no capítulo sobre o P da Paixão) excluídos por longo tempo nos últimos séculos são readmitidos pela ética discursiva, sob a forma de interesses generalizáveis. É aqui que inserimos o consumo consciente como um dos vetores concretos de construção do indivíduo em sociedade e de sua busca por emancipação.

Um dos mais importantes filósofos estudiosos da ética é Baruch Espinosa. Quando reflete sobre a razão e os afetos dos indivíduos, ele nos diz que poder não existir é impotência e, inversamente, poder existir é potência. Ou seja, em sã consciência, todos queremos existir, portanto, buscamos por potência (vitalidade, energia, paixão etc.). Nós humanos, diz o filósofo, chamamos de mal o que é causa de tristeza, isto é, o que refreia ou diminui a nossa potência de agir.

Para o filósofo, se não houvesse desejo, não haveria conservação, logo, nem essência ou vida humana. Sem apetite, morre a vida, deprimida, esteja o homem consciente ou não deste apetite de viver. Um desejo inato e adquirido. "*Desejos podem ser perigosos*", nos alerta Espinosa. Por desejo, entende-se todos os esforços, impulsos, apetites e volições do homem, que variam de acordo com seu estado e que são a tal ponto opostos entre si, já que o homem é arrastado para todos os lados e não sabe para onde se dirigir.

Quando pensamos nas práticas éticas de uma organização, isso conta e muito. A razão de existir de uma empresa é para ajudar ou atrapalhar as pessoas em busca pela autorrealização? Dessa escolha, isso passa a influenciar, por exemplo, a condução das campanhas publicitárias e práticas de mercado (investimentos que enunciaremos mais adiante neste capítulo).

Promover alegria, esperança, tudo isso, quando ilusório, tem um custo psicológico para as pessoas. Mas quem decide e divide o joio do trigo? Aquilo que comunicamos poderemos entregar? É sustentável ambientalmente? As ações das organizações estão em contínuo contato e conflito com o mercado e os agentes com quem interage, e isso gera impactos sociais e psicológicos. Como validar o valor que buscamos gerar? Valor social se dá quando a organização abandona o perímetro próprio do mundo vivido e entra num processo de argumentação coletivo em seu ecossistema, como vimos no *design thinking* para gerar valor, em que ocorre a crítica.

Não há sociedade sem linguagem, e não há linguagem sem pelo menos uma virtualidade discursiva, e como todo discurso pressupõe a busca pelo consenso — o que não significa contemporizar —, este é um princípio necessário para gerar valor. A mera ideia da comunicação já aponta para o valor do entendimento mútuo e para a norma da não violência. Assim, sejam os indivíduos, sejam as organizações, ambos só existem em interação, mas essa interação prevê o reconhecimento da dignidade e integridade de cada participante. Tal dignidade se fundamenta na questão da autorrealização, da busca pela felicidade e do valor social que ocorrerá dentro dessa perspectiva, assim como o valor psicológico ocorrerá no indivíduo a partir da percepção da realidade em que se encontra. Isso fica claro quando praticamos nossos raciocínios lógicos nos mapas do *design thinking*, como o mapa de empatia e do canvas da proposta de valor (de que trataremos no capítulo sobre o P de Plataforma).

Falar de felicidade individual nos remete aos conceitos de alegria e de esperança. Alegria é a passagem de uma perfeição menor para uma maior, nos alerta Espinosa; passagem porque o homem não nasce com a perfeição que deseja. Já a esperança é uma alegria instável, surgida da ideia de uma coisa futura ou passada, de cuja realização temos alguma dúvida. O medo, por sua vez, é uma tristeza instável. *Ergo*, não há esperança sem medo, nem medo sem esperança. Nos diz Espinosa que quem está apegado à esperança pode imaginar algo que exclui a existência da coisa futura e se entristece, entra em estado de ansiedade. Enquanto está apegado à esperança, tem medo de que a coisa não se realize. Sobre o medo e a ansiedade, recomendamos a leitura do apêndice sobre o tema.

A nossa abordagem da ética discursiva entre seres comunicantes em reciprocidade nos permite introduzir a pluralidade, uma condição de possibilidade da faculdade humana de desejar. Por meio desta faculdade, podemos viver para sentidos ou finalidades imaginários (éticas), que parecem, *a priori*, como um bem para nós e, portanto, como condição de uma vida boa (no apêndice, tratamos da pirâmide de Maslow com mais detalhes sobre tal argumentação). Essa pluralidade permite, por exemplo, dentro da organização como trabalhadores, e fora dela como consumidores, o direito à diferença, em que todos são iguais no direito de poder exercer a própria diferença. Como princípio, essa é a base sobre a qual postulamos depois as nossas tomadas de decisão como consumidores, trabalhadores, artífices em sociedade, além da conformidade. Tal é a atitude criativa e crítica que as organizações exercem em sociedade e no mercado, assumindo causas, formando opinião, promovendo o debate sobre temas sociais delicados, quando não tabus.

Essa visão ética do capitalismo consciente vem pela prática pluralista ao amplo exercício da liberdade, uma fonte ilimitada de diferenças. Um agir sempre aberto à criatividade. Não se trata de um "reino da liberdade", mantra ilusório das propagandas do século XX (veja no apêndice sobre o consumismo). O pluralismo não é o fim, o objeto desejado, e sim o meio, o modo como fazemos para a sua contínua afirmação no mercado. Este modo de fazer é consistente com o motivo pelo qual fazemos, com o princípio e a essência, e isso determinará práticas excelentes, virtuosas e intencionais, as quais frutificarão em experiências de marca emancipatórias.

Tais breves reflexões vêm para dar clareza de quão necessária é essa problematização quando se trata de políticas de RH para os colaboradores e de políticas de marketing e propaganda para os clientes e consumidores. Quando pensamos em canvas da proposta de valor e mapa de empatia, detectamos os medos e as dores. As práticas do século passado e que ainda hoje persistem evolvem usar o medo para gerar vendas (desvalor), ou ativar demais só a felicidade hedonista para promover o engajamento. Mas quando colocamos na equação também a sustentabilidade social, psicológica e ambiental, precisamos rever o jeito como trabalhamos para vender nossos produtos e serviços.

Com o pluralismo, conseguimos injetar maior transparência nas relações humanas. Sob a sua direção, todos os envolvidos neste conceito de capitalismo consciente de trocas de valor saberão que podem e devem assumir-se por seus próprios valores, tendo como garantia um critério de recíproca empatia e tolerância. Essa abordagem ética empodera o consumo como consciente, tornando o indivíduo um artífice de suas escolhas, e o princípio de tolerância (com empatia) afirma nas práticas humanas em geral essa condição de cada agente como autônomo para gerar valor social.

Nesta era da complexidade, a era BANI, há de se convir que o pluralismo e a tolerância que ele implica são os paradigmas éticos potencialmente mais capazes de gerar valor e assegurar uma convivência pacífica em bases consistentes entre aliados nos ecossistemas abertos à inovação. Essa é a base ética do *design thinking* como abordagem nos negócios: torna-se possível reconhecer os contrários sem julgá-los sob a ótica do antagonismo (como vimos quando citamos Morin). Ao contrário, toda contemporização ou nivelamento pela mediocridade (organizações disfuncionais) legitimam a falsidade, a hipocrisia, o desvio das normas e corrupção, pois as máximas que a governam impedem de reconhecer a origem subjetiva dos humanos. Daí a necessidade do controle constante, do comando a rédeas curtas, das imposições com a força *top down*.

Esses contextos, longe de serem criativos, caracterizam-se por práticas nas quais a face do agente desejante deve ocultar-se sob máscaras, permitindo a cada indivíduo/*stakeholder* dizer-se ausente de seus próprios atos e isentar-se de qualquer responsabilidade, contextos que, por suas condutas, são mais infantis, imaturos, irresponsáveis.

As organizações desse tipo se reconhecem porque excedem na relação em torno do medo — de ser desligado, de não ser apreciado, de não pertencer, de não ser visto —, enfim, são antiéticas. Se não aceitarmos isso, não podemos então falar de ética na organização, nem de consumo consciente. Devemos problematizar como agimos no mercado para gerar valor.

Essa reflexão nos leva à concreta e pragmática reciprocidade do que é valor; como diziam os romanos, "*se tu vales, eu valho*". Em economia, Richard Swift fala que, sem algum tipo de reciprocidade, a sociedade não poderia existir. Isso vale para um grupo social, uma organização ou um ecossistema de empresas. É definido como um pacto racional, com regras tácitas e outras explícitas. Alianças não são baseadas somente em afetos.

Na cocriação de valor com *stakeholders* e agentes externos, o desafio ético é grande. Porém, nota-se, tendo clareza sobre os princípios e a razão de existir de uma organização, que fica mais nítido o tipo de aliança. Então o consenso ético a que deve chegar o entendimento entre parceiros é em nome de uma vontade geral, é um sentido ou interesse comum: não é um interesse de todos (soma), não é de uns quantos nem de ninguém. Já não há mais quem se possa reconhecer plenamente nele senão os participantes daquela determinada comunidade, daquele ecossistema de ação conjunto. Por isso falamos aqui neste livro sobre elevar o valor à potência do coletivo. Esse é o valor social. Como dissemos quando tratamos do *design thinking*, consenso não contemporiza, não se trata de buscar pela unanimidade no momento das decisões. O dissenso persistirá, quase sempre, por parte de uns ou de outros. Mas, se dentro da vontade geral (o princípio fundador das alianças), todo dissenso será minimizado em razão do bem maior de pertencer ao grupo — tendo em vista a reciprocidade inata no pacto e tendo clareza sobre a necessidade de ponderar sempre com empatia. Os conflitos criativos fazem parte do processo de criação de valor entre *stakeholders*, e isso funciona quando há garantia de paridade e transparência entre as partes.

Assumindo o ponto de vista da governança corporativa e de suas lideranças, se não há reciprocidade nos desejos e sonhos entre *stakeholders*, nos propósitos da empresa, como podemos falar de ética? Já nasce errado. As pessoas querem poder confiar no outro, pois na era da complexidade, sozinhos não vamos a lugar nenhum. Um CVO deve, sim, defender a própria organização, mas precisa ter habilidade para respeitar a coletividade e os aliados de viagem para chegar onde se quer chegar. Mais uma vez, vale a pena repropor o quadro a seguir:

Eu A relação do indivíduo com ele mesmo. O autoconhecimento.	**As relações** A relação sistêmica entre o indivíduo e os outros. Comunicação e relacionamento da pessoa com o grupo.
A organização O alinhamento com a cultura e as estruturas organizacionais. A visão, o propósito, a missão e os valores.	**Os processos** O desenvolvimento criativo das tarefas, a implementação das ações em práticas de melhoria contínua. É a inovação.

Liderança sistêmica
Fonte: Adaptado pelo autor Victor Megido de estudos de Peter Senge em *A quinta disciplina*

Agir com ética pede muita atitude sistêmica; é muito difícil, porque não é só boa intenção. E os processos gerados com excelência trazem à tona o que é VALOR econômico, social, ambiental, psicológico para as pessoas.

Tornou-se impostergável inserir esse pilar na visão da organização, antes ainda da estratégia ser desenvolvida. Falar de valor sem falar de ética é promover desvalor. E quando começamos a contemporizar, trazer pormenores etc., caímos na armadilha das heurísticas e vieses cognitivos.

Ética é coragem para lidar com paradoxos — e não há nada mais paradoxal do que o ser humano e suas sociedades —, e não gostamos, porque nos confronta com a inevitabilidade da dúvida, da incerteza, da dificuldade de controle sobre o lucro financeiro, o bônus, as vendas, a fidelização, o *saving*. Nossa cultura predominantemente cartesiana nos convenceu de que podemos dominar a natureza, inclusive a nossa própria, e nos forneceu incontáveis instrumentos de autoengano para manter-nos convencidos disso, mesmo quando somos — como acontece diariamente — postos diante de evidências de que esse domínio está muito longe de ser tão completo quanto desejamos. Basta ver as mudanças climáticas.

Com efeito, não foi outra a função da chamada "ideia de progresso" da modernidade, que hoje estamos problematizando quando falamos de ética e capitalismo consciente. E vale lembrar de que tal visão positivista foi mal-interpretada, pois quando o sociólogo Auguste Comte fala de ordem e progresso, ele fala também de amor. Segundo o pensador, o positivismo era o que o ser humano tinha criado de mais profundo e organizado: a observação e o entendimento da natureza com base no trabalho científico[3].

O estado positivo seria o mais desenvolvido da humanidade. O ser humano teria entendido — como de fato entendeu — que, para encontrar respostas sobre a natureza, ele deveria procurar nela as explicações. Nesse ponto, haveria o desenvolvimento — como houve — das ciências e de um modo de pensar o mundo por meio do entendimento deste como algo que está dado fisicamente. O estágio positivo seria marcado pela Física, pela Biologia — ciência que, junto com a Sociologia, seria a mais desenvolvida para Comte — e pela busca incessante do progresso.

No entendimento de Comte, o ser humano consegue, por meio da ciência, entender a natureza, a complexa sociedade — com a Sociologia —, desenvolver as tecnologias que melhoram sua vida e modificar seu meio político. A política seria, na teoria comtiana, fortemente influenciada pelo conhecimento científico, que ensinaria a necessidade da ordem

---

3 Veja mais sobre Auguste Comte em: https://brasilescola.uol.com.br/sociologia/auguste-comte.htm.

para a obtenção da glória e do progresso. Esse estágio é o que chamamos hoje de capitalismo consciente, mas somente se adicionarmos a ele também a empatia, que o pensador chama de amor. Ele escreveu: "*O Amor por princípio, a Ordem por base e o Progresso por fim.*" Quando falamos de canvas da proposta de valor com ética, trazemos essa visão também de que "*viver para os outros não é somente a lei do dever, mas também a da felicidade*".

E quando tratamos da importância do autoconhecimento, da ética para práticas de excelência, é "*saber para prever, a fim de poder*". Ou seja, a questão é cultural: crescimento econômico e social, no respeito do ambiente e dos indivíduos. Auguste Comte é considerado o pai da Sociologia, e quando falamos de sustentabilidade social, é nesse sentido. A Revolução Industrial nasce com esse mote, e agora, em sua fase mais avançada, pode concretizar com empatia um VALOR maior para a humanidade. Isso não é ilusão, esse é o motivo de existir do progresso.

Um *brand system* sustentável vem para responder a demandas antigas (ser ou não ser, autoestima), ainda presentes, e para problematizar novas necessidades emocionais de impacto psicológico (ser consciente, autorrealização).

Um *brand system* ético com rastreabilidade e *blockchains*, para "acender a luz" e revelar transações de bastidores, tornar transparente o sistema. Não se trata de tornar-se um pouco mais transparente; o sistema precisa ser transparente, senão, continua sendo desigual, gerando desvalor. É uma questão de princípios a ética; ou ela existe, ou não. Métodos são consequência de escolhas — se na hora H, na hora da verdade, reduzimos investimentos nas esferas da Ética e da Excelência, não estamos sendo coerentes nem consistentes.

Do ponto de vista dos clientes, as pessoas em busca de consumo consciente enfrentam um dilema: por um lado, percebem que o mundo está em perigo, que a qualidade de vida não melhorou, mesmo tendo evoluído materialmente, e que a sociedade ainda é muito desigual. Eles suspeitam que o sistema econômico e o ritmo do consumo não sejam sustentáveis e clamam por uma mudança de atitude. Por outro lado, são bombardeados por negacionismos de diferentes matrizes e guerrilha informacional e orientados a consumir mais e mais para manter o crescimento da economia. Então, as pessoas precisam e querem comprar, mas querem e agora precisam também conhecer as causas e consequências do próprio consumo. Cada vez mais os clientes das marcas têm consciência de que, para poder continuar comprando, eles precisam comprar melhor, de forma mais prudente e mais responsável.

Falamos, sobretudo, daqueles que estão avançando da escala da autoestima para a da autorrealização. Generalizar é difícil; as pessoas são diferentes. Mas tudo que dissemos até aqui nos dá confiança para apostar que cada vez mais elas escolherão as empresas (para colaborar) e marcas (para comprar) que fazem isso acontecer. Para reduzir o sentimento de culpa do ser humano, as organizações precisarão investir em ética e oferecer acolhimento, apoio ascensional, clareza.

Investimentos

Há quatro áreas éticas em que as empresas terão de investir drasticamente para ter um efeito positivo na própria marca:

- As marcas deverão ter um significado mais profundo, representar algo e significar algo nos locais onde elas investem, além de irem contra a cultura do medo e da angústia que fomenta ansiedade e depressão. Deverão fazer isso nos relacionamentos com consistência, seja para com os clientes, seja para com os colaboradores.
- As empresas terão de contribuir para a manutenção do ecossistema onde atuam diretamente e, a partir de agora, também indiretamente. A marca vai ter que compreender a importância de manter o equilíbrio não somente no que se diz respeito ao ambiente, é claro, mas também aos clientes, *stakeholders* e até mesmo seus concorrentes. Ela deverá se envolver em um nível local e mundial para contribuir com a manutenção desse equilíbrio e simetria.
- Uma marca envolvida com o cliente é uma marca que escuta o cliente. A passagem do monólogo para o diálogo que a tecnologia potencializou na última década de 2010 implica que a voz da pessoa-cliente deve realmente ser valorizada e influenciar a estratégia e o comportamento da empresa. Não se trata de observar ou perguntar para o "usuário" o que ele quer, nem de somente fazer da inteligência artificial e algoritmos uma força de vendas mais sofisticada, ou ainda de melhorar a "usabilidade" da interação com o produto ou serviço (coisas úteis e necessárias). Este ponto trata de atuar no *design thinking* (dimensão de significados).

- As marcas devem desenvolver relacionamentos autênticos com o cliente, verossímeis. O consumo não vai parar, entretanto, os modos de consumo precisam mudar. Uma nova maneira de pensar, comunicar e criar experiências da marca é imprescindível, a fim de gerar valor, visando estar em linha com as exigências dos seres humanos e, idealmente, do planeta.

ESG

Sobre ESG, ou Governança Ambiental, Social e Corporativa, do inglês *Environmental, Social and Corporate Governance* (ESG), é uma abordagem para avaliar até que ponto uma corporação trabalha em prol de objetivos sociais e ambientais que vão além do papel de maximizar os lucros em nome dos acionistas da corporação. Normalmente, os objetivos sociais defendidos dentro de uma perspectiva ESG incluem trabalhar para atingir determinado conjunto de objetivos ambientais, bem como um conjunto de objetivos relacionados ao apoio a certos movimentos sociais e um terceiro conjunto de objetivos relacionados à corporação a ser governada com vistas a promover diversidade, equidade e inclusão.

Como surgiu o ESG? Em publicação de 2004 do Pacto Global[4] da Organização das Nações Unidas (ONU) em parceria com o Banco Mundial, intitulada "*Who Cares Wins*", cunhou-se pela primeira vez o termo "ESG", o qual surgiu de um desafio do então secretário-geral da ONU, Kofi Annan, a cinquenta CEOs de grandes organizações financeiras. A proposta era obter respostas dos bancos sobre como integrar princípios de ESG ao mercado de capitais.

No mesmo período, a United Nations Environment Programme Finance Initiative (UNEP-FI) publicou o chamado relatório *Freshfield*, ressaltando a importância de ações de ESG como forma de avaliar uma empresa sob a ótica financeira. Apesar das organizações já terem, de modo geral, preocupações socioambientais, o termo foi adicionado ao dicionário corporativo, por incluir outras preocupações de cunho social e de governança. A adoção de ações nesse sentido gera mercados mais sustentáveis e proporciona melhores resultados para as instituições.

Segundo relatório recente da PwC, até 2025, 57% dos ativos de fundos mútuos na Europa estarão em fundos que consideram os critérios

---

4 Acesse o portal em: https://www.pactoglobal.org.br/pg/esg.

ESG. Além disso, 77% dos investidores institucionais pesquisados pela PwC disseram que planejam parar de comprar produtos não ESG nos próximos dois anos. Para saber mais sobre o tema, recomendamos estudar os Objetivos de Desenvolvimento Sustentável da Organização das Nações Unidas[5] e as práticas virtuosas que o Brasil deverá desenvolver para fazer parte dos países pertencentes à Organização para a Cooperação e Desenvolvimento Econômico (OCDE)[6], pois as coisas estão interligadas.

Portanto, para um CVO, falar de ética é falar de ESG na prática. Os Objetivos de Desenvolvimento Sustentável, estabelecidos em 2015, são o principal guia "ético" que a organização deve seguir para adequar suas operações a boas práticas ESG. Eles resumem os desafios sociais, ambientais e de governança do nosso tempo. Existem métodos, ferramentas práticas, como as sugeridas pelo Pacto Global (SDG Compass e SDG Ambition), e deles recomendamos um estudo mais atento[7].

Além dos métodos, como dissemos, para as organizações, é agir com atitude sistêmica em ecossistemas mais amplos da produção e do consumo; é falar de práticas dentro e fora da organização com excelência, qualidade.

Veja o exemplo da marca de moda Ferragamo e os pontos que aprendemos com ela quando nós, autores, visitamos recentemente sua fundação. A marca declara se posicionar fortemente nos desafios da sustentabilidade. Primeiro, decide trazer a responsabilidade social e ambiental para o centro das estratégias de desenvolvimento e lançar um plano de sustentabilidade. Ela identificou seis áreas de intervenção em que seriam implementados objetivos específicos dentro de um período de tempo que determinou: pessoas; *made in Italy*; produto e relacionamento com fornecedores; território; cultura; e meio ambiente. São declarações públicas da marca a partir de uma visão de futuro. E, com isso, ela desenvolve a sua estratégia.

No *Relatório Anual de Sustentabilidade 2017* público, foram divulgados resultados com base nos Objetivos de Desenvolvimento Sustentável promovidos pelas Nações Unidas. Alguns exemplos que selecionamos para

---

[5] Os Objetivos de Desenvolvimento Sustentável podem ser lidos em: https://pt.wikipedia.org/wiki/Objetivos_de_Desenvolvimento_Sustentável.

[6] Conheça mais sobre como o Brasil é visto pela OCDE em: https://eesp.fgv.br/noticia/o-brasil-como-visto-pela-ocde.

[7] Saiba mais sobre o Pacto Global em: https://www.pactoglobal.org.br/pg/esg.

o leitor: em termos de saúde e segurança dos colaboradores, a Ferragamo obteve a certificação OHSAS 18001 (*Occupational Health and Safety Assessment Series*), que é uma série de Avaliação de Segurança e Saúde Ocupacional para todas as unidades industriais e lojas da Itália.

> *"Nossos funcionários são a própria essência da marca, e por isso estamos comprometidos em aprimorar seu profissionalismo e individualidade, oferecendo-lhes oportunidades de crescimento, bem-estar e respeito".*
>
> — Ferruccio Ferragamo —

Os projetos também visam à valorização do *genius loci* e patrimônio cultural da Itália, por meio do financiamento da restauração de importantes obras de arte, como a *Fonte de Netuno* na Piazza della Signoria, em Florença, e à promoção da experimentação de materiais sustentáveis.

À frente da proteção ambiental, a marca manteve investimentos para reduzir o consumo e minimizar os impactos ambientais associados ao desempenho das atividades da empresa. Um exemplo disso é o novo centro logístico na sede de Osmannoro, em Florença, estrutura projetada de acordo com padrões de eficiência para obtenção da certificação LEED Platinum. A rede de vendas da Ferragamo tem reconhecimento semelhante: as lojas em Canton Road, Hong Kong e Troy, em Michigan, obtiveram as certificações LEED Gold e LEED Silver, respectivamente. O desafio da marca é tornar essas ações sempre mais sistêmicas; é o que declara fazer.

A economia circular é outro elemento-chave: ao aderir à Aliança para a Economia Circular, o grupo se empenha em prolongar o ciclo de vida dos produtos, investindo em qualidade e reduzindo o desperdício. Por fim, o *made in Italy* visa à proteção do *know-how* e do legado italiano por meio da celebração de uma *supply chain* de artesãos italianos especializados.

A partir dessas práticas, a marca decidiu, em 2019, estruturar em sua plataforma comunicacional e relacional uma exposição que chamou de *sustainable thinking* (pensamento sustentável) no Museo Salvatore Ferragamo, em Florença, onde explorou a sustentabilidade da Ferragamo desde o pioneirismo do fundador da marca Salvatore Ferragamo, em seu uso revolucionário de materiais naturais, reciclados e inovadores, até os experimentos mais recentes da empresa com materiais e técnicas ecologicamente corretos.

Concebida por Stefania Ricci, diretora do Museo Salvatore Ferragamo e Fondazione Ferragamo, a exposição compartilhou uma perspectiva artística-cultural sobre a questão vital da sustentabilidade, vista como desenvolvimento que atende às necessidades do presente sem comprometer a capacidade das gerações futuras de satisfazer a suas próprias necessidades. A exposição apresentou o trabalho de artistas e designers de moda internacionais com suas interpretações de uma relação mais consciente com a natureza e sua profunda conexão com técnica, e o uso de materiais orgânicos e reciclagem criativa, para destacar a importância de um compromisso coletivo e modo de pensar esclarecido adotado por todos.

O que podemos ver é a concretização do propósito. A partir de seu documento de intenções, e das práticas que declara perseguir às efetivas práticas, busca sensibilizar e demonstrar ser possível a produção e o consumo consciente. Saiba mais no próprio site da Fondazione Ferragamo, procurando por "*Sustainable thinking to change the world*".

Ética é fazer bem-feito, com respeito pelo humano, natureza e mercado. É agir com excelência, como nos alerta o antigo médico e filósofo Maimonides:

> ***"Você sabe o quão difícil é essa profissão para alguém que é consciencioso e exato, que declara apenas aquilo que ele pode apoiar por argumentação ou autoridade."***
>
> — Maimonides —

Maimonides foi um intelectual central do pós-judaísmo medieval que exerceu as funções de rabino, médico e filósofo. Tal é a ética que cabe ao CVO adotar nas práticas profissionais, nos bastidores, nos silêncios da alma da organização, das marcas em seus pontos de interação e plataformas comunicacionais, e nos elos com as pessoas (os cinco Ps de que trataremos mais adiante).

Agir com intenção. "*O extremo requinte e finura estão nos detalhes*", como dizia o mestre Leonardo da Vinci. Pintar com êxito algo belo, fazer simples sem perder-se nos devaneios do complexo, agir tendo em vista não só a eficiência, mas a eficácia; esse é o incrível misterioso sorriso de sua *Monalisa*.

É preciso cultura, conhecimento e competência nos diferentes campos do saber que citamos e tantos outros do fazer, para ser consistente nas práticas. É, pois, o campo da Excelência.

2.4 Excelência

A palavra "excelência" deriva do latim "*excellentia, -ae*", que significa superioridade, derivada de "*excellere*", com sentido de erguer, ficar em um lugar mais elevado, ser superior. A linguagem revela, e podemos entender melhor o que é pelos seus sinônimos: primazia, superioridade, primor, qualidade, distinção, relevância. É importante destacar que excelência é o contrário de inferioridade, mediocridade, irrelevância. Ou seja, é um aspecto norteador do COMO fazemos as coisas, algo atrelado à atitude das pessoas que se envolvem nas coisas, inerente às causas. Pessoas com senso estético e ético conseguem agir com excelência. Então, podemos afirmar que se trata de cultura, e não de ferramentas. Como fazemos define o resultado das nossas ações, e se fazemos com excelência, estamos sempre em melhoria contínua. Este princípio permite unir eficácia à eficiência, pois melhoria indica que algo muda de estado, que é transformado e evolui para algo melhor.

A questão da excelência é cultural do indivíduo e do grupo. É, antes, uma atitude, uma postura estética e ética na maneira como abordamos as coisas da vida. No que tange à liderança do CVO na organização, nesta década de 2020 (e não na década passada), neste espírito do tempo (e não no século passado), ser formado e ter sensibilidade a tais assuntos é condição essencial para que tal indivíduo possa promover e gerar valor dentro e fora da organização. Caso contrário, estamos só falando de valor, mas no *gap* cultural.

Segundo os antropólogos, *gap* cultural é qualquer diferença sistemática entre duas culturas que dificulta o entendimento ou as relações mútuas. Essas diferenças incluem valores, comportamento, educação e costumes das respectivas culturas. Isso vale para a cultura do século XX e do XXI, quando ambas encarnam o que é valor e criam meios para gerar valor. O problema apontado aqui é tentar gerar valor no século XXI usando o sistema cultural obsoleto do século XX. Por exemplo, confundir práticas de marketing com ações de impacto social ou ambiental.

Portanto, o aspecto sistemático das coisas que fazemos na organização, e que oferecemos por meio das marcas, não pode ser negligenciado nem opcional; o aspecto inovador, ditado por uma aceleração generalizada de melhoramentos tecnológicos, novos modelos de orquestrar valor (com o *design thinking*, por exemplo, para cocriar com *stakeholders*), pode fornecer um impulso decisivo na excelência de um bem e de sua postura estética/ética. A tecnologia exerce um papel determinante na melhoria contínua para a construção e entrega de produtos e serviços sempre mais sofisticados ao mercado. Da ciência e tecnologia ao aumento de produtividade com sustentabilidade social e ambiental, Excelência dá a possibilidade para cada vez mais pessoas poderem desfrutar de bem-estar sem destruir o planeta. É o que motiva organizações a assumir, por exemplo, os Objetivos de Desenvolvimento Sustentável da Organização das Nações Unidas.

A Assembleia Geral das Nações Unidas, realizada em Nova York, em setembro de 2015, com a participação de 193 estados-membros, estabeleceu 17 objetivos de desenvolvimento sustentáveis, para que, coletivamente, a humanidade pudesse dissociar o crescimento econômico da pobreza, da desigualdade e das mudanças climáticas. Trata-se da *Agenda 2030*, que vem com o desafio de agir de forma sistêmica para promover até 2030 um mundo sustentável, possível e melhor para todos os povos e nações. É a melhor tradução sistêmica a nível global do nosso modelo dos cinco Es, que não nega o capitalismo, mas o ressignifica, sendo a sua essência o princípio de harmonia da humanidade e da vida neste ecossistema chamado planeta Terra; onde a ética com estética traduz princípios em ideias para gerar valor econômico, social, ambiental e psicológico; onde tudo isso é realizado com métodos e práticas de melhoria contínua e excelência, tendo como resultado uma experiência de vida feliz.

Os 17 objetivos vão desde acabar com a fome até promover sociedades pacíficas e inclusivas, e cada um possui metas detalhadas a serem alcançadas até 2030. De acordo com o *Relatório 2020* dos Objetivos de Desenvolvimento Sustentável, o mundo está progredindo de forma irregular e insuficiente em áreas como melhoria da saúde materna e infantil, aumento da representação das mulheres no governo e expansão do acesso à eletricidade. A má notícia é que também houve aumento da insegurança alimentar, das persistentes e generalizadas desigualdades e da deterioração do meio ambiente natural, o que acaba gerando também doenças e epidemias.

Ser excelente é ser responsável com a mudança desejada. Um exemplo virtuoso sobre as construções sustentáveis e o Pacto Global da Organização das Nações Unidas poderá ser lido no apêndice do livro.

» *Qualidade*

Excelência é o nível de qualidade de um produto, serviço ou sistema que caracteriza um bem de valor e contribui para o enriquecimento e o incremento do valor agregado transferido ao mercado. Nesta década, a qualidade de um bem não pode ser colocada em discussão; está relacionada a diversos fatores, como funcionalidade, saúde, componentes materiais, sustentabilidade econômica, facilidade de distribuição e de produção, economia circular e acessibilidade. Um bem de qualidade exprime uma ideia que transcende os atributos estéticos e éticos do objeto em questão e se amplia até a essência da organização da empresa que o cria. Para controlar e mensurar isso, existe a Análise do Ciclo de Vida (ACV), uma ferramenta usada para avaliar as consequências ambientais e para a saúde humana associadas a todo o ciclo de vida de um produto, serviço, processo ou material, desde a extração e processamento da matéria-prima até o descarte final. Mais uma vez, excelência é agir com intenção para valer, "*valere*" como diziam os romanos, gerar valor, porque se tu estás bem, eu também estou; se o planeta está bem, poderemos continuar a estar nele bem também.

Excelência vem para fazer o trabalho a ser feito da forma correta.

O desenvolvimento de produtos sustentáveis é desafiador, porque demanda uma mudança de paradigma e de modelo de produção, como vimos no exemplo dado quando falamos da Ferragamo. Isso tem sido percebido como uma questão desafiadora na indústria, na mineração e no agronegócio. A ACV como metodologia inclui vários aspectos: consumo de energia, processos envolvendo fabricação, embalagem e transporte, impactos relacionados ao uso do produto, reciclagem e reutilização etc. Ou seja, é sistêmico. Por envolver todo o ciclo de vida do produto, a ACV permite obter uma visão global do sistema do objeto, proporcionando um melhor entendimento da interação existente entre a atividade transformadora do bem e o meio ambiente, auxiliando na tomada de decisão da melhoria contínua, no planejamento estratégico do presente-futuro da organização, nas escolhas da liderança, naquilo que devemos parar de fazer e no que devemos começar a fazer.

Isso demanda investimento e governança corporativa, pois não se trata do indivíduo fazer, e sim da cultura da organização promover, formar, treinar, controlar, mensurar, melhorar. A partir disso, os indivíduos vibram na frequência da Excelência e tendem a agir por consequência; os que não vibram tendem a sair. Ser excelente assim é ser ético com a proposta de valor declarada, e isso se demonstra não somente publicamente nas gôndolas das lojas ou na Bolsa de Valores, mas sobretudo nos bastidores, nos *back offices*, nos pactos das reuniões, na qualidade de vida dos funcionários de uma organização, no respeito junto com os *stakeholders* envolvidos com uma organização, no respeito das normas regulamentadoras para a análise do ciclo de vida que uma organização excelente abraça — as tantas ABNT, ISO etc.

ISO nada mais é do que a sigla para *International Organization for Standardization*, que, traduzida para o português, significa Organização Internacional de Padronização. Foi fundada em 1964 e está sediada em Genebra, na Suíça. Atualmente, possui 164 membros distribuídos em todo o mundo, sendo que cada país possui apenas um membro e representa a organização naquele território. No Brasil, a sua representante é a Associação Brasileira de Normas Técnicas (ABNT). Dessa forma, a organização atua definindo padrões e normas a serem seguidas pelas empresas, independentemente do seu porte, com o objetivo de garantir a qualidade, a segurança e a eficiência do que oferecem. Mais uma vez, declare as suas intenções. E, nessa circularidade do capitalismo consciente, é necessário que a compra e o consumo também sejam conscientes de tais investimentos, para que privilegiem as organizações ESG.

No que se refere à qualidade e serviço, gostamos do exemplo da empresa de mobiliário Poltrona Frau. Segundo o arquiteto e designer Michele de Lucchi, que trabalha para a marca, o belo não está onde aparece, mas onde nunca seria procurado; são os detalhes invisíveis aos olhos.

"Projetos e obras surgem da busca de satisfazer a Sra. Beleza, o Sr. Tempo, que, em sua evolução, é o maior artista de todos os tempos, e a Sra. Indústria. A Beleza está na Indústria, o que nos permite divulgar projetos e nos dar liberdade de escolha. Design é comunicar o que a sociedade sente e o que as pessoas precisam."

— Poltrona Frau —

O site da Poltrona Frau merece uma visita para entender melhor essa narrativa; é didático ver como eles comunicam a questão da essência, estética, ética, excelência e experiência por meio de palavras e fatos — isto é, as práticas da organização traduzidas em objetos e serviços.

Quanto mais tecnologia e inteligência artificial, mais importante nesta década de 2020 será a inteligência emocional. As organizações avançadas sabem disso e promovem uma convergência afetiva entre as pessoas e a marca, o valor da marca no valor do carinho, do bem feito com as mãos, no caso da Poltrona Frau. Nesta década, mais do que em outras, uma marca ou é feita de histórias, ou ela não existe. Enquanto escrevemos este livro, assim a organização publicamente comunica (2023):

"As histórias de vida, memórias e emoções das pessoas confundem-se com os móveis atemporais que moldam os espaços onde vivem. A autenticidade no coração da marca Poltrona Frau se reflete nas inúmeras histórias verdadeiras que ela contou. Poltrona Frau é parte integrante da vida das pessoas há mais de 110 anos. Os móveis icônicos da empresa são uma companhia íntima para aqueles que vivem com eles, refletindo estilos de vida únicos e a mudança dos tempos."

— Poltrona Frau —

A pergunta para o CVO é: o que significa qualidade e como conseguir isso? Eis a nossa resposta: é fazer o que precisa ser feito e também reter talento; é também tornar o ambiente belo; é sorrir e estar no ambiente com satisfação e intenção.

Excelência é agir como faz a Poltrona Frau: realizar um *go to market* sofisticado, em que a operação de gestão tem qualidade certificada e o *back office* é todo integrado, digitalizado, inteligente, preservando o "feito a mão". É atuar com mensuração, controle, melhoria contínua; nada se joga fora, tudo é importante nas organizações lúcidas, como nos ensina o professor italiano Roberto Panzarani, autoridade nos temas da inovação e *made in Italy* que nos presenteou com um prefácio neste livro.

Só é viável se for desejável e intencional. Só é praticável se for inteligente e ciente dos recursos necessários. Excelência é fruto de conhecimento e inteligência da organização, de clareza sobre proposta de valor, num ambiente comunicativo e relacional, com propósitos bem definidos e processos executados com maestria. É possível onde há cultura sistêmica e governança. Não só as pessoas, mas também o modelo da organização precisa ser excelente, como vimos quando falamos da lei do mínimo, da harmonia organizacional.

Excelência é uma atitude que fomenta o bem-feito nas organizações, e isso permite a cultura do belo. A ordem dos fatores influencia o resultado. Veja outro exemplo, agora o da marca italiana Gucci e do Gucci Equilibrium, um portal online de debate e centro das iniciativas relacionadas à sustentabilidade, pessoas e novos modelos de produção da marca. O nome Equilibrium exemplifica o verdadeiro desafio da Gucci nesta década: garantir aos clientes a alta qualidade de seus produtos, mantendo um impacto social e ambiental positivo. Tudo isso se traduz na busca de um equilíbrio entre a urgência estética, seguir o que é belo e agir com ética, fazendo o bem. Essa, pelo menos, é a intenção declarada da organização. Não por acaso, para desvendar esse caminho, a Gucci se apoia em uma abordagem mental e operacional, a *culture of purpose*, uma espécie de condutor que guia a *maison* nas escolhas sociais a serem feitas, em como e onde investir a sua energia[8].

A plataforma, uma vitrine digital criada para apresentar os objetivos e ações concretas realizadas pela marca em termos de sustentabilidade, pretende também inspirar e motivar toda a indústria da moda. As palavras-chaves do projeto são: pesquisa de materiais menos poluentes, identificação de processos menos invasivos, criação de soluções inovadoras e atendimento a pessoas e trabalhadores.

---

8 Saiba mais em: https://equilibrium.gucci.com/.

Igualdade de gênero, diversidade e empoderamento das mulheres são algumas das lutas da marca, que se compromete em assegurar a igualdade de gênero em todos os níveis da empresa até 2025. Na linha do *design thinking* para a cocriação com *stakeholders*, sobre a questão do processo de produção, a Gucci criou uma forte parceria com algumas empresas inovadoras, incluindo H-Farm, Singularity University, Fashion for Good e Plug and Play, para promover a pesquisa de materiais e modelos de negócios sustentáveis. Entre as muitas iniciativas está a reciclagem de resíduos com "*I Was a Sari*", um programa lançado em 2013 por Stefano Funari baseado na economia circular que prevê a colaboração com mulheres desfavorecidas da região de Mumbai e envolvidas na reconversão dos sáris.

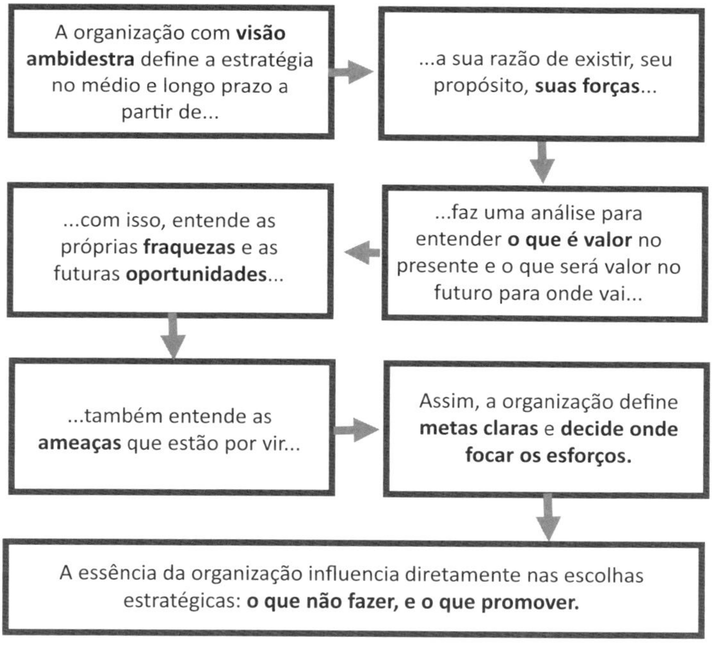

A essência organizacional
Fonte: Victor Megido

Excelência é disciplina de gestão; está na mentalidade e no comportamento do indivíduo que atua na organização, independentemente do cargo em que está; é ter clareza sobre o que fazer e o que não fazer. A experiência de uma marca é fruto da excelência em prática. Para isso, o CVO sabe dos desafios a serem enfrentados para proteger a essência da organização e oferece uma abordagem para vencê-los.

Concluindo, sobre a excelência, ela tem a ver com, ao mesmo tempo, ser lucrativa e responder à realidade e às preocupações do mundo em que a marca opera, em um processo criativo constante.

2.5 Experiência

O valor da marca definitivamente transcendeu a função de um objeto em si e se alargou para uma interpretação estética e ética das coisas da vida da organização e do mercado de consumo. O que a organização oferece de valor é composto de vivências em circunstâncias específicas, lugares especiais, interações, e, por consequência, assume um significado muito pessoal e bastante subjetivo.

É um mundo onde aos aspectos materiais de qualquer produto ou serviço — um calçado ou automóvel, uma semente ou alimento, um cartão de crédito ou pix, ou seja, todo e qualquer valor criado por humanos que solucione uma necessidade, problema ou desejo — se adicionam emoções e estímulos, lançando sinais que cada um pode interpretar à sua maneira. O objeto passa a ser cultuado a partir dos códigos de representatividade e comunicação que transfere e engloba. Os simbolismos e as ambições evoluíram para a busca de autoestima e autorrealização, com relação à necessidade ou busca por vivências diferentes e personalizadas. "*Tudo é símbolo. E sábio é quem lê em tudo*", dizia o filósofo Plotino. Ler o quê? Ler beleza. Da Fashion Week até o Salão do Móvel de Milão; dos mercados locais dos territórios até o Eataly; e até os serviços de mobilidade urbana que permitem transporte, lazer e entrega de comida com qualidade, navegando pelo *metaverso* ou pelas tantas *lives*, estamos falando de plataformas comunicacionais altamente experienciais, afetivas e memoráveis. Capazes de traduzir essência em estética e ética, capazes de comunicar isso com encantamento e emoção de forma integrada e com qualidade, o resultado é a experiência da marca.

Os exemplos não faltam, e o comum denominador das marcas que geram valor é que tudo aquilo que é "concreto" se volatiza em design de experiência. Com isso, passamos a entender melhor a frase de McLuhan quando diz que o meio é a mensagem, ou seja, os canais, as frequências e vibrações, os locais e ambientes de interação que promovem as experiências com a marca são importantes tanto quanto a essência e o propósito dela, pois são os fatores comunicacionais que determinam o processo exitoso de diálogo: atenção-compreensão-memória-satisfação. Fora disso, como já foi muito bem estudado pela semiótica, o diálogo é sem eficácia.

A experiência da marca por meio do produto, serviço ou sistema da organização é a ligação direta com a satisfação e exprime e responde à exigência do sonho e da visão de cada um. *"A beleza está nos olhos de quem vê"*, dizia o escritor alemão Goethe — que, por sua vez, bebeu muito da fonte do filósofo neoplatônico Plotino. É importante lembrar que as pessoas geralmente conseguem ver somente aquilo que compreendem, que está em seus repertórios cognitivos e mentais. Práticas e ritos que ajudem neste diálogo são fundamentais, assim como processos alavancadores de abertura mental, sensibilização ao conhecimento, engajamento com causas, alegria perante o futuro, confiança nos enfrentamentos reais e credibilidade nas escolhas. Dinâmicas que promovam com consistência e qualidade ações éticas de impacto social e ambiental alinhadas à visão de mundo da organização e do cliente são o *match* deste canvas da proposta de valor. Quase como se o cliente e marca se relacionassem como parceiros de jornada cooperassem, juntos, para tornar este mundo um lugar melhor. A marca se esforçando para fazer com excelência e o cliente se comprometendo em privilegiar as marcas ESG. Nessa dimensão, se trata de gerar harmonia (a estética e a ética juntas com excelência).

É preciso transformar todo e qualquer ponto de contato em ponto de interação e diálogo, um espaço de relações, de conhecimento, rico de trocas e de ideias para compartilhar e explorar. Luzes, sons, cheiros e atmosferas especiais rendem emoções e transformam o ato do contato, ou um dia de visita, em uma verdadeira mimese da marca.

A mimese é a imitação ou representação de algo. É um termo oriundo do grego que significa a faculdade do homem de reproduzir e imitar. Na filosofia aristotélica, a mimese representa os fundamentos da arte. Pensar em arte é pensar na faculdade humana de expressar simbolicamente o metafísico, o oculto, tudo aquilo que foge dos padrões da racionalidade. Em sua origem, era o ato de representar uma pessoa por meio dos gestos e falas, porém, essa pessoa também poderia ser uma coisa, uma ideia, um deus, um herói etc.

Na busca pela geração de valor, o CVO se projeta e nos inspira em tudo aquilo que possa ser uma referência ideal de algo maior, e essas interações afetivas permitem a transformação e a metamorfose. O resultado produzido, ou seja, a expressão artística gerada pela marca, terá expressões e ritos que tematizam os traços daquele essencial, do propósito fundador, do motivo de existir, e isso representa a mimese, um reflexo da realidade na ficção. Em tal narrativa da marca, plataforma comunicacional, a pessoa sai diferente de como entrou; é como ler um livro, assistir a um filme ou peça teatral. Vestir uma roupa, calçar um sapato, saborear uma fruta, cheirar um perfume de flor, tocar o tecido e o couro do sofá, e assim por diante, é uma viagem, é um aprendizado.

Veja o pêssego. É uma simples fruta ou um ato de beleza? Ele é considerado um símbolo da imortalidade na China, um *elisir*. Em 1977, na China, encontrou-se o corpo da esposa do Marquês Tai perfeitamente intacto desde o século II a.C. No túmulo, junto ao corpo, havia uma tigela de pêssegos. Uma lenda chinesa diz que comer pêssegos em "tempo" preserva o corpo da deterioração. Já o escritor Oscar Wilde escrevia:

"Era um agradável jardim,
todo um prado de grama verde e macia.
Aqui e ali elas surgiam da grama,
as belas flores que pareciam estrelas,
e havia doze pessegueiros
que na primavera se camuflavam de
flores delicadas pérolas e rosas
e no outono viravam frutos suculentos."

— Oscar Wilde —

Ou d"O jardim dos pessegueiros" de Kurosawa, do filme *Sonhos*, quando fala da importância da tradição, do vínculo com o território, do respeito pelas origens. Vale assistir ao lindo e breve trecho em que isso é retratado de forma clara. Procure na internet por "Sonhos - Dublagem Delart".

No filme, o irmão mais novo de uma família, ao servir chá para as irmãs, se depara com uma moça que foge. Indo ao seu encalço, nota que ela é uma boneca e vê algo trágico: os pessegueiros da sua casa totalmente cortados, restando só os tocos. Os espíritos dos pessegueiros surgem para ele e, em uma dança melancólica, dizem que as bonecas são colocadas para enfeitar e festejar a florada dos pessegueiros, mas como as árvores já não mais existiam naquela casa, não fazia sentido a presença das bonecas.

Ou seja, era pura experiência estética sem ética, sobretudo, sem mais razão de ser, sem essência.

No século XXI, seguindo essa linha de raciocínio, as organizações que geram valor se tornam "plataformas de significados" para ajudar a realizar a felicidade humana. O motivo de existir não é mais aquele da Primeira, Segunda e Terceira Revolução Industrial. E estamos saindo da quarta rumo à quinta transformação de modelo, em que se fala de capitalismo humanizado e consumo consciente. Então, o consumo continua sendo o vetor para realizar a emancipação das pessoas; da autoestima para a autorrealização, como nos sinalizou Maslow (saiba mais no apêndice do livro).

Marcas que geram valor são criativas por definição. Por criatividade, entende-se neste livro a compreensão, por parte do gestor da marca, do contexto de ação, para assim questioná-lo, aprender algo novo, promover uma melhoria, solucionar problemas reais e gerar valor. Criatividade é uma atitude que religa a eficiência com a eficácia: essa é a tese de fundo do autor Will Gompertz do livro *Pense como um artista*[9], quando nos provoca a pensar como os criativos artistas, hábeis em unir à fantasia a disciplina e a concretude.

Artistas também indagam sobre problemas humanos; muitas vezes eles estão deslocados no passado ou no futuro, para problematizar os fatos da vida e nos trazer uma perspectiva nova, que possa abrir a nossa mente e nosso coração para uma mudança. Cientistas e ambientalistas também são criativos quando provocam a sociedade para refletir sobre novas práticas que façam sentido para as pessoas e para o planeta... para a pluralidade. Líderes e liderados das organizações também são criativos quando pensam como artistas, quando agem para preservar a alma da organização, conforme falamos quando anteriormente tratamos da Essência.

Vejam esta célebre e bela frase do pintor Amedeo Modigliani para a sua amada Jeanne Hébuterne, no que diz respeito à arte, à pintura, ao agir: "*Quando eu conhecer a sua alma, pintarei seus olhos*". Modigliani pintava seus retratos com olhos fechados e abertos, explicando que um

---

9 Para saber mais sobre a visão do autor, leia a entrevista: https://www.blogdacompanhia.com.br/conteudos/visualizar/Pense-como-um-artista.

olho é para ver o mundo e o outro para ver a alma. Mostrou a capacidade das pessoas de olhar não só para o externo, o ambiente, mas também para si. E isso vale, inclusive, para as organizações, quando falamos de autoconhecimento, relações, propósito e processos.

E tal relação gera comunicação. Comunicar é colocar algo em comum com o outro, a força das narrativas é o poder das palavras.

> *"As palavras, originalmente, eram mágicas e até os dias atuais conservaram muito do seu antigo poder mágico. Por meio de palavras uma pessoa pode tornar outra jubilosamente feliz ou levá-la ao desespero... Palavras suscitam afeto e são, de modo geral, o meio de mútua influência entre os homens. Assim, não depreciaremos o uso das palavras..."*
>
> — Sigmund Freud —

E sobre a força das narrativas, devemos repeti-las sempre...

> *"Sabeis a história. Entretanto, a diremos de novo. Todas as coisas já estão ditas; mas como ninguém escuta, é preciso recomeçar sempre."*
>
> — André Gide —

O mundo da experiência é produzido pelo homem que a vivencia (nos olhos de quem vê). Tudo depende da conscientização e da vontade de cada um. A pergunta de um milhão de dólares dos CVO é: valores são intangíveis, então como torná-los perceptíveis? Exatamente por meio das experiências da marca. A beleza atinge nosso cérebro, cria químicas, dá euforia. As pessoas ficam de bom humor, passam a lembrar das partes boas da vida, a olhar o copo meio cheio. Não se trata de tolo otimismo; as pessoas precisam de beleza para viver: não a beleza superficial, mas a beleza do coração.

Cores, sons, sabores e odores são criações mentais construídas pelo cérebro a partir da experiência sensorial. Por esse motivo, é essencial conhecer a arte da comunicação, da teatralização, do marketing sensorial. Nisso, é necessário agir com eficácia, caso contrário, o efeito é bumerangue.

» *Marketing sensorial*

Como clientes — e todos somos —, o que compramos nos objetos é fruto do valor que neles vemos, e isso se relaciona muito com nossos desejos e anseios, ou preconceitos. Então veja como é complexo: o que nos faz gostar de uma coisa é o que está por trás das nossas heurísticas e vieses cognitivos. Como vimos quando falamos dos estudos do professor Paul Bloom sobre a felicidade, o que você pensa a respeito de um assunto afeta o quanto você irá apreciá-lo. A empatia cognitiva faz uma interação ter êxito ou não, porque somos humanos; somos diferentes um dos outros, somos complicados.

Não somos racionais nas nossas tomadas de decisão e temos dificuldades para prestar atenção. A mente das pessoas pode ser representada por um iceberg cuja consciência, cerca de 5% a 10% da nossa noção dos fatos da vida, faz referência às necessidades explícitas e os comportamentos racionais manifestados, em que uma percepção individual de raciocínio consciente; enquanto 90% a 95% do inconsciente é a parte emocional, circuitos elétricos neurais, automatismos, forças do hábito, crenças etc. Com isso, os neurocientistas e psicólogos sociais não negam “a razão”, mas nos alertam para o poder da emoção do inconsciente, pois não se trata só de boa intenção, moral e ter razão, como vimos quando falamos de Ética. Existem circuitos elétricos no nosso corpo que aprenderam a conectar e agir da forma como agimos.

O alerta para o CVO é que, nas tomadas de decisão — a partir da experiência da marca —, o emocional joga o fator decisivo, pois somos apenas de 5% a 10% conscientes; no resto do tempo, agimos pelas forças do inconsciente (hábitos, crenças, sinapses e metabolismo)[10].

Para tratar do emocional e experiência de marca, sabe-se que a comunicação não verbal joga uma parte importante. A pesquisa psicolinguística e as técnicas normalmente chamadas de neuromarketing estudam as situações que sensibilizam as bases do mundo emocional do comportamento do ser humano, a parte maior do iceberg.

Psicolinguística é o estudo das conexões entre a linguagem e a mente que começou a se destacar como uma disciplina autônoma nos anos 1950.

---

[10] Para saber mais, vale assistir à aula da Prof. Ana Carolina Souza sobre neurociência, comportamento e performance, na Casa do Saber. Aqui, segue um breve trecho do Curso da Casa do Saber: https://www.youtube.com/watch?v=YU9a6GS4fC8.

Ela analisa qualquer processo que diz respeito à comunicação humana mediante o uso da linguagem, seja ela de forma oral, escrita, gestual etc. Essa ciência também estuda os fatores que afetam a decodificação, ou seja, as estruturas psicológicas que nos capacitam a entender expressões, palavras, orações, textos. A comunicação humana pode ser considerada uma contínua percepção-compreensão-produção. A riqueza da linguagem faz com que esse contínuo se processe de várias maneiras. Assim, dependendo da modalidade, visual ou auditiva do estímulo externo, as etapas sensoriais em percepção serão diferentes. Também existe variabilidade na produção da linguagem — podemos falar, gesticular ou escrever.

Neuromarketing é um campo do marketing que estuda o comportamento do consumidor, dada a necessidade de obter resultados mais assertivos. É uma ciência transdisciplinar que coloca na mesma dimensão o marketing, a antropologia, a psicologia, a biologia e a neurociência, para entender a raiz do comportamento do consumidor. Seus desejos, impulsos e motivações de ação são mapeados e estudados "diretamente" por meio das reações neurológicas, uma resposta mais "verdadeira" (emoção além dos sentimentos), por partir da análise do cérebro reagindo aos estímulos. A pesquisa científica nessa área usa técnicas biométricas na busca de uma análise detalhada das preferências, necessidades, experiências, emoções, memórias, cuidados e percepção do consumidor, usando modernas técnicas e metodologias, como eletroencefalograma (EEG), e técnicas biométricas, como medição da frequência cardíaca e galvânica. Por meio da análise profunda das reações aos estímulos de comunicação, procura-se levantar não aquilo que sejam peculiaridades individuais, mas sim o que é próprio do imaginário coletivo no cérebro dos humanos.

Um dos principais fatos comprovados por esses estudos é que a maior parte das decisões de compra são tomadas em nível subconsciente e que, sendo assim, é importante impactar o inconsciente do cliente com memórias, emoções e experiências positivas, pois a palavra é mágica e uma imagem diz mais do que mil palavras. Dessa forma, com o tempo e consistência, na experiência é gerada a reputação da marca.

A eficácia da comunicação baseia-se, portanto, em três fatos: o posicionamento claro do conceito da marca no mercado e para as pessoas (a essência, o porquê); o modo coerente com a essência e consistência nas práticas para ser eficiente com eficácia (como a estética, a ética e a excelência); o conteúdo encantador, pertinente e relevante (o que, a mensagem, a experiência). Essas novas ciências, sempre mais sofisticadas, estudam esses três fatores e verificam que, a determinados sinais e vibrações, correspondem a uma percepção coletiva, segundo uma lógica emotiva extremamente precisa.

Quando falamos de promover uma experiência com ética, falamos de *como* influenciar positivamente pessoas, de promover ciclos virtuosos de consumo consciente, de ser vetor transformador da mudança desejada e necessária nesta década, de encarnar e interpretar o espírito do tempo, o *genius loci*; e falamos de *o que* fazemos na prática efetiva dos investimentos, da satisfação e pertencimento das pessoas com a organização e marca, do impacto que o consumo tem sobre a vida das pessoas, do planeta etc. Isso é gerar valor.

Os estudos citados certificam que a conexão real (o *match*) entre a marca e o cliente se realiza somente quando conseguimos dar sentido à percepção da realidade, fazendo os clientes viverem uma experiência sensorial da realidade, com um sentimento memorável (vivência, consumo, compra etc.), procurando tocar todos os seus sentidos para encantar, envolver, induzir uma percepção e estados emocionais positivos. Isso nos diz que a realidade é uma coisa e que a percepção da realidade está "*nos olhos de quem vê e sente*". Graças ao conhecimento que temos da nossa máquina corpórea, mental, sensorial, é necessário interagir com ela para promover coisas boas.

Quando falamos do impacto psicológico da marca, trata-se de ajudar pessoas a serem a mudança desejada na busca pela autorrealização consciente e sustentável. Por isso, ao CVO é dada a missão de promover sustentabilidade sistêmica; senão, as pessoas adoecem. Nessa ótica, é a marca que deve fazer-se ponte entre o mundo do produto e aquele do indivíduo, comunicando o próprio universo de valor ao cliente, instaurando com este uma relação estável e duradoura, com uma interação sensorial de qualidade, uma parceira para ajudar a emancipar com estética e ética. É assim que fazem as organizações ESG que pactuam com a ONU na citada *Agenda 2030*.

A essência da organização se traduz em "personalidade" na marca e promove uma experiência relacional com ela, que pode ser explorada de cinco diferentes ângulos:

- **Experiência dos sentidos**: Foca no envolvimento dos sentidos, por meio da estimulação sensorial em diferentes proporções da visão, audição, tato, paladar e olfato. Cria-se uma moldura que ajuda o cliente a viver o momento da compra em uma atmosfera mágica e sugestiva.
- **Experiência dos sentimentos**: Busca envolver a esfera emotiva do cliente, por meio das formas de comunicação verbais e não verbais. Por exemplo, é comum ver uma propaganda e lembrar dela pelo *jingle* ou pela música usada, que poderia vir de um filme que assistimos e gostamos. Tal combinação de elementos explora as emoções positivas associadas a essa música e, consequentemente, aquelas mesmas emoções virão depois interligadas ao produto. Assim, conseguimos cultuar a marca.
- **Experiência cognitiva:** Tem a função de estimular a imaginação do público em relação aos produtos e, mais claramente, sugere uma ação criativa por meio da provocação ou da surpresa. Os estímulos são interpretados pelos clientes por meio das mensagens verbais, simbólicas ou visuais.
- **Experiência de ação**: Oferece ao cliente um modelo de ação no qual se inspirar e, baseando-se nele, modelar o próprio comportamento. Um exemplo famoso deste enfoque é a campanha da Nike, cuja chamada era "*Run like you've never run*" ("Corra como você nunca correu antes"). Um convite para vestir o tênis Nike e atingir, graças a ele, desempenhos nunca atingidos antes, seja o cliente um atleta ou simplesmente um esportista amador. Sobre isso, vale muito a pena assistir a esse trecho da palestra do Steve Jobs quando ele fala de como a Apple faz isso, citando inclusive o exemplo da Nike. Procure na internet por "Melhor estratégia de marketing com Steve Jobs" e achará legendado em português.
- **Experiência de relacionamento**: É assim chamada porque deriva da relação de um indivíduo com um grupo. São experiências que permitem o sujeito interagir na dimensão social, assumindo estímulos dos diferentes sistemas culturais, como a participação em comunidades associadas a determinadas marcas.

Se entrarmos no site da cerveja Heineken, por exemplo, seremos envolvidos pela energia de um mundo jovem, feito de cores e sons, de socialização amigável, em que pessoas se encontram para celebrar o rito da cerveja como um ritual coletivo "ascensional". Essa marca, como tantas outras marcas do mesmo segmento, busca cultuar, trazer magia, ativar emoções ancestrais. Faz isso oferecendo experiências, patrocinando esportes e atividades culturais populares e, assim, desenvolvendo o *branding*. O que vale para a cerveja não pode valer para as frutas da caatinga, o mel dos pampas, as flores da Mata Atlântica, os cheiros do Cerrado, os sons da Amazônia, as imersões do Pantanal? Para os povos originários do Brasil, é assim. Por que não podemos aprender com eles?

A Natura é um bom exemplo. A marca se apresenta publicamente como uma ampliadora de consciência. É um *case* brasileiro, de êxito internacional, que merece destaque. Fundada por Luiz Seabra e Jean-Pierre Berjeaut em 1969, a empresa acumula produtos e linhas clássicas que fizeram — e ainda fazem — parte das memórias dos consumidores. Age por afetividade. Para estruturar lançamentos e novidades altamente alinhadas às expectativas dos clientes, a estratégia da Natura passou pela inauguração de um centro integrado de pesquisa, produção e distribuição de cosméticos. Se nas estratégias de negócio a redução do impacto ambiental é relevante, na fábrica da Natura a economia de energia, no uso de água, além da preservação da mata nativa do entorno, também é valorizada. Como comunicar isso para os *stakeholders*?

Na década passada de 2010, os líderes da organização sabiam que era preciso tirar do papel as experiências sensoriais e se aproximar do seu público ainda mais, pensando também nesse novo momento do consumo consciente. Dessa forma, inauguraram lojas físicas por todo o país, com o objetivo de:

- possibilitar a experimentação e a imersão no clima da Natura;
- permitir o contato direto dos clientes com os produtos;
- criar uma vitrine física de produtos, porque o olho que vê faz o coração sentir.

Esse foi um dos passos. Para potencializar a abrangência da marca, abordagens foram implementadas com foco no engajamento do público mais sensível e envolvido com capitalismo consciente, a partir da interação com causas e ações sociais que entraram nos planos estratégicos da empresa. Todas as ações foram aplicadas em coerência e consistência às boas práticas de governança corporativa. Assim, a Natura "oficializou" sua posição e compartilhou com seus *stakeholders* que passaria a ser uma pioneira do país no cuidado com a biodiversidade, com excelência.

Sua intenção e expressão de essência visaram ser ecologicamente corretas e visionárias, sensibilizando a indústria e os públicos na frequência do sustentável. Foi quando a marca lançou a linha de produtos Ekos. Mais do que um nome que remetia à ecologia, a empresa equilibrou o discurso ao explorar matérias-primas vegetais, fórmulas biodegradáveis e o uso de embalagens retornáveis e recicláveis. A ação de marketing com foco na consciência ambiental deu resultados e ajudou a educar o mercado nacional sobre um assunto que, até então, era pouco explorado. Ao destacar o uso de produtos nacionais, preservando a fauna e a flora, a Natura fortaleceu sua essência como empresa brasileira e foi vista por todo o mundo como uma referência e inspiração.

Com isso, investiu recursos em uma abordagem ousada. Ao desbravar algo totalmente novo até então, transformou-se em formadora de opinião. Do outro lado, um cliente ecologicamente correto encontrou na Natura uma forma de manter alinhamento aos próprios valores e princípios, desencadeando ciclos virtuosos. Dessa forma, o que se percebe é que, em todos os momentos de suas cinco décadas de história, reinventar-se tem sido parte da trajetória da Natura. A alma permanece. Foi então que a multinacional brasileira, com a missão de proporcionar o bem-estar, somou à sua estratégia única de crescimento a expansão internacional.

O que aprender com a estratégia da Natura? Uma estratégia pensada para conectar e influenciar positivamente consumidores, ampliando a sua abrangência, em que, mais do que vender produtos de beleza, entrega experiências de autoestima e autorrealização. A construção da marca deixa importantes aprendizados. Entre eles, é importante — para preservar a essência — se reinventar constantemente com qualidade nas questões estéticas e éticas, acompanhar as tendências do mercado, mas não ao pé da letra, e planejar próximos passos com foco nos objetivos a serem alcançados, dentro do *design thinking*.

É importante ressaltar que não se trata somente de boa intenção, e sim de práticas, de mudanças mensuradas, de excelência. No caso da Natura, tangibilizar com a estratégia multicanal, com uma atuação estruturada no campo digital, no físico e no "porta a porta", ampliando o campo de abrangência da empresa, conectando-se às causas ambientais. Porém, mais do que cuidar do meio ambiente e zelar pelas próximas gerações, a atenção às causas ambientais demonstra uma intenção para fomentar o engajamento com a preservação. Antes é uma questão de princípios, não de métodos. É uma primeira escolha filosófica da organização, e as lideranças devem ter isso como algo inerente ao seu escopo de atuação.

Outro aspecto relevante sobre a marca é o saber se reinventar para se manter atraente. Na harmonia, estética e ética são estratégias que mudam de acordo com o espírito do tempo, as quais se traduzem em práticas excelentes. Fruto disso, como dissemos, é a experiência da marca. Ao se pensar em uma marca como Natura, é difícil imaginar a empresa esquecida ou ignorada; é o que poderia ter acontecido caso o negócio não tivesse se transformado tantas e tantas vezes. Em sua estratégia, novos arranjos estéticos e éticos sempre estiveram presentes, desde a forma de fazer negócio até as nas maneiras de se relacionar com o seu consumidor.

A nova função das marcas conscientes, perante as pessoas em busca de autorrealização, é ser um instrumento habilitador que permita à pessoa-cliente-consumidor relacionar e expressar a própria identidade e necessidades individuais. A marca funde a sua identidade em uma ideia, um conceito, que se torna distinto, e, por meio de suas práticas e *modus operandi,* influencia a cadeia de valor onde atua (de ponta a ponta e "porta a porta"), com práticas construtivas alinhadas ao estilo de vida associado a ela. "*Me diga com quem andas e te direi quem és...*" Na era da transparência, da sempre mais presente *blockchain*, das ONGs e ativistas, agir nos cinco Es é, mais do que nunca, importante.

A experiência da marca é uma pegada (de carbono também); é a sua impressão digital que está presente em todos os passos que ela dá. Nas cenas e casas por onde anda, no inconsciente onde ronda, ela deixa rastros de felicidade ou ansiedade. Algo que pede alinhamento e consistência, para que os clientes e *stakeholders* com quem se relaciona possam compartilhar e aderir. A marca, por meio da práticas e ritos, declara e concretiza suas intenções. Isso é essencial para a conexão e convergência. E, lembrando, ocorre a partir de uma primeira escolha sobre o ser ou não ser da marca.

Se as experiências marcam o nosso caminho, da mesma maneira elas são uma aplicação da nossa cultura (entendendo este termo como o modo como interpretamos os fatos da vida), do nosso *genius loci*, e cada intervenção (de tais experiências) deixará um registro em cada um de nós.

Segue um esquema do círculo sensorial de Schmitt e Ferraresi[11], que busca representar o itinerário das nossas experiências:

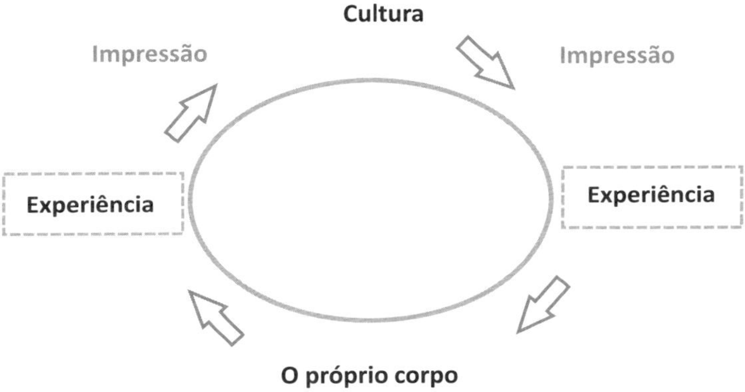

Círculo sensorial
Fonte: Adaptado pelo autor Victor Megido dos estudos de marketing da experiência de Schmitt e Ferraresi (2006)

O círculo sensorial nos lembra que a cultura produz uma impressão, a qual, por sua vez, gera uma experiência que é vivida pelo indivíduo. O indivíduo conecta a experiência com o corpo, onde assume novas conotações, dando vida a uma nova experiência (interna) que deixará novamente outra impressão. É a metamorfose que o consumo possibilita (mimese).

Esse modelo é central para a tese de que o consumo pode também ajudar na emancipação do humano. Consumo de marcas é acesso a plataformas comunicacionais. Narrativas (por que não?) ascensionais e sustentáveis. Resgatamos aqui novamente o conceito de mimese, porque o papel da organização e do CVO — por meio de sua marca —, assim como da poética e da arte (e sabiam bem disso gregos, romanos, Igreja e outras antigas famílias, como os Medici de Firenze), a partir de agora, deve ser de tornar o consumo de produtos e serviços uma representação da vida real, ou seja, ser o reflexo da realidade que busca ser e promover culturalmente nos outros, naqueles em busca por autoestima e autorrealização.

---

[11] SHMITT, Bernd H.; FERRARESI, Mauro. *Marketing esperienziale*: come sviluppare l'esperienza di consumo. Milano: Franco Angeli, 2006.

A marca é lúcida quando passa a agir de forma congruente com a sua essência. Confiança sem clareza é um desastre. Por isso, é impossível não relacionar o conceito de mimese com o de verossimilhança, em que as artes devem ter um conteúdo verossímil, ou seja, possível, coerente. O enredo deve ser possível, e não incongruente. As práticas, os ritos da marca dão consistência à essência, mas a essência precisa ser, antes de tudo, coerente com o espírito do tempo que ela encarna e sustentável psicologicamente para que as pessoas possam, por meio dela, se autorrealizarem. Nisso, o E de Ética é central.

A partir da mimese e da verossimilhança, geramos engajamentos e relacionamentos fortes, processos de *catarse*, uma palavra grega traduzida por "purificação" ou "purgação". A catarse era um dos elementos constitutivos das tragédias clássicas — que tinham de conter, entre outros elementos, a *hybris*, o *clímax*, o *pathos*. Nesse contexto, a catarse era o meio através do qual uma personagem, geralmente o protagonista, expiava os seus erros pelos sentimentos que lhe causavam sofrimento, de modo a purificar-se e, dessa maneira, ultrapassar o fracasso e a dor. Mais tarde, a catarse deixou de ser um elemento exclusivamente trágico e passou a integrar outros domínios da poética, chegando mesmo a estar presente em alguns dos textos narrativos mais recentes. E as marcas se apropriaram disso com maestria. Veja, de novo e com atenção, a campanha da Dove sobre o retrato de si, de como cada um se vê e de como de fato a beleza está nos olhos de quem vê, a partir da própria pessoa consigo própria. Isso está fortemente relacionado ao sentimento de autoestima, de vaidade e, nessa linha de condução, de como a marca pode ser apoiadora para um reencontro e autoaceitação, ou menosprezo e alienação. Procure na internet por "Dove - Retratos da real beleza".

A ideia do consumo da marca como fator de apoio à autorrealização se justifica pela catarse, a partir da qual o organismo pode se desintoxicar para recuperar a saúde emocional; esse é o impacto psicológico da marca no indivíduo. Então, na tragédia e em outras formas de arte, para Aristóteles, as narrativas fazem essa purificação ou limpeza, pois limpam as emoções. Depois de experimentar o temor e a compaixão no teatro, o espectador é libertado de seu peso; sai aliviado. Pense numa pessoa excessivamente amedrontada ou que se compadece com tudo o que vê. Ela, ao passar pela catarse da tragédia, fará uma limpeza nessas emoções e poderá viver e agir melhor.

Essa é a teatralização da marca quando envolve o indivíduo em seu espaço teatral. A marca, então, assume valores novos com o passar do tempo, transformando-se de mero instrumento de identificação a um depósito de universos simbólicos e de valores, em linha com o espírito do tempo que influencia também o inconsciente das pessoas. É orgânico.

Nisso, o círculo nos diz também que existem experiências que podem ser geradas por fatores internos e outras pelos externos, com a possibilidade de serem criadas relações entre elas, destinadas à interpretação pessoal do indivíduo.

» *A marca com afetividade*

Dissemos até aqui que as marcas promovem informações e estímulos que são capazes de ativar áreas de recompensas materiais, do lado positivo, e de perigo físico ou psicológico, do lado negativo. Na prática, mesmo com tempos de exposição muito breves, as marcas podem ativar os sistemas de percepção e reação comportamental a nível profundo. Tem um estudo muito interessante disponível na internet realizado pela Finshots, em que, por exemplo, é evidenciado o impacto das cores nas marcas e o significado que podem ganhar. Para acessá-lo, procure por "*Finshots brand colours and their hidden neanings*".

Além disso, é importante levar em conta que as marcas apreciadas e aquelas desprezadas interagem com sistemas diferentes do cérebro, e a elaboração das informações relativas a cada uma delas segue caminhos neurais diferentes. Isso significa que as marcas desagradáveis emergem como tais não por confronto ou diferença em relação àquelas agradáveis, mas ativam diretamente processos cognitivos e comportamentais de modo específico.

Quer dizer, então, que o desprezo por uma marca deve ser estudado com paradigmas e modelos diferentes daqueles usados para o apreço por outra marca. Então, se temos um problema com a nossa marca, não é atuando sobre um atributo de apreço de uma concorrente que, por contraste ou contrapeso, iremos mitigar o atributo que gera desprezo e dor na percepção da nossa marca. Essa questão é bem complicada, mas explica a nível neural a capacidade das marcas de estimular positiva ou negativamente o sistema cognitivo: a visão de algumas marcas dá prazer aos consumidores, enquanto a de outras dá desprezo, o que significa estimular ou desistir do envolvimento ou da compra, dependendo do caso. Enfim, esse quadro estaria na verdade demonstrando a intensidade e a profunda ligação entre a marca e o consumidor.

> *"Se contarmos as experiências para as pessoas, elas esquecem. Se mostrarmos a elas, elas lembram. Mas se as envolvermos, então elas entendem."*
>
> — Confúcio —

Para gerar ou mudar a percepção da marca, o CVO precisa, em sua proposta de valor, agir de forma consistente, orquestrando diferentes fatores que envolvem as "tarefas dos clientes" e o "trabalho a ser feito" pela organização, fatores que ele deve determinar como influentes para aliviar dores ou potencializar ganhos (sobre o canvas da proposta de valor, iremos tratar no detalhe no P de plataforma neste livro). Assim, tais ações impactam diretamente o emocional das pessoas, podendo surtir algum efeito benéfico.

Vamos trazer como exemplo a Fondazione Prada, que visitamos recentemente e pudemos ver com os olhos, sentir com o coração, compreender com a mente lúcida, quando o desafio é promover o autoconhecimento. Nas últimas duas décadas, as atividades culturais da empresa fomentaram uma reflexão profunda sobre o ser humano. A organização Prada, para enriquecer a percepção dos clientes sobre os valores da sua marca "consciente", propôs, por meio de sua Fundação — onde os fins não são estritamente comerciais —, projetos de artistas visionários, conferências de filosofia contemporânea, exposições, pesquisa e iniciativas relacionadas ao campo do cinema e comunicação visual. Com a abertura de um complexo cultural permanente em Milão, a Fondazione ofereceu novas oportunidades para ampliar e enriquecer os processos de emancipação de seus seguidores, neste caso, por intermédio da aprendizagem e do conhecimento.

Ela age, portanto, nos cinco Es de forma muito clara. E questiona: para que serve uma instituição cultural? Pois é assim que, a certo ponto, a marca quer se posicionar, como um ator social provocador. Não somente como referência de consumo, mas também como parceira de autoconhecimento para a autorrealização das pessoas que se identificam com esses valores. Quem não se identifica, não vibra nessa frequência da marca, e tudo bem, pois a Prada faz isso como uma primeira escolha de coerência com a própria alma. Não pede permissão ao cliente; o provoca.

Esta é a questão central da década, segundo declara publicamente:

> ***"Abraçamos a ideia de que a cultura é profundamente útil e necessária, bem como atraente e envolvente. A cultura deve nos ajudar em nossas vidas cotidianas a entender como nós e o mundo estamos mudando. Essa premissa será fundamental para as atividades futuras da Fondazione."***
>
> — Fondazione Prada —

Prada encarna o espírito do tempo de uma nova beleza, uma nova moral de consumo consciente, de capitalismo humanizado. E contribui com isso, por meio da sua fundação, da linguagem da arte e da moda. Para um CVO, no caso da Prada ou de marcas que atuam em outro segmento, é como o universo em expansão: nem produto nem serviço, e sim sistema. No *fashion system*, esse é o sistema Prada de fazer as coisas com significado. O sistema dá força de movimento e gravidade, atrai o que serve, expulsa o que é desnecessário. É o *design thinking* em ação.

O principal interesse do CVO nesta década de 2020, portanto, não é o aspecto financeiro nem o fluxo de caixa de futuro — que permanecem importantes e são práticas consolidadas —, mas agir sobre outros platôs emocionais — ideias e maneiras pelas quais a humanidade transformou propósitos de felicidade em estética e ética — que foram depois traduzidas em disciplinas específicas e produtos culturais: filosofia, religião, espiritualismo, arte, história, teatro, literatura, cinema, música, games, ciência (a lista é longa).

A provocação deste livro é referente aos platôs pertencentes à razão de existir da organização. Esse é o interesse principal pelo qual é necessário agir transdisciplinarmente para gerar valor nos diferentes aspectos citados neste livro. É a atitude T do *Chief Value Officer* na orquestração. Senão, voltamos ao marketing e à administração, os quais já demonstraram seus pontos fortes, mas também suas estruturais limitações. Nosso desafio é elevar valor à potência, em que a venda é resultado natural dos elos da cadeia de valor. É preciso muita mudança nas práticas, para que tudo continue e a alma da organização se perpetue em seu propósito, e assim na geração de valor, e também no ganho financeiro.

Olhando para o futuro, fica evidente como as marcas abrem novos espaços de diálogo por meio de seus pontos de contato e de suas fundações (exemplos como Fondation Louis Vuitton, Ferragamo etc.). Essa atitude de abertura e convite vem para possibilitar a participação e o engajamento com a marca em mais dimensões que não sejam somente a comercial, além de promover o diálogo com todas as gerações, para assim não envelhecer. Porque a alma precisa continuar. O que as marcas estão buscando fazer — com afetividade — é se emancipar também do século XX e encontrar novas maneiras de compartilhar ideias. Muitas têm programas de educação, bibliotecas, videotecas etc., projetos de impacto social, ambiental. Cada uma delas promove experiências a partir do repertório de conhecimentos de seu *genius loci*, do espírito do lugar onde pertence, na preocupação em ocupar dando significado ao espaço. Por exemplo, na composição espacial da Fondazione Prada em Milão, anteriormente uma destilaria que remonta à década de 1910, a transformação levou a uma configuração arquitetônica que combinou edifícios preexistentes com três novas estruturas. Isso tudo, inclusive, eles fazem questão de explicar ao público.

O resultado combinado é um campus de espaço pós-industrial, alternadamente íntimo e expansivo. É preciso ir lá para ver. A Prada faz algo similar na composição espacial de sua sede central nos arredores de Firenze, uma antiga fábrica de telhas de cimento. A identidade do projeto é a harmonia. Tudo é transparente, ar e luz dialogam com as pessoas: grandes galpões e de repente o céu aberto. Vistas privilegiadas do Rio Arno e das colinas abrem-se de grandes superfícies e jardins suspensos. Tem-se a percepção de estar deitado em um terraço natural. A arquitetura explora a relação entre o primitivo e o construído, o rigor do design e a liberdade dos elementos naturais. Uma "fábrica-jardim" pensada para o bem-estar de quem ali trabalha e defende os valores da marca. Damos esse exemplo para buscar tangibilizar o intangível por meio da experiência da marca junto aos seus clientes todos. Tudo é importante para manter harmonia. E isso também é de responsabilidade de um CVO, pois se tudo está conectado com o todo, para o bem ou para o mal, tudo faz a diferença, então todo detalhe é importante.

O resultado desse processo de experiência da marca é o intangível em ação, o elemento misterioso escondido nos detalhes, que pode parecer simples à primeira vista, mas que faz toda a diferença no ato de compra e venda. *"O diabo está nos detalhes"* — e, fazendo uma brincadeira, ele veste Prada.

A questão das marcas no caminho da geração de valor está alinhada à cultura, ao repertório e ao propósito. Consumir — para a quase totalidade dos comuns mortais — faz parte do processo pelo qual moldamos a nossa identidade; é por meio do consumo que passamos ao reconhecimento de nós. As pessoas se preocupam com o que são, mas muitas vezes não gostam do que são. "*Quem sou eu? Um, ninguém, cem mil*", escreveu Pirandello. Estamos todos como os seis personagens "*à procura de um autor*". Enquanto consumo, *visto* uma identidade.

Este é o maior desafio do canvas da proposta de valor desta década, das organizações que se consideram sustentáveis e pertencentes ao capitalismo consciente, pois é mais difícil fazer consciente. "*A régua sobe*", nos sinaliza Maslow, e estética e ética se veem nas práticas excelentes, caso contrário, são só boas intenções, e destas "*o inferno está cheio*". Pede muito investimento, pede atenção redobrada e contínua. Assim sendo, um CVO tem a capacidade para escolher e fazer uma ação, ou não fazer, tendo clareza e senso de realidade.

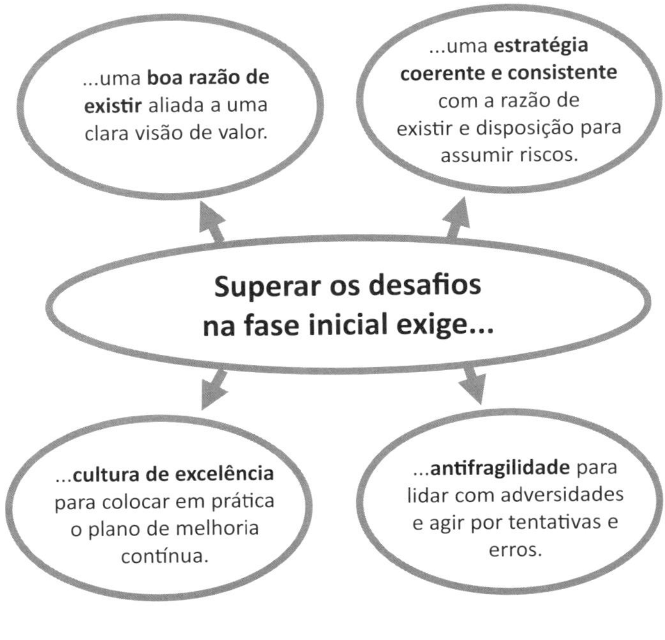

Cultura orientada ao valor
Fonte: Victor Megido

2.6 Em síntese: se puder sonhar, poderá fazer

> *"Manter o negócio é a maior dureza, mas manter o apetite já é metade do caminho."*
> — Wendy White —

Fazendo uma provocação: do ponto de vista puramente científico do DNA e da genética informacional, nós somos um produto genérico de prateleira — nós e todo ser vivo neste planeta. Mas aí existe a recombinação de fatores, a criatividade na própria natureza, e assim se manifesta a individualidade. Por isso existe a beleza, e adquirimos distinção. Para distinguir, para atrair, para contar uma história, trazemos conosco a beleza da natureza na nossa essência, a nossa unicidade, quando como indivíduos conseguimos agir a partir da nossa essência, do autoconhecimento, tendemos a fluir melhor, a nos engajar mais. Beleza é esse movimento. A evolução ocorre por arranjos estéticos.

Por isso a natureza inventou o pavão. Michelangelo, inspirado no ideal de beleza quando jovem, esculpiu *David*, e quando velho, esculpiu outro ideal de beleza em sua *Madonna Rondanini*. Existem as sinfonias, as danças. Existem as histórias que envolvem, os sorrisos encantadores e misteriosos da *Mona Lisa*. Dizia a estilista Coco Chanel que, para ser insubstituível, precisa ser sempre diferente. E tal distinção é o que o CVO deve oferecer às suas marcas.

Pessoas, empresas, cidades, países, enfim, todos estão engajados em algum tipo de cultura e subcultura, traduzidos em moda, linguagem, bandeiras, ritos e imagens. Todas em busca de reputação, poder, potência. Mas quem não tem alma, padece de mesmice. Para marcas, é desafiador! Precisa de gestão sistêmica, de marketing, de *branding*,

Inovação[12], vivências, imersão, conexão emocional, produtos cultuados, transformação digital: uma alquimia. A organização é um organismo vivo; tem que, continuamente, trocar de pele.

E sobe a régua, e não faltam centenas de pavões gritando nas prateleiras. Como é difícil comunicar o essencial e relacionar com emoção

---

[12] Existem pelo menos nove tipos de inovação: incremental, produto, processo; serviço, modelo de negócio, disruptiva; paradigmática, organizacional, *design driven*.

na era do excesso. Em busca da confiança perdida! Por isso, tratamos do significado de valor quando falamos do *design thinking*.

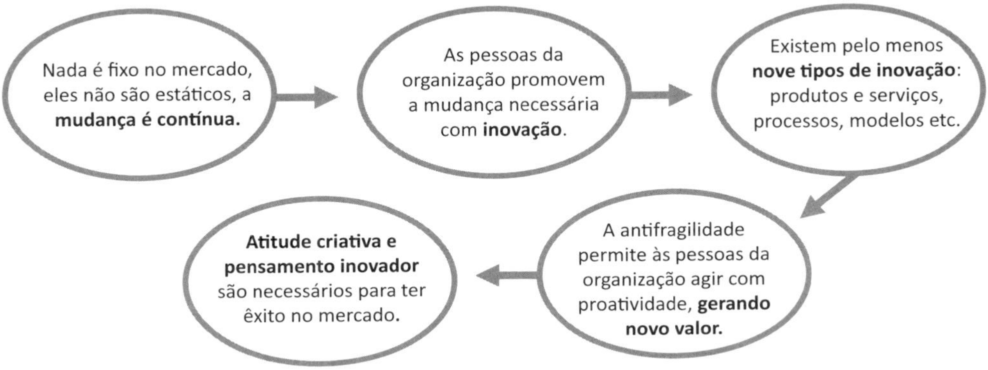

Atitude criativa e pensamento inovador
Fonte: Victor Megido

Para isso, o modelo dos cinco Es nos vem em ajuda. Empresas excelentes, dizia Tom Peters, acreditam em constante melhora e constante mudança. Tudo isso impacta no modelo de gestão da organização e no modelo de consumo, a partir da essência norteadora.

Os cinco grupos devem ser entendidos de maneira integrada, pois se transpassam, se influenciam e valem para todas as organizações desta década, enfim, empresas detentoras de um *brand system*. O modelo atua nas duas esferas: a conciliação entre elementos materiais e imateriais, entre aspectos subjetivos e objetivos, dimensões individuais e coletivas, momentos cognitivos e emotivos. Procura, em síntese, fazer confluir na finalização do objeto proposto (razão do nosso existir) elementos que conectam a organização com a busca pela emancipação social e autorrealização individual. A quebra de paradigma é declarar que, nos negócios a beleza, a cultura e aquilo que estamos chamando de harmonia para o consumo consciente e autorrealização são importantes e possíveis. Por isso que "*a beleza salvará o mundo*", escreveu Dostoiévski, que também bebeu da fonte do filósofo neoplatônico Plotino.

Junto às características intrínsecas do objeto vão associadas a distribuição, o serviço, a comunicação, a filosofia empresarial: tudo aquilo que representa e transfere identidade à marca e que amplifica e explicita o significado dela. Cultura, ciência, tecnologia, inovação, tudo isso está embutido no objeto tangível e intangível, e são histórias que devem ser contadas, sim, com encantamento, e também com transparência. É *priceless*, existem coisas que o dinheiro não compra. Ele ajuda, mas não garante.

A forte inter-relação entre os cinco grupos os leva a misturar-se e modificar-se continuamente na essência, em que o feedback dos agentes sociais age como estímulo para as empresas em rede continuarem nas adaptações do objeto e proposta de valor. Essas adaptações devem levar, por sua vez, a uma melhoria do valor da dimensão da esfera pessoal, para a satisfação da demanda. Uma relação bidirecional que condiciona a proposta de valor e determina o diferencial da marca. Para algumas pessoas, trata-se de querer trabalhar, defender e promover aquela marca; para outras, de consumir e interagir com a marca; e, para todos, de interagir na plataforma comunicacional e gerar valor para a marca.

Não é mais somente a eficácia do sistema produtivo, mas também a capacidade de inserir os conteúdos imateriais dos bens, a sua força evocativa do belo e da qualidade e a habilidade de saber propor a sustentabilidade como um estilo de fazer que satisfazem e determinam a possibilidade de existir de uma organização — e que, anos atrás, chamaríamos de vantagem competitiva de uma empresa. Isso não estava na pauta das empresas no século XX.

Isso deve impulsionar as organizações a desenhar estratégias de negócios — ou melhor, de ócios criativos — orientadas para um objetivo maior, focalizado não só no objeto, mas na quantidade e qualidade de valor que poderá ser oferecido às pessoas, para reduzir dores e gerar ganhos.

O século XXI será harmônico ou não será...

Surge um novo nível de consciência, a partir desse processo de conscientização individual e coletivo, que representa uma postura de análise transdisciplinar, pois não se fecha em nenhum conhecimento ou tradição; pelo contrário, busca sempre a revelação nas oitavas superiores, pois não se deixa levar pelas aparências do momento, modismo, nem pelas limitações pessoais. Lá onde a conexão de valor entre percepção e realidade ocorrem, a autorrealização é possível e flui com menos reservas no consumo de marcas.

Fluir é correr com certa abundância. Dizia o pintor Degas: "*Dizem que sou um pintor de bailarinas, mas o que quero é capturar o movimento em si.*"

Fluir é a destruição criativa, a inovação incremental e disruptiva, a hibridação, a combinação, a rotação e translação, a fusão, a otimização, a geração de valor a partir (sempre) da mesma energia quântica disponível (e em estados diferentes). É sinônimo de valor. Pede muita inteligência, perspicácia, atenção e conexões. Podemos considerar o *brand system* do consumo consciente como um fluir, uma revolução da qualidade com empatia.

Plataformas comunicacionais oferecem uma escala de benefícios particularmente ampla para as pessoas com quem se engajar e relacionar: seja em nível técnico, pelas peculiaridades do processo produtivo, do design, dos materiais, demandado pela pessoa-colaborador-*stakeholder*; seja em nível funcional, pelas prestações de serviços de altíssimo nível demandado pela pessoa-cliente; seja em nível emotivo, pela sua capacidade de atender também às necessidades e aos desejos mais profundos do ser humano-pessoa-cliente-colaborador. Estamos falando de cadeia de valor, de plataformas ascensionais, de convergências afetivas, ou seja, de pontes para unir. A seguir, falaremos das cinco pontes essenciais. Ou seja, de como implementar os cinco Es.

03.

O modelo das cinco pontes, cinco Ps

Aqui, vamos discorrer sobre cinco pontos fundamentais na construção de pontes para unir, conectar organização-marca a clientes/consumidores e propiciar um diálogo fluido, real, de valor estético e ético.

A escolha da metáfora com a ponte não é casual. Ponte é uma construção que permite interligar, ao mesmo nível, pontos não acessíveis separados por rios, vales ou outros obstáculos naturais ou artificiais. As pontes são construídas para permitirem a passagem sobre o obstáculo a transpor, de pessoas a coisas como automóveis, comboios, canalizações ou condutas de água. A palavra "ponte" provém do latim *pons*, que, por sua vez, descende do Etrusco *pont*, que significa "estrada". Para nós, é uma rota, um caminho, uma convergência afetiva, uma conexão, um encontro, como do grego πόντος (póntos), da raiz *pent* que significa uma ação de caminhar. Na era BANI, em tempos complexos, marcas e pessoas caminham juntas, aliadas na geração de valor, em busca pela autoestima e autorrealização também por meio do trabalho e do consumo.

Esse modelo vem de pesquisa realizada e publicada no livro *Luxo for all*, sobre a democratização do luxo, mas aos quatro Ps originários que atualizamos para esta nova década de 2020, adicionamos também um quinto P de Plataforma, pois esse tema assumiu uma relevância importante para o modelo de negócio criativo da organização, e essa ponte será central nesta atual década. Os cinco Ps serão explanados separadamente para fins didáticos, porém como tudo está conectado ao todo — para o bem e para o mal —, todo P é importante. Portanto, estão integrados e não há hierarquia. São as cinco pontes:

- **Pessoas**: Pessoas compram de outras pessoas.
- **Paixões**: O poder de pertencer às comunidades reais e virtuais.
- **Produtos cult**: O poder de ter a marca cultuada, do *cool*.
- **Pontos de encontro**: O poder dos ambientes de relacionamento.
- **Plataformas**: O poder das conexões em ecossistema.

Um *go to market* ressignificado, inovador e integrado é preciso para gerar valor.

3.1 Pessoas

Muitas vezes dizemos (e muitas vezes nos esquecemos) que pessoas compram de pessoas. Mesmo que o ato final da compra ocorra na interação com um algoritmo, o processo de tomada de decisão emocional ocorre nos diálogos entre as inteligências emocionais sociais.

Após décadas de monólogo e comunicação unidirecional, as organizações "piramidais" finalmente reconheceram a necessidade de um diálogo em rede multidimensional. E hoje vão além, com o uso de algoritmos para oferecer experiências "personalizadas". Trata-se de dar e receber, pot meio de uma proposta de valor composta de duas partes: 1) a forma como a organização conta a história da marca e interage; e 2) a forma como a sua história é recontada por outros. Ambas as partes são igualmente importantes. A primeira é, naturalmente, determinada pela capacidade da marca de começar um relacionamento pessoal e desenvolver isso com excelência, mantendo engajamento, tendo em vista que essa é a sua tarefa — o trabalho a ser feito — e está entre as ações em seu poder que pode ativamente proferir. A segunda diz respeito ao valor percebido pelas pessoas que receberam a narrativa e que comunicam para outros em diferentes contextos. Destes elos, nasce a real percepção de valor da marca.

Um campo de estudo transdisciplinar que surgiu no final do século passado para explicar esses fenômenos de comunicação é chamado de marketing viral. O termo "vírus" é uma analogia para indicar o modelo de difusão de uma ideia, segundo uma progressão exponencial. É o conceito base do marketing viral, considerado um dos mecanismos mais potentes da comunicação, em que os consumidores são porta-vozes da marca e contribuem para divulgá-la. As mensagens se transformam em verdadeiros vírus que, a partir de poucas pessoas, acabam por espalhar-se para um público mais amplo.

Para que se desenvolva esse efeito multiplicador, que permite às ideias se difundirem como verdadeiras epidemias sociais, é necessário identificar os "conectores" dessa estratégia, ou seja, as pessoas capazes de exercer uma notável influência nos grupos sociais dos quais fazem parte (sem esquecer do poder da autoridade, como nos demonstrou Milgram em seu célebre experimento sobre a obediência à autoridade). Essas pessoas são chamadas de influenciadores, têm uma forte opinião formada perante as comunidades que influencia — assim como sobre a marca que endossa e ressignifica — e a exprimem com frequência, inclusive nas mídias sociais e digitais. Uma das motivações principais desses agentes de difusão existir é ajudar os seguidores com a própria opinião formada sobre uma informação imparcial de produtos e serviços (é o que deveria ser); estes formadores de opinião também ajudam as organizações a criar propostas de valor quando eles interagem em *design thinking* para cocriar (assumem o papel de agentes de mudança).

Nesse último caso, a Gucci é um bom exemplo. O que fez na década passada, de 2010, sob o comando de Alessandro Micheli não é novidade, mas como o fez é um caso de sucesso a ser estudado e seguido. A marca engaja personalidades que chama de embaixadores, e tais personalidades, ou seja, pessoas detentoras de personalidade bem clara e definida, também assumem a marca e a endossam com a própria força, e nessa troca há uma mistura de elos e valores que cultuam. A partir disso, narram novas histórias em um círculo virtuoso, onde já não sabemos mais se nasceu antes o ovo ou a galinha.

Um exemplo, quando a Gucci, em 2021, escolheu a cantora, compositora e pioneira Miley Cyrus, ganhadora de diversos selos musicais multiplatina, como o rosto de Gucci Flora Gorgeous Gardenia Eau de Parfum, um perfume criado pelo ex-diretor criativo Alessandro Michele, que, em declaração pública durante o lançamento do produto, disse o seguinte:

"Miley Cyrus é uma artista com um espírito que é rock 'n roll e eclético ao mesmo tempo. Eu a admiro e acho que ela irá incorporar perfeitamente a nova fragrância e história da Gucci Flora Gorgeous Gardenia."

— Alessandro Michele —

Com sua individualidade distinta, Miley é nessa nova narrativa a protagonista de uma série de imagens e um vídeo fantasioso, dirigido e filmado pela também personalidade e artista Petra Collins, sob a direção criativa de Alessandro Michele, dedicada à fragrância. Personificação de sua geração, Miley Cyrus fala a verdade sobre a autoexpressão, otimismo e autenticidade, agindo como uma musa para a nova terra de fantasia movida à alegria criada por Gucci Beauty e inspirada em sua personalidade única. Vale procurar para assistir na internet.

Uma marca ou um novo produto representam fundamentalmente uma ideia, a essência da qual falamos. As ideias estéticas e éticas mais poderosas têm capacidade para se divulgar e maiores possibilidades de êxito na comunicação. Utilizando novamente a Gucci como exemplo, recentemente, a marca apresentou sua coleção de moda masculina do inverno de 2020, com um novo olhar para a questão de gênero dentro da moda masculina, desconstruindo e desafiando o padrão patriarcal que formou nossa sociedade. Para fazer isso, a marca declarou (posicionando) essa ideia em um texto emocionante sobre a liberdade no vestir masculino, que estaria acarretada nessa atitude:

"É hora de celebrar um homem que é livre para praticar a autodeterminação, sem restrições sociais, sem sanções autoritárias, sem estereótipos sufocantes. Um homem capaz de se reconectar com seu núcleo de fragilidade, com seu tremor e sua ternura. Um homem de joelhos diante da rendição, que honra os medos e seus espinhos. Um homem cheio de bondade e cuidado."

— Gucci —

Um humano, como dissemos neste livro, em busca por autoestima e autorrealização. Este tema é abordado pela marca dentro de seu programa *Masculine Plural* que fala sobre os estereótipos tóxicos que moldam a identidade de gênero masculina. Os exemplos do mundo *fashion* nos interessam porque tendem sempre a antecipar questões do espírito do tempo, que logo as marcas mais tradicionais irão ter que abordar nesta década.

Para definir as "ideias que se divulgam", Seth Godin, especialista em marketing de relacionamento, estipulou o termo "*ideia-virus*". Segundo Godin, a propaganda direta enviada a todos é inútil. O melhor é enviar uma *ideia-virus* para pessoas interessadas e influentes que espalham o vírus.

Se alguém está vendendo um produto por meio de uma mídia ou utilizando um modelo de venda direta, o valor agregado cultural no processo de troca é fundamental para o sucesso no engajamento com a marca. O desafio é manter a marca viva, dentro das constantes conversações com as pessoas através de dinâmicas culturais. É uma "cultuação" constante da marca (tema de que trataremos mais adiante); é orgânico. É o que fez a Gucci estar em mais de 22 mil citações em letras de música.

Esse tipo de atitude criativa é o que chamamos de orquestração, e não devemos cair na armadilha do racionalismo. Está mais para o trabalho de Steven Johnson que citamos no início deste livro, de onde vêm as boas ideias. Durante o lançamento de uma coleção, Michele havia declarado que é impossível planejar o seu trabalho. É algo que acontece de forma muito orgânica e natural. E gostamos muito de quando sempre Michele diz que não temos mais tempo para preservar nada além da beleza. Essa ideia de preservar coisas que ponham o mundo em retrocesso deve ser evitada a todo custo, afirmação em linha com este livro no que diz respeito a gerar valor social e psicológico.

Profundo conhecedor da produção cultural humana, que estuda e exibe em cada uma de suas coleções, Michele acredita que, assim como a música, o cinema, as artes visuais e a literatura, a moda tem de dar voz ao que está fora, na rua, na vida... Não há outro método para ele. O que faz é a reprodução da vida. E não seria esse o desafio das organizações desta década?

As organizações mais bem-sucedidas têm construído as melhores práticas dialógicas de apoio na formação da opinião das pessoas, na escolha de seus "embaixadores", direta ou indiretamente, pois estes tocam o consumidor e formam reputação. Essa questão está atrelada à essência da marca e das coisas que seus agentes culturais e intérpretes representam (e, atenção, *design thinking*, *cool hunters* e *trend setters* são somente alguns destes agentes culturais aliados das organizações). Muitas marcas tendem a ser passivas e, com o tempo, inclinam-se a viver da glória do "embaixador" ou de seu passado, usando somente imagem e patrimônio para criar um diálogo implícito ou explícito com o consumidor. E isso vai desgastando, deteriorando essência e dissipando autenticidade para aqueles que buscam valor no aqui e agora com a marca. Porque, como se diz, "*águas passadas não movem moinhos*".

Gerentes de marca e vendedores quando vão ao mercado costumam dizer que seu produto é diferente, ou melhor, que "*sua qualidade fala por si*". Ou seja, focalizam muito no produto/serviço e subestimam o sistema de valorização da marca (a experiência da marca).

Para as marcas com essência, conectar-se com os consumidores implica fazer parte das comunidades, dos eventos sociais e culturais. Fazer parte é interagir, não só patrocinar a distância. O que sabemos é que as pessoas conversam com outras e falam daquilo que lhes agradam ou que desagradam. Por isso, é de responsabilidade de cada organização ter sua marca inserida no contexto desse diálogo de maneira apropriada e ativa. Não é delegável a algoritmos nem testemunhais; as campanhas de mídia digital não vão resolver esse desafio.

O marketing do diálogo

Criar diálogo com *stakeholders* (que também compram as nossas ideias) e o consumidor significa conectar-se com esta pessoa (não *persona*) e compartilhar conhecimento (não informação). Esses conteúdos têm que estar relacionados à cultura e ao contexto da marca e da pessoa. Essa pertinência e relevância faz toda a diferença e "sobe a régua" da sofisticação nas plataformas comunicacionais.

Surfando no caso da Gucci, um bom exemplo é quando recentemente a marca levou a Xangai a amostra "O artista está presente", com curadoria de Maurizio Cattelan, artista com quem Michele desenvolveu o projeto, para questionar o que é cópia no mundo de hoje. As obras refletiam sobre o valor da imitação como forma de arte, num momento em que a própria Gucci enfrentava acusações de ter copiado, num desfile em 2017, o modelo de uma jaqueta do alfaiate nova-iorquino Dapper Dan. Numa ação tática útil à estratégia, Micheli convidou o próprio designer do Harlem para criarem juntos propostas de roupas — desta vez creditadas —, que viraram um sucesso retumbante e puseram Dan novamente no mapa dos fashionistas mundialmente.

> *"Moda é sobre transformar desejo em roupas. Esse desfile é uma forma de abraçar o grande retorno, fazer as pessoas voltarem às ruas, para esse lugar de liberdade e amor. E amor é uma palavra tão forte que não poderia ser expressa em um desfile, ele é mais uma passeata."*
>
> — Alessandro Michele —

Sobre o que declarou Michele, nós interpretamos isso como pontes que conectam desejos com vida, e vida com sonhos.

Logo no início da pandemia do coronavírus, a marca resolveu criar o próprio festival de cinema, o GucciFest, e convidou cineastas importantes como Gus Van Sant para, em vez de mostrar suas criações por meio do desfile, mostrá-las em pequenos curtas-metragens. Convidou ainda designers em ascensão para dividir a ribalta e, assim, ter o próprio calendário de lançamentos. Isso é *design thinking* para cocriar valor.

Marketing do diálogo significa isso: saber contar histórias "encantadoras", criar enredos, acender o interesse do cliente, em convívio cotidiano; é lembrar sempre que uma história a ser contada, antes de qualquer coisa, tem que ser realmente interessante para o outro (daí a força da empatia emocional da marca), algo que ele venha a querer passar para outros. É preciso que seja divertida, interessante, plausível e memorável. Que ajude a pessoa em sua busca pela autorrealização. Que gere o *wow factor*!

Um outro exemplo de ação é o da Trader Joe's, empresa americana especializada na distribuição de alimentos biológicos e de especialidades para amantes da cozinha. Em cada loja, a apresentação dos produtos é acompanhada por uma narrativa de suas origens e suas particularidades. Logo, fazer compras ali se transforma sempre em uma aventura rica de descobertas e surpresas. Alguns podem estar pensando equivocadamente que esse assunto é somente para o *fashion system*. E o que estamos buscando neste livro é provar o contrário, ou seja, que é para todos. É o que leva marcas de tecnologia como a Lenovo a patrocinar eventos do mundo do esporte, da moda, para estar junto aos diferentes públicos, cultuar, viralizar. Estar na pauta.

Sabemos que no processo de tomada de decisão das pessoas, de 90% a 95% pesam as próprias inclinações e emoções, enfim, o inconsciente. O processo decisório racional é mera ilusão. Argumentações racionais levam a emoções superficiais. Como engajar sem personalizar? Não dá. Como influenciar as tomadas de decisão do indivíduo?

» *Personalização*

Junto às pessoas que recomendam e promovem uma marca, existe o fenômeno da personalização digital, recente e igualmente poderoso, por meio do algoritmo.

No mundo instantâneo e altamente conectado de hoje, temos acesso a uma enorme quantidade de informações ao nosso alcance. Historicamente, porém, nem sempre foi assim. Viaje no tempo para o início deste século XXI e você notará que a grande maioria das pessoas ainda estava aguardando pelo jornal diário, revista semanal ou mensal, noticiário da noite, e nesse meio tempo podia receber mensagens das marcas, para, assim, formar opinião e ajudar a preencher o vazio de informações.

Naquele momento, o Google estava atrás do Yahoo! e do MSN. Enquanto isso, as primeiras encarnações de mídia social, como MySpace e Friendster, estavam apenas começando a ficar online, e outras como Facebook, YouTube e iPhone ainda não existiam[1].

---

1 Saiba mais em: https://www.visualcapitalist.com/evolution-of-media-data-future/.

O avanço das tecnologias da informação aplicadas nos negócios abriu portas para a personalização. Sabe aquela sensação de que a loja online indicou exatamente o que você precisava na lista de recomendados? Não é apenas uma percepção, são algoritmos — ferramentas e tecnologias capazes de entender o comportamento da pessoa e, assim, saber o que está procurando. Cada clique que o cliente dá no site da loja virtual, cada produto que busca e acessa, cada categoria que visita, o produto que adiciona ao carrinho, o que já foi comprado antes ou que quase foi, mas não finalizou, tudo isso vai dando elementos para que a inteligência artificial entenda o comportamento daquele humano-usuário. É assim que funciona a personalização.

Esse conhecimento sobre a pessoa é uma tecnologia presente em inúmeras ferramentas do dia a dia, como Netflix, Spotify e muitas outras redes sociais. O algoritmo "avatar" se finge de pessoa e nos apresenta aquilo que "sabe", que é do nosso interesse, como se fosse um amigo de longa data. Tudo isso é feito a partir dos dados de inúmeros clientes, o que permite que um *e-commerce*, por exemplo, consiga perceber quais produtos são comprados juntos, para, a partir dessa "inteligência", poder indicar para futuros usuários similares coisas parecidas. Isso é pensado para ampliar o leque de vendas de produtos e facilitar a jornada de consumo do cliente — aumentando claramente as vendas da loja. Não se trata somente de venda; está mais para uma venda consuntiva, tal é o nível de profundidade de conhecimento das plataformas sobre as pessoas.

A força do digital é também útil na prestação de serviços de *caring* às pessoas no pós-venda. Os avanços da tecnologia da informação ajudam as pessoas que se relacionam com a marca a serem mais satisfeitas, não somente antes, mas durante e após a compra. Esse é um espaço de estudo e ação dentro do conceito de *e-service* (abreviação de *electronic service* ou atendimento eletrônico, em português), uma aplicação de destaque da utilização do uso de tecnologias de informação e comunicação (TIC) em diferentes áreas. Quando nos relacionamos com uma marca, temos a expectativa de sermos reconhecidos por ela em todas as fases do engajamento, sobretudo quando tivermos algum problema para resolver.

É difícil proporcionar uma definição exata de *e-service*, pois os pesquisadores têm usado diferentes definições para descrevê-lo. Apesar disso, pode-se argumentar que todas concordam sobre o papel da tecnologia para facilitar a prestação de serviços, o que os tornam mais do que serviços eletrônicos.

"...ações, esforços ou atuações cuja entrega é mediada pela tecnologia da informação. Tais e-services incluem o elemento de serviço de comércio eletrônico, o suporte ao cliente e a prestação de serviços."

— Jennifer Rowley —

Esta definição reflete três componentes: provedor de serviço principal, receptor do serviço e os canais de prestação de serviços (ou seja, a tecnologia). A internet é o principal canal de serviço e de entrega, enquanto outros canais clássicos (por exemplo, telefone, *call center*, quiosque público, telefone celular, televisão) também são considerados. Este tema merece um destaque, pois assume sempre maior importância nas organizações, gerando uma série de benefícios como:

- acessar uma base maior de clientes;
- ampliar o alcance do mercado;
- diminuir a barreira de entrada para novos mercados e os custos de aquisição de novos clientes;
- ter canal de comunicação alternativa para os clientes;
- oferecer serviços cada vez maiores para os clientes;
- melhorar a imagem da empresa que usa o serviço;
- ganhar vantagens competitivas;
- ter potencial para aumentar o conhecimento do cliente.

Uma quantidade considerável de esforços de pesquisa já existe sobre o assunto, para explorar diferentes aspectos do *e-service*. Fica claro como nesta década de 2020 tal estratégia se torna necessária para explorar as dimensões de serviço e de entrega, não apenas na qualidade dos serviços, mas como forma para engajar, aprender e compreender o valor da marca através das experiências com os usuários. Uma plataforma integrada e mais inteligente previne, é proativa e gera fluidez. E, assim, gera valor social, crucial no elo com o cliente.

» *Alfaiataria digital*

As maneiras de fazer essa personalização são diversas. Com o uso das informações sobre o comportamento, é possível não apenas mostrar opções de produtos similares e montar listas de recomendações, mas também criar indicações muito mais certeiras sobre o que o cliente está procurando. De pessoas para pessoas, e de algoritmos-avatares para pessoas.

Também é possível saber qual a identidade de gênero da pessoa, quais estilos ela mais acessa, o que compra com frequência e, assim, indicar itens semelhantes ou que vão agregar algo naquela compra. Outra ferramenta é o de vetor de características, que, a partir de uma palavra buscada, consegue entregar não apenas o produto específico com aquele nome, mas diversos outros que se relacionam com o termo. Lembrando que tudo isso é feito de forma automática, sem intervenção humana, a partir de algoritmos, análise de dados e inteligência artificial. Ou seja, o sistema (se bem conectado) trabalha em autonomia, a partir do que o consumidor entrega de informação para o sistema. Sobre o modelo de plataforma, e como a personalização está atrelada a isso, falaremos mais adiante.

O que nos interessa ressaltar aqui quando falamos de pessoas é de que o marketing relacional atua na era do 4.0 rumo ao 5.0 junto a uma inteligência não humana, a inteligência artificial regenerativa, e vai ser importante orquestrar isso. As pessoas buscam desde sempre personalização e uma experiência sob medida, e hoje é possível tornar isso ainda mais sofisticado. O dado é o novo petróleo, quando é usado; quem detém dados, detém um poder, uma riqueza. E é exatamente por isso que é preciso ter cuidado com o uso deles. Os serviços de personalização utilizam informações sobre como o usuário utilizou o site, onde clicou e quais produtos acessou (e as plataformas sociais capturam muitas outras informações pessoais de cunho mais psicológico). Não utilizar dados sensíveis como informações pessoais é essencial para se manter ético no processo. Usualmente, os dados são convertidos de forma a torná-los impessoais e isso coloca as empresas dentro da Lei Geral de Proteção de Dados (LGPD).

O perigo sobre não ter acesso aos dados é enorme. Só para citar um exemplo, quando a Apple decidiu criar uma nova política de privacidade para bloquear o rastreamento de *apps*, fez bilhões em receita do Facebook, X, YouTube e outros evaporarem. A política de privacidade introduzida nas versões 14.5 do iOS, iPadOS e tvOS dá aos usuários controle sobre quais *apps* podem rastreá-los em outros aplicativos e sites. Sempre que você abrir um aplicativo que usa o recurso no seu iPhone ou iPad, ele exibirá uma notificação dando duas opções: permitir a coleta ou solicitar que o aplicativo não a realize.

Todos os aplicativos que implementam esse método de coleta de dados, independentemente do contexto, são obrigados a se adequarem e exibirem a nota, para serem permitidos entrar, ou permanecer, na Apple App Store. O rastreamento de dados entre serviços é uma metodologia de coleta usada para estudar os hábitos do usuário, como forma de exibir anúncios direcionados ao consumidor e ter melhores resultados. Ele é (ou foi) uma das principais fontes de receita de redes sociais e serviços como Facebook, X, YouTube e vários outros. Isso porque, diferentemente de implementar a opção de forma integrada ao sistema, em que o usuário deveria navegar pelas configurações e desligar/ligar por conta própria, o iOS forçaria os *apps* a jogarem a opção na frente do dono do aparelho. O primeiro método se vale da preguiça do consumidor, enquanto o segundo está a um toque de distância. E, considerando diversas polêmicas que Meta e cia. se envolveram ao longo dos anos, era sabido que a grande maioria do público optaria por impedir o rastreio.

Foi o que aconteceu, mas ninguém esperava que a adoção pelo bloqueio somasse 87% dos usuários de iGadgets em todo o mundo já na primeira semana. A Apple, provavelmente, era a única que contava com isso. Sem esses dados, empresas não têm como fornecer informações precisas sobre os hábitos de seus usuários para anunciantes e outros parceiros comerciais. Estes, por sua vez, reduziram suas campanhas em plataformas como YouTube, Snapchat, X e Facebook e foram investindo em outras frentes, como as plataformas de anúncios do Google e, sem muita surpresa, da Apple.

A “equação” a seguir explica o motivo de tanta perda:

1. **Menos dados** = menor eficiência nos anúncios.
2. **Menor eficiência** = mais custo para anunciantes.
3. **Mais custo** = busca por outras opções.
4. **Outras opções** = menos dinheiro para Meta.

Esse episódio — que já virou fato e história — é um exemplo para nós didático de colisões na era BANI, na era da complexidade. E, vai depender muito da estabilidade dinâmica dos CVO das marcas redefinir rotas, prevenir turbulências, estar presente. Provavelmente enquanto você lê essas páginas, novas dinâmicas e conflitos estarão ocorrendo, porque movimento gera movimento, ação, reação, novas soluções, novas tecnologias, claro que as dinâmicas de enfrentamento entre empresas "mineradoras" de dados não param por aqui.

Sobre o perigo do uso equivocado das informações sobre pessoas para influenciá-las (ou manipulá-las), esse ainda um tema em debate franco e muitos documentários sobre isso existem para mostrar o fenômeno. Um filme belíssimo e muito interessante trata disso de forma crítica, com o olhar mais sobre o psicológico do humano. Trata-se do filme *Her*, de Spike Jonze. Um sistema operacional, e que no filme podemos chamar de uma inteligência artificial, uma amiga virtual, uma parceira de vida, se relaciona com um indivíduo real, o acompanha em suas lutas diárias, medos, dores, busca por autoestima, autorrealização, vazio existencial.

Em *Her*, o personagem Theodore é um escritor solitário que acaba de comprar um novo sistema operacional para seu computador. Para sua surpresa, ele acaba se apaixonando pela voz deste programa informático, dando início a uma relação amorosa platônica entre ambos. Essa história de amor incomum explora a relação entre o homem contemporâneo e a tecnologia. O filme traz uma crítica contundente ao futuro mundo dos relacionamentos entre pessoas e marcas e abre espaço para uma reflexão sobre quais são os limites. A obra retrata as novas configurações do amor de maneira geral e consegue transformar o relacionamento entre o escritor e o sistema operacional Samantha em um dos mais belos romances que o cinema construiu no século XXI. O roteiro explora o ciúme, a possessão, o sexo, a distância e a noção de pertencimento nos amores contemporâneos.

O futuro imaginado por Jonze é triste, individualista, melancólico, em que a tecnologia fornece apenas meios de encontrar o amor pela internet, fazer sexo virtual, pagar para terceiros escreverem cartas pessoais e divertir-se sozinho com videogames realistas. O diretor não aposta no tradicional conflito entre humanos e máquinas, e sim numa fusão tão completa entre os dois que não se consegue mais imaginar uma interação humana sem a intermediação de um sistema virtual. Desse modo, Theodore namora um sistema operacional, sua vizinha Amy trava uma amizade com outro sistema operacional, seu chefe Paul está feliz com a namorada, mas sonha em ser amado como nas cartas inventadas por Theodore. Para os personagens, o virtual é visto como um ideal a alcançar, um modelo de perfeição para o real. Samantha evolui no arco do filme e, aos poucos, torna-se cada vez mais humana, mais concreta e palpável, mas sem o sonho fantástico de um dia se tornar real. O filme merece ser assistido.

Quando o espectador tem certeza de que esta será apenas uma linda história de amor que celebra as paixões virtuais e defende a inclusão cada vez maior de máquinas em nossas vidas, Spike Jonze reserva um final surpreendente, amargo e extremamente inteligente. Não, este filme não é uma ingênua celebração da tecnologia, e sim uma reflexão profunda sobre todos os aspectos que ligam os humanos à máquina e a projeção que fazemos dos nossos amores na invisibilidade do meio virtual.

A personalização, portanto, chega como uma estratégia poderosa para todos os mercados e também como uma ferramenta sensível. Encantar e envolver o cliente, como vimos quando falamos dos cinco Es, é uma das formas de fortalecer o vínculo do consumidor com a marca, além de colocá-la no centro das discussões. Quando você vai para uma loja, seja virtual ou real, ou dialoga com o assistente virtual (real ou não), encontra o que procura e é bem atendido, você tende a não só retornar para novas compras, mas também comentar, indicar para as pessoas e fazer boas avaliações sobre aquilo. No caso do filme *Her* anteriormente citado, o personagem chega até a se apaixonar.

Parece banal e óbvio, mas, na correria e gritaria do cotidiano, parece que gestores de marcas esquecem do essencial, acabam por se distanciar da realidade das pessoas e tornam tudo uma fórmula de cálculo. Mas o mundo é muito mais emocional do que as planilhas de cálculo possam imaginar. Isso nos leva a falar um pouco mais do poder da paixão, que ainda move o mundo dos humanos. De nada serviria tanto esforço se as coisas não fossem encantadoras, belas, até imprevisíveis, se não pulsassem no coração para mover o humano rumo ao futuro. Se puder sonhar, é possível.

3.2 Paixões

A relação da pessoa-consumidor com uma marca é normalmente desenvolvida nas comunidades reais e virtuais (lembrando que relação não é comunicação). Uma comunidade é um conjunto de pessoas que se organizam sob o mesmo conjunto de normas, compartilham do mesmo legado cultural e histórico. Uma definição para uso didático sobre o que é uma comunidade poderia ser: grupo territorial de indivíduos com relações recíprocas que se servem de meios comuns para lograr fins comuns. Com a internet, esse conceito foi atualizado para culturas pós-modernas, em que o conceito de território é ampliado, ou seja, o território pode ser tantos locais diferentes, reais e virtuais, contanto que ofereçam um espírito do lugar e pertencimento. O *metaverso* é um exemplo importante e que nesta década de 2020 mudará o jeito de se relacionar entre pessoas (falaremos disso mais adiante).

Então, se para criar laços de afetividade é necessário relacionar-se com as comunidades e compartilhar os seus problemas, a sua cultura, a sua linguagem, antes de tudo é necessário pertencer a uma delas. Isso vale para as organizações com suas marcas e para pessoas como consumidores. Por isso, é preciso investir nas comunidades, integrando-se a elas, oferecendo sempre novos serviços, diferentes e específicos, para gerar valor social, psicológico, e para se transformar em "parceiro". Não é um tema de TI, não se trata de ir para o *metaverso* seguindo uma tendência; é necessário povoar esse novo território com histórias, linguagens e tudo aquilo que define uma identidade no espaço, o valor social nessa proposta de troca entre percepção e realidade, de pessoas para pessoas.

A prática das organizações de construir grupos por afinidades, com objetivos de engajamento, é estudada de forma transdisciplinar, trata-se do marketing tribal. O marketing dialoga com a antropologia, a etnografia, a psicologia social, a sociologia, a semiótica e outras disciplinas do saber e põe ênfase na ligação que vem a criar-se entre os consumidores em torno de um produto. Alguns trabalhos, como *totens* e tabus, de Freud, e religião para ateus, do Alain de Botton, debatem sobre as dinâmicas individuais e sociais; como coisas, produtos, ritos e propósitos são estética e eticamente necessários; e como as experiências de convergência, comunhão entre outras elaboram tais dinâmicas em fatos cotidianos norteadores, os quais ritos são proposições e sistemas de organizações que buscam o diálogo, engajamento e fidelização com pessoas de uma comunidade. Talvez o exemplo mais famoso de organização sem fins lucrativos que dialoga com pessoas é a Igreja Católica Romana.

Diversos filósofos e sociólogos convergem sobre um erro do ateísmo moderno: negligenciar os aspectos relevantes das religiões após a secularização[2] e o descarte dos princípios centrais das fés. Ao observar os ritos e conceitos morais que regem as religiões, dissecadas as crenças, por exemplo, do cristianismo, judaísmo, islamismo e budismo (este último por muitos não considerado uma religião), é preciso entender como tais religiões podem ser compreendidas como arcabouços éticos estruturados por nós para atender à demanda humana de viver em comunidade, controlando sua tendência à violência, estimulando hábitos essenciais, como a compaixão e o perdão, e reconfortando mente e corpo diante do sofrimento. Nesta década, caberá sobretudo aos centros de educação e pesquisa um papel novo e central naquilo que deveria ser o desenvolvimento emancipatório humano. E nessa linha de reflexão, cabe também às organizações (com ou sem fins lucrativos) dar apoio, desenvolver uma proposta de valor a partir de uma empatia não só cognitiva, mas também emocional e compassiva para poder ajudar as pessoas, investir recursos para emancipar colaboradores e clientes, enfim, para a partir das dores, oferecer alívios (acessíveis) e oferecer ganhos (sustentáveis). Muitas fazem isso muito bem por meio de suas fundações, como citamos no livro.

Um livro que recomendamos para leitura na integra é *Religião para ateus*, de Alan de Botton, útil para o CVO que quer entender mais sobre a importância dos ritos e como as marcas podem orquestrar isso. Com uma linguagem acessível e provocativa, Alain de Botton discute como as religiões são sábias por não esperar que lidemos sozinhos com nossas emoções e sugere como a sociedade contemporânea — e os tantos *stakeholders* como organizações e suas marcas — pode fazer uso dessas ferramentas para mitigar alguns dos males mais persistentes e negligenciados da vida

---

2 O termo "secularização" faz referência ao processo gradual de abandono dos preceitos culturais que se apoiam na religiosidade.

secular. Ao descartar os dogmas e o sobrenatural, o autor propõe o resgate de uma sabedoria que pertence a toda humanidade, inclusive aos mais céticos.

Nesta abordagem, estamos aqui introduzindo para as organizações o marketing tribal, para conectar marcas e pessoas em busca de autoestima e autorrealização, por meio de experiências que ofereçam convívios afetivos e de conhecimento, com fatores de agregação de comunidades culturais e sociais de pessoas em busca de emancipação.

Alguns exemplos: a própria The School of Life, fundada por Alain de Botton, é uma organização que se dedica integralmente a desenvolver a inteligência emocional, um espaço de troca e compartilhamento de boas ideias escritas há mais de 2000 anos e que seguem sendo atuais para quem deseja viver e se relacionar melhor. Eles — também com presença na cidade de São Paulo — colocam ênfase na necessidade de nos compreendermos melhor, para que possamos assegurar serenidade e tomar decisões confiáveis da melhor maneira, especialmente em relação ao amor e ao trabalho. E, a partir disso, uma atitude mais consciente perante a vida.

Outro exemplo de espaço gerador de valor nesse conceito de comunidade é a Casa do Saber, um ambiente digital de acesso à cultura e ao conhecimento que produz conteúdos, principalmente cursos livres, voltados à divulgação, transmissão e troca de ideias. A proposta da instituição é facilitar o desenvolvimento de repertório e do senso crítico com grandes especialistas em artes, história, filosofia, psicologia e psicanálise, entre outras áreas. A Casa do Saber surgiu em 2004, fundada por um grupo que realizava encontros e saraus em casa, com especialistas convidados, até que resolveram transformar a ideia em "ócio criativo", mantendo o clima aconchegante e prazeroso, criando assim a Casa do Saber, com uma sede em São Paulo.

Antes disso, da década de 1980 do século XX até meados da primeira década do século XIX, o sociólogo italiano Domenico De Masi, junto com Roberto Panrazani e outros, promoveu na Itália diferentes encontros nessa linha cultural e reflexiva para o público corporativo. Foram os seminários de verão da S3Studium em Ravello, encontros de três dias em que lideranças e formadores de opinião de diferentes áreas debatiam sobre um mesmo tema, com transdisciplinaridade e ócio criativo, e o propósito desses debates era entender como transformar a sociedade a partir das práticas estéticas e éticas das organizações.

Mais recentemente, na década passada de 2010, surgiram espaços novos híbridos — sempre nesse conceito de ócio criativo, para o mundo das *startups* e dos empreendedores —, onde se possa trabalhar, "incubar e acelerar", aprimorar, fazer *networking*, encontrar investidores e *stakeholders* e assim gerar valor. Um exemplo é o Leaning Village, em São Paulo, um *hub* da cultura da inovação para o mundo corporativo com foco no desenvolvimento de pessoas, seja no profissional, seja no emocional. Eles acreditam que o desenvolvimento de pessoas em tecnologias exponenciais e a sua aplicação nos mercados podem alavancar o Brasil em segmentos importantes para o país, como o agro, a energia e o meio ambiente.

Vamos a um último exemplo que queremos dar, e não menos importante, o TED Talks. TED (acrônimo de *Technology, Entertainment, Design*; em português: Tecnologia, Entretenimento, Design) é uma série de conferências realizadas no mundo pela fundação Sapling, dos Estados Unidos, sem fins lucrativos, destinadas à disseminação de ideias — segundo as palavras da própria organização, "*ideias que merecem ser disseminadas*". Suas apresentações são limitadas a dezoito minutos, e os vídeos são amplamente divulgados na Internet, dessa maneira, dissemina-se as ideias ou os pensamentos dos participantes, tal como o Iluminismo, que floresceu nos debates dos cafés da Inglaterra e França, e aqui a ideia é levar essas reflexões para o WWW. O grupo foi fundado em 1984 e a primeira conferência aconteceu em 1990. Originalmente influenciada pelo Vale do Silício, sua ênfase era tecnologia e design, mas com o aumento da popularidade, os temas abordados passaram a ser mais amplos, abrangendo quase todos os aspectos de ciência e cultura.

Falamos de comunidades para falar de marketing tribal. Para o sociólogo francês Michel Maffesoli, são três os passos a seguir na construção de uma comunidade em torno de uma marca:

- O primeiro passo é identificar eventuais tribos, já existentes, que manifestem afinidades com a identidade da marca.
- Depois de conhecer essas tribos, é preciso engajá-las, empatizando, estudando os seus objetos de culto, seus lugares de preferência,

suas gírias (fórmulas rituais), suas imagens preferidas (mitos e ícones), seus medos e desejos, o que é para elas fracasso e sucesso.

- Por fim, é necessário avaliar e reunir as competências da comunidade, ou seja, unir os membros, os especialistas, os intérpretes e agentes culturais, os *stakeholders* todos, os apaixonados que compartilham valores e produtos, visões do mundo e destinos em comum.

Assim, a organização deve desenvolver as pontes de conexão, técnicas de relacionamentos com essas comunidades. Não são gangues, não são ambientes de preconceito (pelo menos não deveria ser esse o intuito). O desafio da marca é emancipar, ajudar, abrir diálogo, propor diferentes perspectivas sobre conhecimento e pertencimento. O sucesso dependerá da criação de destinos e interesses comuns entre a marca e os clientes membros das comunidades. Falar de marketing tribal é falar do poder da convergência afetiva, e recomendamos nesse sentido o trabalho do filósofo brasileiro Renato Noguera.

Afetos estão atrelados a emoções. Falar de paixão é falar de sentidos para a vida, e nessas trocas de valor entre pessoas e entre inteligências a marca vive "organicamente", como diria Alessandro Micheli, e se amplia graças à relação com o cliente, intérpretes e *stakeholders* que participam na geração dos conteúdos para seus produtos e na compreensão das tendências de consumo e relacionamento com produtos e serviços. Quanto maior a integração social (real e virtual) da marca com a comunidade, quanto mais sensível e criativo for o elo entre as pessoas e mais eficaz a conexão das informações em um *big data*, maior a inteligência e proatividade da organização e maiores as chances de potencializar a disposição das pessoas para comprar e comentar/compartilhar. Independentemente do local, é fundamental que as interações (mesmo quando analógicas) sejam integradas em plataformas digitalizadas habilitadas a recolher as informações das trocas em linguagem de dados, para que os algoritmos possam interagir e aprender. A tecnologia não se conecta sozinha.

Se na década passada de 2010 falávamos mais da teoria do que da prática, hoje é possível concretamente estabelecer um processo de comunicação que oferece possibilidades elevadíssimas de interação para a marca. Pense um pouco sobre os tantos produtos e marcas que desde sempre são verdadeiros "*totens*", em torno dos quais os indivíduos se reúnem para "adoração". Há poucas décadas a velocidade da rede da internet e o poder de cálculo dos computadores não permitia uma fruição dialógica real de trocas entre pessoas que não fossem analógicas e presenciais.

Nos sistemas virtuais como Second Life isso era muito simplório. Esta plataforma foi lançada em 2003 e ganhou destaque entre 2006 e 2008; continuou crescendo, mas a partir de 2020 ganhou uma sobrevida. Second Life é, a todos os efeitos, um *metaverso* livre e aberto para as pessoas relacionarem. Portanto, jogadores das mais variadas nacionalidades, faixas etárias, gêneros, religiões, etnias e classes sociais podem estar no mesmo universo.

No ano de 2015, o CEO da Linden Lab, Ebbe Altberg, disse em entrevista pública para a revista *Vice* que viralizou em todas as mídias que os usuários teriam faturado cerca de 60 milhões de dólares com seus negócios no Second Life e que o "PIB" deste mundo virtual valeria na época algo em torno de 500 milhões de dólares. É possível encontrar todo tipo de item à venda em Second Life: de roupas a carros, de cabanas a arranha-céus, de armas a aviões, entre outros, visto que alguns jogos e sistemas de *roleplaying* podem requerer o uso de diferentes coisas, além do hobby dos jogadores habituais de dirigir, voar ou navegar pelas estradas da Mainland e ilhas particulares. Além das lojas, existe o Second Life Marketplace, um site criado pela Linden Lab onde os avatares podem vender suas criações para todos os demais usuários.

Em 2020, com o isolamento social causado pela pandemia de covid-19 e a maturidade das tecnologias digitais, o Second Life ganhou milhares de novos usuários e viu a volta de diversos usuários antigos como uma maneira alternativa de socializar. Nesta década de 2010, iniciativas no metaverso como a Second Life são uma realidade virtual mais autêntica. Para terem uma ideia, sua moeda oficial, o Linden (L$) é uma moeda virtual utilizada efetivamente para transações, compras e vendas no universo de Second Life. Muitas universidades e empresas estão usando esse sistema para educar, treinar e interagir com os clientes.

Falamos de como a tecnologia e a mídia influenciam a modalidade de interação com a marca. Todavia, o que não muda na relação entre os consumidores de uma marca é o percurso que vai da adoção à adoração. Nesta década, não falamos mais de fidelidade de marca, e sim de lealdade baseada em pactos definidos sobre princípios dentro de uma proposta de valor esclarecida. É nesse sentido que as comunidades se movimentam na era BANI, com senso crítico, não no sentido fixo, rígido e arcaico de "fé inabalável" das eras centralizadas e decentralizadas antigas, agora superado por uma nova topologia de rede distribuída (Paul Baran). Nesta década do século, talvez essas reflexões de transparência e ética ainda não sejam uma realidade, mas tenderão a ser, uma vez que a sociedade problematize com certa profundidade as questões deste século. Se nada mudar, as comunidades reais e virtuais humanas serão colocadas em crise. Nem pessimismo, nem otimismo: estamos tentando olhar a parte do copo meio vazio para problematizar e a parte do copo meio cheio para vislumbrar oportunidades.

O tema das comunidades, da produção e do consumo consciente e apaixonado (o que não é um paradoxo no caso de entender estética e ética juntas) é tema de debate crítico. Por exemplo, recentemente muitas lideranças criativas de marcas importantes se posicionaram sobre a questão real do capitalismo consciente. Muitos diretores criativos de marcas se desconectaram de projetos por entendê-los insustentáveis — ou as próprias organizações demitem para contratar e triturar criatividade. De tanto em tanto, "*tudo precisa mudar para que tudo permaneça*", escreveu o escritor Tomasi de Lampedusa, fazendo uma crítica ao status quo. Tais mudanças, todavia, não podem ser para inglês ver, superficiais, transformações simplistas que agem mais no sintoma para continuar gerando lucro, custe o que custar. Tomou Doril, a dor sumiu, e assim com ela a inovação. Cabe a nós problematizar, cabe ao CVO agir com ética, cabe ao consumidor agir com consciência. Organizações serão ESG de verdade quando passarem a olhar para a sustentabilidade de forma sistêmica, sem esquecer de seus colaboradores.

Exatamente em razão de os apaixonados ou especialistas poderem se tornar os melhores defensores ou detratores da marca, as marcas precisam prestar muita atenção aos diálogos e às escolhas de quem e de como se conectam e desconectam de suas plataformas. As empresas precisarão estar cada vez mais próximas de seus amigos-consumidores e agir de forma leal. Confiança, então, continua sendo o motor do capitalismo.

Neste sentido, segundo o sociólogo americano Mark Granovetter, sobre as relações pessoais nas várias redes sociais online, mesmo que sejam frágeis e diferentes das mais fortes das comunidades tradicionais, preservam algum tipo de “elo de confiança” por conta dos elos entre “pessoas que conhecem pessoas e recomendam pessoas”, gerando, assim, relações de intercâmbio mais dinâmicas do que aquelas tradicionais. Para Granovetter, em seu célebre estudo, os indivíduos conectados com outros por “laços fracos”, como ele os chama, baseados em amizades não profundas, têm maiores possibilidades de acesso a informações e de encontrar trabalhos mais interessantes do que aqueles que investem socialmente somente em laços fortes (familiares, parentes e amizades íntimas).

Se, em média, uma pessoa tiver entre 11 e 12 contatos íntimos, 150 contatos sociais e de 500 a 1.500 relacionamentos superficiais, esses laços fracos serão, na era BANI, muito mais importantes que os laços fortes na geração de valor e ativação de uma rede social, pois se conectariam a pessoas de grupos sociais diversos, usando o poder das redes distribuídas, dando aos grupos novas informações, inteligências e oportunidades, dando a estas redes antifragilidade, na ideia de Taleb (veremos melhor com isso funciona no P de Plataforma). Conceitos como tempo de dedicação, similaridade, hierarquização espontânea e transitividade explicam a força dos laços fracos[3]. É a força da conexão em redes distribuídas, é o valor social dos ecossistemas abertos à inovação, que já citamos quando mencionamos Augusto de Franco[4] em seu TED Talks, *Redes sociais: como funcionam as ligações entre as pessoas*, e que recomendamos assistir, quando fala da nova topologia de rede distribuída. Vale repetir: na internet, está disponível em diversos sites, como no Café Filosófico da TV Cultura, procurando por “O mundo está caminhando para redes mais distribuídas”, ou buscando por “Redes centralizadas, descentralizadas e distribuídas” na página YouTube do Colaborativismo.

---

3 GRANOVETTER, Mark S. The strength of weak ties. *American Journal of Sociology*, v. 78, n. 6., May 1973. Disponível em: https://snap.stanford.edu/class/cs224w-readings/granovetter73weakties.pdf. Acesso em: 14 maio 2024.

4 Augusto de Franco é escritor, palestrante e consultor. É o criador e um dos *netweavers* da Escola-de-Redes — uma rede de pessoas dedicadas à investigação sobre redes sociais e à criação e transferência de tecnologias de *netweaving* — e um dos promotores do projeto Casas da Democracia. É autor de várias dezenas de livros e textos sobre desenvolvimento local, capital social, democracia e redes sociais.

É importante este trabalho de pesquisa para entender o quão impactante é o estudo de Paul Baran para esta década; para entender a força dos algoritmos nas interações e recomendações junto aos consumidores. Mais interação e geração de conteúdo na rede, mais dados, mais contatos, maior a possibilidade de interação com pessoas similares, ou com problemas similares, ou detentores de soluções pertinentes. No P de Plataforma, falaremos mais sobre essa questão.

Na era das redes distribuídas e dos laços fracos, mais *matchs* são possíveis na busca por soluções dentro do nosso imaginário do canvas da proposta de valor. Mas atenção, como já falamos aqui no livro quando tratamos do *design thinking*, isso ajuda mais na busca por soluções a problemas e menos na criação do significado de valor. Interações, diálogos de fora para dentro da organização que geram conversas e discussões úteis são fatores decisivos para a potencialização de soluções. E tais engajamentos ocorrem graças às paixões — narrativas que façam sentido para a vida das pessoas —, fatos e histórias que podem ser contados, que façam rir (porque é permitido rir), emocionar, emancipar.

» *Ética e paixão*

Chegou a hora de fazer um link com a Ética, de que tratamos anteriormente no modelo dos cinco Es, um esclarecimento sobre o conceito de paixão, para evitar mal-entendido. Paixão aqui é adotada por nós autores em seu sentido atual; é uma inclinação predominante, fixada num hábito. Assemelha-se à inclinação, não sendo, porém, idêntica, pois, enquanto a inclinação tem algo de instintivo e inato, a paixão adquire sua intensidade por meio do comportamento do indivíduo. Aqui não condenamos a paixão, pois qualquer sentimento de dívida e culpa precisa ser superado na busca pela autoestima e autorrealização.

Para as marcas, falamos de estética e ética, já que, na era do consumo consciente, nos interessa aqui neste livro avaliar como os efeitos do consumo nas experiências da marca podem influenciar positivamente atitudes humanas. Do ponto de vista psicológico, distingue-se a paixão da simples emoção (que borbulha no inconsciente) por sua duração, sua amplitude e sua capacidade de dominar a vida intelectual, a ponto de ser percebida como um elemento do destino. A paixão pelo conhecimento e autoconhecimento move o humano rumo à autorrealização, e nisso, com coragem, tal indivíduo vai ao encontro dos embates e tensões que a jornada gera.

Os modernos psicólogos definem a paixão como movimento impetuoso da alma, exaltado pela imaginação e transformado em hábito, que a impele para um objeto ou dele a afasta, segundo encontre nele uma fonte de gozo ou de dor. E isso não é ruim, é na verdade a base do canvas da proposta de valor que neste livro estamos problematizando. Sem a faísca da paixão, não há busca pela verdade. Imaginação é a base da curiosidade. Se não puder sonhar, não haverá amanhã. Não consideramos a paixão uma forma passiva de existir do humano, pois paixão vem sendo ressignificada como também um motor de proatividade. Paixão pela verdade é a arte da pergunta; é a força da indagação do famoso detetive Sherlock Holmes. Sem paixão não há engajamento.

Nesse sentido, embora se trate de um sentimento do humano (os animais não têm paixões), a paixão tem uma base biológica (uma vez que se enxerta sobre as tendências e necessidades), a qual não se pode reduzir à mecânica fisiológica, pois tem uma base psicológica (que só a psicanálise pode analisar suficientemente, com exploração do inconsciente), e tem uma base social nas questões da comunhão. Vale estudar o trabalho de Daniel Goleman sobre esses temas.

Para o CVO, é importante saber que, em seu desenvolvimento, a paixão tanto se forma lentamente, por "cristalização progressiva", como por "desencadeamento fulminante". Sobre os efeitos da paixão, ela afeta praticamente o homem todo, o seu organismo e o seu psiquismo. Reage sobre o corpo e seus órgãos, onde provoca determinadas modificações bem características. Mas afeta sobretudo o psiquismo, transformando o apaixonado numa espécie de "engajado", conectado a uma força encantadora que se desencadeia sobre ele. Daí a importância de articular isso na experiência da marca, através da percepção da realidade que cada um tem.

Existe, sim, um risco que devemos evitar, o da paixão "consumista", que promove o descontrole e a cegueira, ao concentrar todas as atividades da experiência da marca sobre o puro consumo do objeto da paixão; é uma compulsão química. Isso adoece e empobrece o elo de valor psicológico, ao esvaziá-lo de autorrealização, delimitando de forma doentia o elo exclusivamente com o objeto "fetiche" da paixão. O apaixonado passa a girar no círculo estreito das imagens que o envolvem, como se delirasse. Aliena-se. Por outro lado, na ressignificação do consumo consciente, a paixão produz uma verdadeira ativação da inteligência emocional que supera a lógica passional, a submissão passiva a um determinismo psicológico.

Quanto à afetividade de que aqui tratamos como convergência afetiva do *design thinking* para gerar valor, o estado de paixão implica um enriquecimento (ao levar o sujeito a vibrar intensamente na convergência afetiva pelo propósito); e por outro lado, a mesma afetividade pode evaporar na ausência de lucidez, levando o indivíduo a ficar indiferente perante a realidade. Há por isso quem defina tal processo como "cristalização", já que o apaixonado projeta sobre o objeto da paixão as suas recordações e sonhos, enriquecendo-o por justaposição de elementos vindos de fora.

Daí que o efeito mais saliente seja o "fora de si", incapaz de atenção e reflexão: a inteligência obscurece-se, os juízos falseiam-se e as percepções deixam de ser fiéis; a vontade é paralisada, submetendo-se passivamente à violência impetuosa do desejo e perdendo a integridade da sua liberdade. Aqui nessa dimensão, estamos já distantes da harmonia e beleza que poderão gerar valor para as organizações e sociedade. Paixão dialoga com ética, ou é perdição.

Sobre a função e valor da paixão, embora certos psicólogos falem do papel desta como reforço dos instintos e das inclinações, nos parece melhor distinguir entre as paixões inferiores (sensíveis) e as superiores (racionais). Enquanto estas últimas são boas e fecundas por si mesmas (ao exaltar o que há de melhor entre nós e manifestarem a aspiração do humano a ultrapassar-se sem cessar), as primeiras aparecem mais como desregramento da afetividade (enquanto esta escapa ao controle da Razão), e, embora possam ter certa função biológica, será mais exato considerá-la como estados de declínio e vertigem, nefastas pelo desequilíbrio profundo que causam. Assim se explica a divisão de opiniões entre os tantos pensadores.

Nós gostamos da visão que nos propõe o pintor Caravaggio em sua obra-prima *Amor Vincit Omnia*, "*o amor vence tudo, vamos todos ceder ao amor!*". O personagem do Amor Vitorioso não sente culpa, nem medo, nem vergonha, nada reprime seu prazer, mas da mesma maneira não tem malícia, nem luxúria, nem dogmas. Esse amor não é um anjo decaído, muito menos pecador. Caravaggio não quis que ele o fosse como o próprio nome da tela diz: "*O Amor vence tudo*", "*O Amor triunfante*", "*O triunfo do Amor*". Sua representação mostra-o sorrindo e vencedor, sem o peso carregado pelos anjos decaídos e pelas figuras demonológicas pintadas na Cultura Artística medieval, tenebrista e maneirista. A obra é facilmente visualizável na internet, basta procurar por "Caravaggio, *Amor Vincet Omnia*".

Essa é a nossa visão da paixão que move o humano, nela encontramos algo capaz de quebrar a monotonia da vida cotidiana, dar valor à existência, aliviar a alma e inspirar-lhe os grandes desígnios — nada de grande se faz sem paixão. Longe de ser uma doença da alma, a paixão para nós é essencialmente um meio, não é boa nem má em si mesma, mas será uma coisa ou outra segundo o uso que dela fizermos. É força, impulso, potência na linha ética de Espinosa, e pode ser útil ou funesta, conforme a direção que lhe imprimimos na experiência que iremos propor.

Por isso falamos de histórias autênticas, conteúdo relevante e de qualidade, confiabilidade, credibilidade e autenticidade. A essência da organização norteia a paixão nas suas práticas. É algo em que as pessoas podem confiar, ou não, de pessoas para pessoas.

Implicações para as marcas

O que nos interessa ressaltar é que quando o assunto é paixão, no diálogo cultural com e entre marcas e comunidades, trata-se de agir com respeito e sensibilidade. Os benefícios do *design thinking* com a comunidade e com os geradores de conteúdo/influenciadores permitem a criação de um "círculo virtuoso", que:

- reduz o risco de errar nas soluções. Compartilhar ideias de maneira aberta com a comunidade ajudará a identificar os desejos e problemas dos consumidores, e a conectar e engajar com maior fluidez;
- transforma as comunidades em plataformas aliadas;
- possibilita ter o apoio público e *endorsment* por meio da própria comunidade, em que, quer as pessoas amem ou odeiem, não ficam indiferentes. Dizia Michael Porter que uma vez pega no meio, geralmente leva tempo e esforço constante para tirar a empresa dessa posição não invejável;

- possibilita uma comunicação mais empática e próxima, graças às ações da comunidade;
- possibilita um mais eficiente (com eficácia!) suporte ao cliente, graças ao trabalho da comunidade, que, nas redes virtuais, blog da empresa e fóruns, irá orientar, acolher, ajudar os menos conhecedores a resolver os problemas.

O mundo virtual tornou-se um verdadeiro espaço de influência, onde as conversações acontecem em grande velocidade. A influência desses detentores de conhecimento sobre a marca, de outros influenciadores culturais, dos geradores de conteúdo (humanos e artificiais) é uma realidade. Portanto, as marcas precisam dialogar e respeitar.

O mote do CVO é convergência com transparência, por isso insistimos na primeira parte do livro sobre a questão cultural para tudo isso fluir. Essas coisas precisam ser "orgânicas" e com intenções. Comunidades grandes ou pequenas de indivíduos engajados com marcas são altamente influentes e vêm crescendo dia a dia. São a força atrativa e gravitacional da marca, são como a nossa atmosfera quando se faz de escudo protetor e dizima perigosos meteoritos, ao mesmo tempo que sabe atrair tudo aquilo que lhe é útil para gerar vida neste ecossistema Terra. São os movimentos que geram vida. Essas correntezas e fluxos experienciais ocorrem nos diferentes pontos de contato em torno do "planeta"; marca e vem pela sua força gravitacional. E todos nós, nessa dinâmica, somos atraídos e viajamos em expansão, pegando carona na sua órbita eficiente e eficaz. Movimento gera movimento, é um diálogo constante entre:

Essência — comunicação — relacionamento — consumo — pertencimento — compartilhamento — *caring* — satisfação — consciência — emancipação — agir com intenção — cultura.

Existe a questão cultural da organização e existe a questão de a marca ser cultuada, admirada, ter destaque, ser *cult*. Se tem relevância, é *cool*, então nos interessa.

3.3 Produtos cultuados

Tudo começou com a antiga prática do *product placement*, também chamado de *merchandising* no Brasil, um instrumento de marketing que se caracteriza pela inserção de uma marca como protagonista ou figurante em um espetáculo/narrativa (filme, livro, novela etc.), ligando-se à sua trama ou a seu roteiro, conectando-se à plataforma comunicacional deste outro que a pessoa escolheu consumir, como uma peça de teatro, um videogame, um livro, um videoclipe, um desfile de moda etc. Uma verdadeira colaboração. Um exemplo é o célebre livro, e depois filme, *O diabo veste Prada*, ou o filme *Breakfast at Tiffany´s* (no Brasil, *Bonequinha de luxo*), em que a marca não só é citada no título, mas também nas ações da protagonista, que a cada manhã se levanta e, passando em frente à joalheria, faz uma pausa para olhar as vitrines cheias de joias. Outro exemplo em que a marca se torna "*cult*" é no filme *Se meu Fusca falasse*, em que o modelo da Volkswagen é o protagonista. Outro bom exemplo de sucesso de *product placement* é da marca da bola Wilson no filme *Náufrago*, protagonizado por Tom Hanks, e do próprio sistema de correio Fedex. Tem uma entrevista muito bacana de uma das lideranças da Fedex, em que ela explica os motivos desse investimento. Vale a pena assistir, é do quadro "Causos" da canal "Grandes nomes da propaganda" do YouTube[5].

Seja a inserção aplicada com ou sem intenção (ou investimento) da marca, e de modo somente visual, verbal ou integrado, o *product placement* é uma estratégia de comunicação de alto engajamento que se diferencia dos meios publicitários tradicionais, das promoções e dos patrocínios, sobretudo porque traz para quem assiste certo senso de "autenticidade" dentro do imaginário da ficção. Ver a marca X ou Y que existe de verdade dentro de uma história de ficção dá senso de realidade à narrativa, ao personagem, à trama (seja filme, videogame etc.). Por isso, não se trata somente de uma ação paga para pegar carona na história do outro e assim poder dialogar com o público do outro. É uma parceria, precisa antes de tudo fazer sentido para a narrativa e para a marca. Demos vários exemplos de marcas que fazem isso no arco do livro, quando falamos de conexões com contextos emancipatórios, diálogos com artistas, colaborações "orgânicas". É disso que se trata. Nessas ações, existe um enriquecimento recíproco e gera-se valor contando juntos a mesma história, para um público que interessa ambas as partes.

Tradicionalmente, o *product placement* existe onde ocorre uma narrativa. É mais famoso no cinema com suas produções. Nos Estados

---

5 Assista em: https://www.youtube.com/watch?v=ERyEMQdHfRI.

Unidos, onde tal prática sempre foi permitida e aceita, esta técnica representa um dos mais importantes recursos financeiros para os diretores e produtores cinematográficos. Desde o início, o cinema foi constantemente ligado a marcas e produtos. Basta pensar no primeiro filme produzido pelos Irmãos Lumière, *La sortie des usines Lumière*, que representa um perfeito exemplo dessa técnica, em que os autores do filme decidiram gravar o ingresso dos trabalhadores na própria fábrica do patrocinador, de maneira que ficou bem clara a marca promovida.

Uma característica marcante do *product placement* é a eliminação das barreiras geográficas e temporais e a redução dos custos necessários para a veiculação da mensagem, graças ao uso colaborativo com outro produto narrativo que já é, por si só, um veículo com vida própria.

No *product placement*, como a atenção do expectador está ativa e concentrada na narrativa ficcional com a qual se envolve, a repetição da mensagem é desnecessária, com o risco inclusive de quebrar o encanto. A exposição da marca por muitos segundos poderia "quebrar" a magia do encantamento "espontâneo" em que a marca está sendo veiculada. Não existe o "eu" da marca nesse tipo de colaboração, e sim o "nós" de uma história que vamos contar e endossar juntos.

Não se confunda tal inserção com o jabá, que força a partir de critérios comerciais, e não de estética. Isso gera efeito bumerangue, situação em que a pessoa adota uma postura contrária a uma mensagem persuasiva, quando se depara com ela,ou quando, nessas trocas entre subculturas, possa surgir o sentimento de uma traição, especulação ou manipulação, gerando assimetrias ou questões éticas. Como nas recentes polêmicas junto ao cantor Harry Styles: de ídolo *teen* a símbolo sexual da nova geração, quando aderiu ao *look* Gucci em suas aparições e na identidade de seus clipes, mas sendo acusado de *queerbaiting* (com esse exemplo, não estamos tomando partido de nenhuma das partes, somente fazendo a crônica).

Atenção! Diálogos culturais entre marcas e narrativas não são ações de testemunhais, nem de *influencers*, são trocas entre essências; há sentimento, senão é falso e as comunidades rejeitam. Um ponto de grande importância, portanto, quando buscamos cultuar produtos e marcas é o estudo do posicionamento e da comunidade, que deve considerar os elementos tangíveis e intangíveis do meio no qual a marca será inserida. Como dissemos, o meio também influencia a mensagem. O posicionamento que tem mais sucesso em termos de lembrança e familiarização pelas pessoas/consumidores daquela narrativa é aquele coerente e consistente com a escolha do personagem, da subcultura e da ativação que poderá ocorrer sobre essa colaboração, além do produto cultural, pois as histórias se multiplicam hoje no transmídia e continuam se alimentando.

O conceito de transmídia teve sua origem discutida pela primeira vez em 1991 pelo professor Marsha Kinder, da University of Southern California. Os estudos sobre o conceito foram aprofundados já no início do novo milênio pelo pesquisador Henry Jenkins, autor do livro *Cultura da convergência* publicado em 2006 pela editora Aleph. Não se confunda com *crossmedia*. Não é a mesma coisa; os dois conceitos apresentam características diferentes.

Transmídia é a utilização de vários tipos de mídias, usadas de forma estratégica principalmente pelos gestores das marcas, na qual é criada uma variedade de conteúdos que se completam e nutrem um mesmo universo na plataforma comunicacional da marca de forma sistêmica, trazendo para o indivíduo consumidor a sensação de um mar de possibilidades relacionais a serem exploradas com determinada marca ou produto.

Em outras palavras, uma estratégia transmídia consiste em contar histórias usando diferentes canais. Mas, diferente do que acontece em *crossmedia*, esse tipo de estratégia usa diferentes meios para contar uma história com diferentes linguagens, buscando explorar e respeitar elementos de cada canal. Não é simplesmente uma adaptação para o meio, e sim o uso do meio para contar diferentes partes da história.

No *crossmedia*, a junção das mídias aumenta o alcance do mesmo conteúdo para um número maior de pessoas. No entanto, todos os conteúdos são praticamente iguais, adaptados aos formatos e comunicados em cada meio presente na divulgação.

No transmídia é diferente. Por exemplo, no YouTube ou no Vimeo, você poderá acompanhar trailers de um filme em que a marca está posicionada, fazer comentários, avaliar outras opiniões, dialogar com outros usuários sobre expectativas ou assistir novamente ao trailer a hora que quiser. No site oficial do filme, você poderá participar de um quiz promovido pela marca, que dará ingressos para assistir à trama no cinema, na pré-estreia, para os primeiros que acertarem as questões. E a edição dessa comunicação será diferente, específica para esse diálogo. No WhatsApp, você pode conversar e interagir com um avatar (*chatbot*) de um personagem que endossa a sua marca, construído de acordo com a história, e saber leves spoilers sobre a trama do filme, ter acesso ao trailer e informações sobre o lançamento. É mais parecido com uma caça ao tesouro.

Em transmídia, ativando a marca com as narrativas poderosas, a comunidade que buscamos engajar tem acesso a mais elementos de uma mesma história, mas utiliza diferentes mídias para se aprofundar. E, nisso, criamos um diálogo contínuo no arco todo do processo criativo do produto, desde a ideação, produção, lançamento e pós-venda, tudo permite e promove interação. Abre-se um universo de possibilidades, sem falar sobre outros veículos de interação que podem propagar diferentes diálogos com a marca, como videogames, histórias em quadrinhos, ações de *guerrilla advertising*, aplicativos e plataformas de filmes e séries, como as tantas que existem hoje etc.

Não acaso, usamos o conceito de plataformas comunicacionais que elevam à potência o valor da essência da marca, quando o desafio é dialogar para engajar com estética e encantamento. Este universo de possibilidades existe graças à cultura da convergência afetiva entre pessoas, da qual trata o filósofo Renato Nogueira, como já comentamos, e que Henry Jenkins traduz em transmídia, um fenômeno dentro da convergência de mídias na qual vivemos. É um fluxo de conteúdos por múltiplas plataformas de mídia, uma cooperação entre múltiplos mercados midiáticos seguindo o comportamento migratório dos públicos nos meios de comunicação, fenômeno que ganhou destaque na primeira década de 2000 e, que nesta década de 2020, já é uma realidade acelerada pela impactante transição na forma de nos comunicar e de disseminar conteúdo, tendo em vista também a evolução das telecomunicações e dos computadores, smartphones, smart TVs, que permitem hoje em casa uma fruição avançada e sofisticada de narrativas. São três acontecimentos que traduzem a convergência midiática:

- **As mídias que se completam**: A convergência midiática é vista como um processo cultural e não tecnológico. A narrativa transmídia traduz o conceito de economia afetiva, em que se reflete o comportamento de consumo e uma nova forma de construção de produtos.

- **A produção de conteúdo é participativa (e não mais unilateral)**: O usuário sai do seu papel de receptor passivo e passa a participar e decidir sobre o conteúdo consumido e produzido.
- **A inteligência é coletiva**: O consumo se torna um processo coletivo, ou seja, é possível compartilhar e complementar conhecimentos de forma autônoma e imediata.

Nesta década, a união de diferentes tipos de mídias para propagar conteúdo é moldada de forma estratégica e natural. Introduzir os conceitos de transmídia ao formato de comunicação transforma produtos em processos interativos e de conteúdo cultural relevante a seus consumidores, possibilitando as empresas e marcas construírem uma relação afetiva e próxima a seus consumidores.

Esses temas todos evoluíram em formatos que buscam uma comunicação indireta como o *product placement* mais antigo, e o objetivo continua sendo o mesmo de sempre: acrescentar brilho à própria marca. Para isso, integrá-la "organicamente" dentro da mídia em questão e tornar a sua presença indispensável para a evolução da história narrada. O próprio local da narrativa pode ganhar destaque com suas subculturas, do bairro com a sua linguagem à cidade com as suas arquiteturas; é a força do lugar com seu *genius loci*, vistos como plataformas comunicacionais, por meio de seu espírito e alma, características e valores, contribuindo para dar consistência à narrativa que se cultua, dando senso de realidade à operação de comunicação.

Por isso é legal, *cool*, com sentido, apaixonante, encantador, assustador, engraçado, dramático etc. Com os objetivos e canais definidos, a diferença está naquilo que chamamos de *storytelling*, ou seja, uma narrativa engajante e que dialogue com o público desejado. Além disso, é importante que a história a ser contada seja fiel à visão da empresa e, claro, ao objetivo da estratégia. Que eles (o público da marca) amem e que os outros (se for o caso) até protestem contra, mas que ninguém fique indiferente ou morno à narrativa da marca.

Os benefícios da cultura da convergência são encontrados seja no nível da empresa que mostra o seu produto ou marca, seja no nível dos produtores das narrativas e das mídias que a inserem no seu produto narrativo. O ecossistema narrativo eleva a essência da marca à potência de suas mídias, ganhando autenticidade naquilo que também é chamado de *transmedia storytelling*. Lembrando que não é uma somatória, e sim um agregado que multiplica.

Jeff Gomez, CEO da Starlight Runner Entertainment, a primeira empresa especializada em criação e adaptação para conteúdo transmídia no mundo, define *transmedia storytelling* como um processo de transmissão de mensagens, temas ou linhas de história para o grande público por intermédio do uso engenhoso e bem planejado de múltiplas plataformas de mídia. É, ao mesmo tempo, uma técnica e uma filosofia da comunicação e extensão de marca que enriquece e amplia o ciclo de vida de conteúdos criativos. As narrativas multiplataformas e interativas permitem que as pessoas anteriormente sem voz possam ser ouvidas, reconhecidas e ajudadas. Ou seja, a transmídia permite a interação entre o espectador e determinado conteúdo. É importante salientar que o *storytelling* não precisa estar atrelado à transmídia, por isso existem definições distintas para ambos.

Damos importância ao tema porque, na era das plataformas culturais, em que o conhecimento é central para marcas que se engajam com o público, a transmídia influencia e é influenciada pela espinha dorsal narrativa, a essência da marca e da história.

Outro formato utilizado em linha com os anteriores citados é o *branded content*. É uma forma de acabar com a divisão entre o comercial e o entretenimento de forma mais transparente. Mais do que um conteúdo publicitário, o conceito de *branded content* visa ao equilíbrio entre o que a marca deseja comunicar e o que o consumidor deseja encontrar, produzindo sentido a partir do conteúdo. Combinando o conteúdo dos formatos com os objetivos das marcas, o *branded content* cria e estimula laços entre as empresas e os consumidores, ativando a comunicação através do entretenimento.

Por meio de uma interação direta com o consumidor, foge das formas tradicionais da publicidade. E, por apresentar uma carga emocional muito mais intensa do que as tradicionais, o *branded content* faz com que a marca permaneça por muito mais tempo na lembrança do consumidor e quase sempre de uma maneira positiva. Ao contrário da publicidade, que se intromete sem ser buscada pelo público, o *branded content* é buscado.

O conteúdo em si é baseado na marca, assim, passa a existir uma demanda por este conteúdo da marca. É também uma forma de se diferenciar e se sobressair em relação às outras marcas, altamente eficaz para marcas novas no mercado. Pois, nesse tipo de comunicação, alguém está endossando alguém, e é transparente de que se trata de uma parceria comercial, como, por exemplo, uma revista de negócios que realiza conteúdo especial relevante (e de interesse de seu público) com o patrocínio de um investidor parceiro interessado nesta divulgação atrelada à própria marca (uma escola ou consultoria de negócios, por exemplo).

A revista, de certa forma, está endossando o patrocinador perante o próprio público. Está dizendo: a nossa linha editorial forma opinião sobre esse assunto que sabemos ser importante para vocês, leitores, e a marca X que está nos apoiando nessa informação é confiável, caso contrário, não colocaríamos a nossa reputação em risco por uma ação puramente comercial.

Então alinha-se os valores da marca aos do consumidor e, a partir disto, é feita a escolha dos canais de comunicação mais interessantes para o público escolhido, motivo pelo qual neste livro estamos frisando que a escolha dos aliados no caminho da organização faz a diferença, é central, pois "*me diga com quem andas e te direi quem você é*", para citar um ditado popular.

O *branded content* e o *branded entertainment* geram o *share of heart* (promove a convergência afetiva), contrapondo-se ao conceito de posicionamento da marca — o *share of mind* — da propaganda convencional. Os produtos já não são simplesmente "colocados", mas transformados em conteúdo de entretenimento, abrindo caminho para o possível estabelecimento de uma ligação emocional mais forte com o consumidor. Claro que tudo isso é mais possível nesta década de 2020 do que na última de 1990 do século passado.

Não devemos confundir o *branded content* com estratégias de *merchandising*, nas quais a marca apenas patrocina o conteúdo. Muitos também confundem *branded entertainment* com, por exemplo, o citado *product placement*, no qual, como dissemos, um determinado produto ou serviço surge integrado no contexto da narrativa. São coisas diferentes.

A Dove é uma das marcas que melhor explorou o poder do *storytelling*. Um bom exemplo fica claro na campanha "Real Beleza" que citamos no início deste livro, que, em inúmeros vídeos, conseguiu ressaltar a beleza da mulher, criar ações personalizadas e fugir do senso comum. Caso o seu interesse seja por números, saiba que alguns vídeos da campanha superaram a marca de 170 milhões de visualizações, ou seja, não resta nenhuma dúvida de que ela se tornou *cult* e viral na internet. E o mais importante: o impacto aconteceu devido ao alinhamento com o público das mulheres e com pessoas que convivem com elas e podem adquirir produtos da marca para dar de presente, ampliando, assim, a possibilidade de gerar vendas com a campanha.

Outra marca que usa o *storytelling* com eficiência é a Coca-Cola. Este, aliás, consiste em um dos segredos para a marca figurar há tanto tempo no topo e ter condições de não apenas manter, mas também ampliar o reinado. Você já reparou que dificilmente a Coca-Cola oferece o produto logo de cara? O foco dela está sempre em transmitir uma experiência, sobretudo usando o slogan "*viva a felicidade*" como guia para as ações. Ao fazer uma ligação entre um momento feliz e o consumo do produto, como no caso dos anúncios de Natal, em que ursos aparecem bebendo o refrigerante, a marca reforça o posicionamento de maneira leve, direta e eficaz.

» *Ganhos da marca*

Do ponto de vista da empresa que faz a convergência cultural afetiva entre marca e narrativas/mídias para encantar, envolver e engajar pessoas, ser inserida em um contexto narrativo pertinente e preferido das pessoas que quer envolver e engajar, e que tem a aprovação da comunidade, agrega elementos positivos aos produtos apresentados, reforça lembrança e reputação. Essa ação de significação da marca por meio da ficção permite um nível de influência profundo no imaginário e inconsciente das pessoas. É poderoso o efeito cultural das marcas e das narrativas.

Agir nesta ponte de engajamento de produtos *cult* se diferencia do uso do testemunhal ou influenciador característico da publicidade, como dissemos, pois o consumidor dificilmente considera que o ator ou formador de opinião quando "veste o personagem" na ficção ou endossa e usa a camisa da marca está sendo pago para vender o produto. O personagem não faz propaganda explícita do produto; ele simplesmente o usa, o endossa. James Bond se relaciona com certo tipo de relógio, carro, *drink*, *look* etc. Ele é um personagem idealizado de um certo tipo de masculinidade — que de década em década muda — e que se manifesta no espírito de seu tempo. O produto se encaixa na história de forma fluida. E, dependendo da identidade de gênero do consumidor, ele compra os produtos ou o *look* que o personagem endossa. Além do que a visão do ídolo gera uma transferência de sensações positivas do personagem para o produto e ativa um mecanismo de imitação que leva o consumidor a escolher determinada marca usada pelo personagem daquela ficção, daquele entretenimento.

Em um formato diferente, mas não distante, é o que fazem as marcas quando criam espaços do conhecimento e fundações, com o intuito de gerar laços com diferentes linguagens e intérpretes, envolvendo os públicos em momentos outros; já falamos anteriormente de algumas fundações. Vamos aqui trazer outro exemplo, o da Fundação Pirelli, que, desde 2008, mantém a documentação sobre a história da empresa, desde sua criação em 1872 até os dias atuais, com a curadoria de publicações, a organização de exposições e conferências, bem como as visitas guiadas que envolvem milhares de pessoas todos os anos, contando também com a colaboração de outras instituições culturais. Todos os anos, a Fundação desenvolve atividades de investigação, de apoio à gestão de empresas e acadêmicos a nível nacional e internacional, em áreas que vão da história econômica e industrial à arquitetura, da história do trabalho e relações laborais ao gráfico e design. A Fundação também atua no campo da formação com cursos direcionados a todas as escolas de diferentes tipos, níveis e universidades, com o principal objetivo de dar conhecimento ao mundo da produção e do trabalho mesmo aos mais jovens, aproximando-os dos valores fundadores da cultura empresarial do grupo. Indo além, a Pirelli também criou o HangarBicocca, uma fundação sem fins lucrativos nascida em 2004, a partir da conversão de uma planta industrial em uma instituição dedicada à produção e promoção da arte contemporânea. Por que fazer? Para dar dinamismo, movimento, contar histórias, engajar pessoas. E fazer isso a nível institucional dá uma força a mais para a marca, que se posiciona como "superpartes", neutra, a favor da emancipação, além de seus interesses de cunho mais comerciais.

Recentemente estivemos em Milão, visitando o HangarBicocca; é um lugar dinâmico para experimentação e pesquisa, com seus 15.000m², um dos maiores espaços de exposição horizontal da Europa que todos os anos apresenta importantes exposições pessoais de artistas italianos e internacionais. Cada projeto expositivo é concebido em estreita relação com a arquitetura do edifício e acompanhado por um programa de eventos colaterais e aprofundados. O acesso ao espaço e às exposições é totalmente gratuito e o diálogo entre o público e a arte é favorecido pela presença de mediadores culturais.

O edifício, outrora local de uma fábrica de construção de locomotivas, inclui uma área dedicada a serviços ao público e atividades educativas e três espaços expositivos caracterizados pela presença visível dos elementos arquitetônicos originais do século passado: o Galpão, o Navate e o Cubo. O Navate, além da área dedicada a exposições temporárias, abriga a famosa obra permanente de Anselm Kiefer, *Os sete palácios celestiais 2004-2015*, que desde a inauguração de suas sete torres de concreto armado fez do Pirelli HangarBicocca um dos lugares *cult* em Milão.

Fazer tudo isso dá trabalho, precisa de muita intenção, excelência para cultuar a marca de estética e ética, para promover experiências ascensionais. Não pode fazer de qualquer jeito. Por outro lado, sempre mais será necessário fazer, o que vai criando distância entre as organizações que investem no futuro e as outras que do futuro se defendem.

Concluindo, o tema central é o diálogo, a interação, a cultura da emancipação que a experiência da marca propõe nas tantas narrativas, coerentemente com a sua essência de marca, e consistentemente nas tantas e diferentes mídias. A experiência orquestrada pelo CVO, que nasce desse diálogo ativo, reforça uma série de lembranças prazerosas ou dolorosas, com o intuito de problematizar, entreter, emancipar, acolher ou provocar as comunidades; fazemos isso em lugares reais, virtuais, ficcionais, no tempo síncrono ou assíncrono. Daqui, vem a importância da competência na gestão dos pontos de contato, relacionamento, engajamento — ponte que chamamos no livro de Pontos de encontro.

3.4 Pontos de encontro

As pessoas vivem se encontrando em pontos de interação presenciais e virtuais, e talvez para elas, em grande parte do tempo, isso passe despercebido. A diferença é que tais pontos foram se ampliando até o *phygital*, de que trataremos adiante. O ponto de encontro e interação entre as pessoas (e a marca), que também chamaremos de pontos de engajamento, é onde se realiza o diálogo, a venda, o acolhimento, a solução de um problema. Não é mais somente um espaço fixo, e ele ocorre no tempo síncrono ou assíncrono, com o trabalho dos colaboradores da marca e dos algoritmos. Nisso, por exemplo, o que era um local de exposição e outro de venda se torna um local simbiótico de "venda consultiva", espaço pedagógico, ambiente de permanência.

Sintetizando, um ponto de encontro é principalmente um local onde se estabelecem ações de trocas de valor, geração de ganhos, mitigação de perdas, e onde encontram vida todas as nossas aspirações e os estados emocionais que, segundo o tipo de necessidade considerada, podem gerar conflitos internos, desejos ascensionais, oportunidades de emancipação, desejo de autorrealização, e onde as marcas podem investir para ajudar. Lembrando que somos humanos, emocionais, mudamos de ideia, saímos para fazer uma coisa e, no,meio do caminho, lembramos de dezenas de outras coisas que queremos ou queríamos fazer, quando não somos lembrados pelo algoritmo, e assim, nesse caminhar curioso, estamos sempre dispostos a novos envolvimentos e engajamentos. Cabe à organização estar pronta para isso, na "jornada" do cliente, além dos aspectos puramente comerciais. Pois, como dissemos até aqui, valor não é somente venda, é relacionamento. Venda é consequência de um bom elo de valor social e psicológico com a marca.

No *design thinking*, falamos de mapa de empatia e canvas da proposta de valor para conectar percepções com efetivas necessidades. Para isso ocorrer, devemos promover ambientes de interação cônsonos com a identidade da marca, amigáveis e confortáveis, que estimulem confiança e diálogo, no caso de uma marca X, ou dinâmico e barulhento, no caso da marca Y, mas que, ao mesmo tempo, ambas as opções gerem condições que ajudem a entrar em "*rapport*" com a plataforma comunicacional da marca, para a desejada conclusão do ato da compra. O ruído, o amadorismo, o que é falso a certo ponto se revela ao inconsistente. A ineficiência acaba com o encanto. E não há venda. Por isso, a sofisticação na gestão dos pontos de contato é importante tanto quanto o investimento na paixão da marca, na cultura da marca.

É o poder de encantamento quando falamos da estética, na experiência oferecida por exemplo na Disneyland. É o famoso jeito Disney de encantar os clientes. E, atenção, essa metodologia Disney pode ser aplicada em qualquer negócio, pois, independentemente dos modelos e do tamanho das empresas, existe algo que ressaltamos neste nosso livro: o grande desafio para encantar clientes está nos detalhes.

Todos aqueles que visitam um desses parques, quer seja a cidade visitada, relatam encantamentos similares. Existe então um padrão de qualidade. Um exemplo simples, mas significativo: os principais postes de iluminação dos parques são repintados todas as noites. Isso porque um cliente não pode encontrar algo no parque que não reflita o imenso cuidado que a marca tem com tudo e todos. Mas como isso influencia os clientes?

A primeira impressão pode ser de que isso é apenas um pequeno detalhe no meio de tantos outros maiores e mais importantes fatores que precisamos nos atentar em nossa empresa. Porém, a empresa que se preocupa com detalhes como esse terá igual preocupação com seus clientes e a tudo o que lhes diz respeito. Ou seja, estar atento aos mínimos detalhes indiretamente vai fazendo com que essa cultura da excelência seja instaurada na organização. Mentalidade, atitude, cultura da organização traduzida em sua força do hábito e crença emancipatória. Com o tempo, tudo receberá a mesma atenção, tornando a experiência do cliente cada vez melhor e mais surpreendente. Isso é o que chamamos de *wow factor*.

Outro elemento importante: múltiplos pontos de escuta. Mesmo a Disney, referência no atendimento ao cliente, passa por situações em que seus clientes não estão satisfeitos. São problemas em relação ao tempo de espera nas filas das atrações, qualidade dos alimentos servidos nos parques, espaço para se acomodar durante os desfiles, entre outros. Para atuar quando um problema ocorre e acolher um cliente insatisfeito, existem funcionários chamados de Super Anfitriões. Esses colaboradores agem de imediato, minimizando ao máximo a frustração do cliente e o possível impacto na empresa. A preocupação é tanta que semanalmente cerca de 15.00 clientes são entrevistados nos parques para verificar o quão perto de 100% de satisfação a Disney está.

Quando o assunto é Disney, portanto, estamos falando daquela atitude do bem-feito e do comprometimento com a ética da marca. Os pilares do sucesso da maior empresa de diversões do mundo são: excelência do colaborador, lealdade do cliente e resultado financeiro. Toda e qualquer tomada de decisão na Disney tem que impactar positivamente esses três itens.

Exemplo parecido são as Apple Stores criados por Steve Jobs. Tudo isso que enunciamos para a Disney pudemos constatar nos pontos de encantamento e relacionamento da marca, nas tantas cidades pelo mundo afora.

Percebe-se que nessas estratégias de relacionamento, usa-se muito da teatralização, com dois pilares: o palco e os bastidores. O palco é tudo aquilo que o cliente vê e que provoca reações nele. O sucesso do cliente e a experiência positiva deve ser o objetivo do palco. Já os bastidores são todos os acontecimentos que fornecem os meios para que o que acontece no palco seja perfeito. E, como dizem os diretores de peças teatrais, o que acontece na coxia, fica na coxia, por respeito ao público.

Teatralizar o ponto de encontro (encantamento, comunicação, engajamento, atendimento, venda, pós-venda) é um movimento cíclico e que ocorre continuamente, sendo um pilar complementar ao outro. Ou seja, a teatralização permite ao cliente ter acesso a produtos e serviços dentro de uma experiência da marca de qualidade, assim como um atendimento ético com excelência dá ao cliente vontade de continuar e recomendar. Por isso, para alcançar essa teatralização, é necessário que todos os setores da empresa estejam engajados em prol do mesmo propósito. É a atitude sistêmica do CVO em ação. Além disso, essa estratégia de excelência no atendimento ao cliente tem como foco superar as expectativas, encantar mais.

Tudo faz diferença para que o consumidor fique satisfeito e tenha uma experiência memorável, de modo que nenhuma etapa do processo deve ser subestimada. Isso pede investimento e recursos, e, no arco do tempo, vai distanciando as organizações que investem no presente para preservar o futuro das organizações que economizam agora para tentar sobreviver mais tarde. Essas etapas da teatralização podem ser sintetizadas no *design thinking*. Existem tantos outros métodos, mas...

> *"Métodos, pode haver milhões, mas princípios são poucos. O homem que se guia por seus princípios pode ter sucesso ao escolher seus métodos. O homem que tenta métodos, ignorando princípios, certamente encontrará problemas."*
>
> — Ralph W. Emerson —

Precisamos saber ouvir e empatizar para saber pedir desculpas com honestidade e senso de realidade, para buscar de fato resolver os problemas reais das pessoas, engajar-se no real trabalho a ser feito, para com isso aprender, diagnosticar e resolver, criar novos processos de melhoria contínua e ser uma organização que faz dos processos uma intenção de excelência.

Para funcionar, precisa ser autêntico, e não protocolar. Tem muito do *design thinking* na teatralização, a qual é bem mais antiga; talvez deveríamos dizer que há muita teatralização no *design thinking*, como o leitor pode observar. Esse é um dos métodos mais utilizados pelas organizações do presente-futuro que cocriam valor, no que diz respeito a como encantar um cliente.

Falar de teatralização é tratar de todos os elementos e experiências que se realizam nos vários pontos de engajamento presenciais e virtuais (ambos reais), assíncronos e síncronos (ambos efetivos), e que existem para gerar valor social e psicológico.

Falando de pontos de engajamento, vamos abrir mais uma janela de conhecimento sobre um fenômeno central para a orquestração *go to market* do *Chief Value Officer*. Vamos tratar da evolução do *omnichannel* ao *phygital*.

» *Phygital*

Os consumidores definitivamente não fazem mais distinção entre os canais de engajamento (contato e relacionamento) com as marcas, ainda mais os nativos digitais. No varejo, essa tendência vem sendo explorada há tempos. Começou com o conceito de *omnichannel*: as lojas físicas e virtuais foram integradas e focadas na experiência do consumidor pela convergência de todos os canais utilizados por uma empresa. Tratou da possibilidade de fazer com que o consumidor não sentisse a diferença entre o mundo online e o offline. Soa até estranho hoje fazer essa distinção. O *omnichannel* integrou lojas físicas, virtuais e os clientes. Para isso, serviu gestão integrada dos canais tanto online como offline. Essa transição foi desafiadora para as organizações nascidas no século passado e que trouxeram de herança sistemas distintos (e obsoletos) que, desde a década de 2010, precisaram ser integrados, quando não abandonados.

Em seguida, empresas que nasceram completamente digitais, pela contratendência *From Clicks To Bricks*, mostraram um movimento do varejo online migrando para o físico. Marcas fortes do online, como a Bonobos, Warner Parker e BirchBox, abriram suas lojas de tijolo, e a gigante Amazon comprou a tradicional Whole Foods.

Esses foram os desafios das organizações nas primeiras duas décadas deste século XXI. Já nesta nova década de 2020, para todos, sobretudo para o CVO, o desafio é gerar valor com os modelos *phygital*, nos quais os pontos de engajamento já nascem unindo os dois mundos de forma integrada e alinhada, por exemplo, como são os casos da Amazon Go e da chinesa Moby (pelo menos neste momento em que escrevemos o livro).

Durante os anos 1990 e início do novo milênio, acreditou-se que o mundo migraria totalmente para o digital, que só faríamos compras online, que passaríamos a vida atrás de uma "escrivaninha", comprando no *e-commerce*, conhecendo nossos parceiros e amigos nas esquinas virtuais. Só que nessa equação foram esquecidos alguns componentes: somos feitos de átomos (e não de *bits*), somos também movidos por paixões, e com a digitalização móvel via smartphone, por exemplo, navegar é possível sempre e em todos os lugares — onde tivermos as frequências das ondas de rádio de telecomunicação.

Mas se no século XX havia uma concepção equivocada sobre este século, havia também um escritor italiano lúcido que bem refletiu sobre o novo milênio. São as seis propostas, também conhecidas como lições americanas, de Italo Calvino, um conjunto de seis palestras que seriam proferidas na Universidade de Harvard em 1985, mas o autor faleceu repentinamente antes de escrever a sexta conferência, sobre a consistência, e antes de proferir as palestras, que foram publicadas postumamente, em 1988. A obra fala com lucidez sobre o nosso milênio, enfocando a leveza, a rapidez, a exatidão, a visibilidade e a multiplicidade. Recomendamos buscar na internet informações sobre o livro, resenhas como a disponível no site Recanto das Letras[6], e claramente a leitura do livro.

Particularmente, nos interessa pensar as propostas em relação às novas tecnologias de comunicação e interação, inexistentes à época, para imaginar o que os CVO poderão (deverão) fazer a partir dessas ferramentas

---

6 Acesse em: https://www.recantodasletras.com.br/artigos-de-literatura/5159551.

na criação de espaços *phygital* sempre mais sofisticados. O que a leveza, a rapidez, a exatidão, a visibilidade, a multiplicidade e a consistência trarão para os pontos de engajamento?

Não sabemos se Steve Jobs a leu, mas certamente soube encarnar mais do que ninguém tais lições de Calvino em inovações disruptivas, sobretudo entre a última década do século XX e a primeira década deste século. Quando Steve Jobs apresentou ao mundo o seu iPhone, ele permitiu que toda a conveniência e facilidade do online passassem a ser móveis, e fez aquilo que dez anos antes os engenheiros da Nokia poderiam ter feito, mas supostamente decidiram não fazer, e nos conectou em redes móveis dentro de uma *store*, plataforma geradora de serviços, dinâmicas e mundos possíveis. Tantas janelinhas para diferentes mundos. Os benefícios da mobilidade passaram a estar presentes em quase todos os momentos das nossas vidas. Não foi Jobs que inventou; seu mérito foi ter conectado além da somatória, elevando o valor à potência.

Esse momento épico e visionário de Jobs merece ser assistido e relembrado. Na internet, o leitor poderá encontrar vários trechos, inclusive legendados em português, do célebre lançamento do iPhone. Utilizamos o aparelho para nos comunicar com amigos, marcar reuniões ou passeios, tirar fotos, escapar do trânsito, buscar informações, ter dados ao nosso dispor em qualquer lugar, organizados, contextualizados, geolocalizados, tudo isso na palma da nossa mão. Na época, com velocidade de transmissão de dados 3G, era lento, mas possível; hoje, com o 5G, será imperceptível.

Ao CVO, cabe ter visão articulada clara, olhando firmemente a todo o momento. Não se pode soprar uma corneta incerta, como dissemos no início deste livro quando citamos Theodore Hesburgh, pesquisador americano.

O tema dos pontos de engajamento ganha um espaço imponente no *go to market*, porque os ambientes que frequentamos no nosso dia a dia foram ficando obsoletos, no rápido passar de uma década: os supermercados, os bancos, os parques, as lojas, os shoppings, os restaurantes, os cinemas, os locais ficaram "pequenos", se comparados aos novos e dinâmicos hábitos que adquirimos.

Os que não investiram e aceleraram nos cinco Ps lutam hoje para sobreviver. E este abismo só crescerá à medida que a tecnologia avança ferozmente, nos proporcionando mais e mais vantagens, e também adaptações e mudanças de hábito. Nesta década, mais uma vez, veremos nascer o mundo novo. E ele será *phygital*, um termo resultante da contração de *physical* ("físico", em inglês) com digital, que propõe a união da inteligência artificial com a inteligência emocional; compreende que os mundos real e virtual estão cada vez mais próximos; que estes mundos colidiram e já não existem motivos para haver barreiras que os separem.

Nessa evolução cultural, tecnológica e social que vivemos "na pele", as marcas em seus pontos de engajamento podem participar efetivamente, nos ajudando a compreender, a acompanhar, a incluir e emancipar, através destes diálogos nas suas plataformas comunicacionais, uma possibilidade emancipatória por meio da qual podemos decidir nos tornar quem somos.

Para o CVO, trata-se de ser um intérprete social e cultural efetivo, desempenhando o papel de designer de experiências, tornando real e dando à mudança do *phygital* uma estética. Não estamos falando apenas de ferramentas e tecnologia da informação; tampouco só máquinas e *computers*, pois pensar dessa forma é redutor. *Phygital* é a fusão de dois mundos, de mais de dez mil anos de história, em uma década de nova história humana, e que pode acontecer por inúmeros meios e ambientes, onde o smartphone é apenas um exemplo manifesto. Logo o automóvel — outro exemplo do século passado — será ressignificado também como meio de interação e mobilidade, não mais como veículo de transporte. A união do físico com o digital ocorre também nas casas inteligentes e nos objetos embutidos de inteligência e serviços com IoT (*Internet of Things*); nas roupas e acessórios com *wearables*; no próprio meio ambiente com inteligência ambiental (AmI); com a tecnologia transparente da computação ubíqua (conhecida também como tecnologia calma); com processos não necessariamente eletrônicos, como *reality computing*, entre outros. Veremos nesta década de 2020 uma total transformação do conceito de ambientes de trabalho híbrido, em que escritório e residência se tornam locais de ócio criativo. Os meios são tecnologias, mas também influenciam a interação e o engajamento.

Se o meio é capaz de tal influência, então precisa articular com excelência. A essência da marca com lúcida razão de existir é interpretada na estética e ética desta década, com excelência das ferramentas disponíveis e com autoria para promover e engajar pessoas nas experiências fluidas com a marca. Uma experiência emancipatória da consciência (além do trabalho, da venda e do consumo), em linha com esse movimento de transformação, que responda às demandas e aos anseios atuais. Para isso, é imprescindível proporcionar uma experiência ao cliente integrada para atender às suas necessidades com um agir integrado. E isso pede muito investimento, a régua sobe e não todos conseguem evoluir. Por isso, muitas organizações se fundem, outras se compram e, no geral, todas se unem em ecossistemas para consolidar riqueza, fazer um uso eficiente dos recursos limitados, para serem eficazes em suas razões de existir. Tudo muda em continuação. O que é valor nesta década muda e mudará na outra, porque valor é "o que faz estar bem", e isso evolui com o tempo. Assim, mudam alianças, mudam estratégias, mudam ferramentas, mudam processos, muda o mundo da ideação, produção, consumo, descarte.

Muitas novas profissões estão surgindo, outras acabando, mas uma nunca morrerá: autores, narradores, designers de histórias. Vale citar novamente o poeta André Gide:

> *"Sabeis a história. Entretanto, a diremos de novo. Todas as coisas já estão ditas; mas como ninguém escuta, é preciso recomeçar sempre."*
>
> — André Gide —

Mais uma vez, o mundo mudou, a régua subiu. Movimento gera movimento, água parada apodrece. Não é qualquer movimento que interessa. É a eficiência energética das coisas deste mundo em ação. Entre tais mudanças, a aceleração da transformação digital (indústria 4.0) e o crescimento do comércio digital, surgem novos desafios, e isso traz também novas oportunidades de negócios. "*Panta Rei*", escreveu milênios atrás o filósofo grego Heráclito[7].

É importante lembrar que:

---

[7] Trata-se de uma expressão grega que, traduzida ao português, significa: "Tudo flui!" Nasceu com Heráclito de Éfeso, um filósofo que viveu no período de 540-475 a.C. Ele dizia que tudo passa, a expressão grega "*Panta Rei*" surge com ele da noção de que tudo é móvel, transitório, passageiro, parte do princípio de que tudo é movimento e que nada pode permanecer estático.

- é necessário saber onde se está posicionado, senão de pouco lhe servirá um mapa;
- é fundamental desenvolver novas competências internas na empresa;
- canais integrados reduzem ou previnem conflitos, permitem a consistência e a fluidez, automatizam certos aprendizados com o *machine learning*;
- canais integrados necessitam de uma comunicação integrada. Isso é um processo fruto de relacionamentos efetivos na organização. É qualidade, excelência, eficiência com eficácia. E tais processos são — no final das contas — como a organização se reflete dentro e fora para gerar experiências da marca.

A tecnologia é uma grande aliada para aproximar o mundo físico do digital e oferecer uma experiência mais integrada e personalizada para o cliente. Permite processos ágeis, dinâmicos, que se retroalimentam. A inovação é uma escolha, é fruto da cultura da empresa, vale lembrar. E isso vem da liderança antes de tudo. Esta é a maior responsabilidade do CVO: ser ambidestro.

Alguns exemplos de aplicações da tecnologia para o mundo *phygital* são:

- ativações por meio de QRCodes e telas interativas para que o consumidor acesse informações mais detalhadas sobre um produto;
- uso de realidade aumentada para permitir que o usuário "experimente" ou simule um produto de forma digital — um provador virtual;
- aplicação de tecnologias de inteligência artificial para análise do comportamento dos consumidores e personalização de sugestões para eles;
- impressoras 3D que replicam o produto em qualquer lugar, impactando todo o processo da produção-distribuição-consumo-*caring*.

A lista é longa. Mas o último ponto merece atenção. Parece estranho como uma tecnologia pode impactar toda uma cadeia de valor. Mas uma tecnologia nunca é somente uma tecnologia; é uma plataforma de tecnologias. Assim é o smartphone, assim é o modelo de *app* de mobilidade urbana do inovador Uber na década passada, assim é uma impressora 3D conectada em rede. Dão às organizações a chance de disponibilizar opções de entrega flexíveis, integram canais físicos e virtuais. Assim, o comprador pode escolher a modalidade que melhor atende às suas necessidades, facilitando o processo de recebimento do pedido. Logo, teremos até impressoras 3D de alimentos, de vacinas, de tudo aquilo que precisarmos ao instante em qualquer lugar do mundo com 5G e eletricidade. Da eficiência do *back office*, das verticalizações, integrações em rede, vêm outras revoluções que impactam o *channel marketing*, a logística, com rastreabilidade, na possibilidade de a pessoa fazer um pedido "por onde ela quiser" e poder trocar ou devolver o produto "onde ela quiser", na hora que ela quiser; de poder ter respostas sobre a originação das coisas, do impacto social e ambiental delas, do quão saudáveis são para o planeta, para o solo, para a nossa nutrição etc.

E nisso, *players* passam a dialogar em proximidade, nessas integrações, gerando valor. Fazem isso nas atmosferas da marca.

» *O poder da atmosfera no ponto de engajamento*

O que podemos aprender com os exemplos de teatralização citados, e nos desafios do *phygital*, é a importância da orquestração do engajamento nos pontos de encontro. A atmosfera comunicacional é percebida por meio dos sentidos, seja onde for. Fato é que um ambiente agradável e confortável cria sentimentos de felicidade e satisfação que podem facilitar as trocas de valor:

- induz estados de espírito positivos que estimulam os indivíduos a se sentirem propensos a se recompensar mais generosamente e agir com maior energia, espontaneidade e liberdade;
- rende à atividade de comprar mais engajamento e satisfação;
- faz com que os clientes e *stakeholders* passem mais tempo de qualidade se relacionando;
- aumenta o fator de transparência e confiança.

Tratamos desses temas quando abordamos o E de Experiência, que se conecta diretamente com o P de Pontos de encontro, na polissensorialidade, que é a capacidade de ativar paixão e oferecer prazer por meio do uso dos vários sentidos na experiência de relacionamento, compra, consumo e compartilhamento.

Então, transformamos uma oferta comercial em uma experiência consultiva, onde a empresa faz uso de estímulos polissensoriais para ouvir e entender o cliente, fazer um bom diagnóstico dos seus problemas e sonhos, para depois promover o seu produto, por meio da tradução das mensagens transmitidas em componentes perceptíveis por todos os sentidos. Os estímulos agem sobretudo no emocional do cliente, transformando:

- a experiência da compra em um ato de engajamento;
- o ambiente da compra, que faz parte da venda (o meio também é a mensagem).

Na presença de estímulos é ativado o processo de percepção, ou seja, a recepção das sensações por parte dos cinco sentidos: visão, audição, paladar, olfato e tato. Então o cliente gera dentro de si imagens ligadas ao estímulo primário: por exemplo, um perfume pode evocar sensações táteis ou auditivas que pertençam a um evento já vivido pela pessoa. Tratamos já da neurociência e outras disciplinas do saber que olham para esses desafios, então não iremos nos delongar sobre isso novamente. Queremos ressaltar a importância de projetar e orquestrar a interação entre o cliente e o ponto de encontro, no respeito às características de cada meio de contato, com todas as tecnologias e mídias imersivas possíveis, por exemplo, nas lojas físicas (ou nos escritórios, quando o cliente é o colaborador), torná-las verdadeiros teatros da marca, com telões para a transmissão de conteúdos, QRCodes, cabines para ouvir música em realidade aumentada e virtual, paredes forradas de materiais táteis afetivos, difusores de perfumes e fragrâncias, luzes pirotécnicas ou acolhedoras, simuladores virtuais, espaços propositalmente decorados para provar produtos (ou para dar e receber feedback quando no caso de colaboradores), e assim por diante. Nesta década, iremos testemunhar a muitas outras novidades criativas, como a do desafio de oferecer polissensorialidade para uma imersão poderosa no *metaverso* da marca.

A título de exemplo, podemos citar o caso da marca francesa Nature & Découvertes que atua dentro da linha de estilo de vida naturalista.

A empresa organiza seus pontos de venda de maneira experiencial, procurando estimular os cinco sentidos do cliente, por meio de elementos cenográficos (troncos suspensos nas paredes), decorações naturalistas e as cores predominantes de verde-escuro, marrom e amarelo. Um fundo musical reproduz os sons gravados nos vários "biomas" da marca, como o barulho do vento dentro da floresta, o canto dos pássaros e o cair das águas de uma cascata. O aroma de cedro é uma constante no ar. Existe a possibilidade de tocar e provar os produtos expostos, uma teatralização que reproduz emoções e sensações próprias do contato com a natureza, consolidando a imagem de um oásis da natureza no centro das cidades. Recentemente, inspirando-se nos princípios do *slow living*, abriu o seu primeiro espaço em Portugal dedicado à gastronomia, decoração, natureza e autocuidado, oferecendo uma imersão mais sustentável e consciente. Pensada para proporcionar uma experiência multissensorial, oferece desde jogos didáticos em madeira a painéis solares portáteis, chás orgânicos, rolos jade e kits DIY ("*Do It Yourself*", ou "Faça Você Mesmo") para fazer rum, livros para viajantes, cestos de piquenique ou até difusores com óleos naturais. A diversidade é tanta que os olhos navegam por todas as prateleiras e as pernas impelem as pessoas a descobrir todos os recantos da loja inspiradora.

Como dissemos, todo ponto de encontro é uma oportunidade pedagógica para sensibilizar o cliente. E a Nature & Découvertes não perde a oportunidade para comunicar isso. Com selo B Corp que ganhou em 2015, atua com o compromisso de proteção da biodiversidade e preservação do planeta em geral. Por exemplo, apenas 30% do transporte de mercadoria é feito por via aérea, e há sempre uma preocupação prioritária com a origem sustentável dos materiais que compõem cada produto, sendo que algumas marcas são trazidas para revenda na loja e outras são da própria marca Nature & Découvertes. A marca comunica isso em seus espaços. Enquanto faz isso, ensina novas práticas de consumo consciente, sensibiliza as pessoas a prestarem mais atenção a tais detalhes éticos.

As tintas usadas em seus produtos, por exemplo, são à base de água, o algodão é biológico e as madeiras provêm de origem sustentável. Existe uma atenção por escolher fornecedores que já tenham essas preocupações na sua gênese. Há, ainda, um lado útil associado a todos os produtos — são funcionais, divertidos e ergonômicos —, e todos são engajamentos para nos ligar ao bem-estar e à Natureza. Até porque esta é uma das missões a que se propõe a Nature & Découvertes: encorajar adultos e crianças a redescobrir a natureza.

Portanto, o sucesso do ponto de interação depende muito da experiência estética e ética, implementada com excelência, entendida como tradução da essência da marca em produtos e serviços, ou melhor sistemas da marca, que nesse diálogo permite a interiorização dos valores da marca através do objeto (real ou virtual), processo ativado por paixão, por meio dos cinco sentidos.

» *A identidade do ponto de interação*

A identidade do ponto de contato e interação se baseia em uma filosofia que nasce da definição cultural de identidade, do público a considerar, o estilo que se quer comunicar, o tipo de produto a propor e o tipo de cultura empresarial: em resumo, a definição de valor que o contexto, o território e a empresa buscam oferecer às pessoas. Para isso, é preciso ter uma visão sistêmica.

O conceito a ser aplicado é fundamental: uma orientação clara para a caracterização do espaço, fazendo convergir todas as escolhas de comunicação — do design externo ao design interno, da propaganda às promoções, da embalagem ao *display* etc. Isso tudo deverá funcionar de modo que se tenha um posicionamento coerente e diferenciado em relação aos concorrentes.

A definição desse conceito pressupõe análises que visam dar coerência e consistência à essência em cada ponto de interação, de maneira desejável diante da expectativa e percepção dos olhos do cliente. O conceito nasce de uma escolha lúcida, baseia-se no impacto que a empresa quer causar e o tipo de comunicação e linguagem adequados. É a visão e opinião da marca.

Esse conceito de identidade é em grande parte intuitivo, mas a falta de um projeto sistêmico inviabiliza comunicar eficazmente a identidade da marca e a difundir uma imagem coerente. Isso também nos mostra o quão forte pode ser o efeito influenciador de uma marca, quando age de forma assertiva, e o papel social importante que tem e sempre mais terá na transição do consumismo para o consumo consciente, neste papel pedagógico e na atuação como marca apoiadora de pessoas em busca de autorrealização.

A empresa de matriz italiana Eataly — união das palavras "*eat*" e "*Italy*" —, um mercado gastronômico sempre aberto, decidiu colocar o cliente no centro das atenções antes de tudo como pessoa e depois como consumidor. Lugar de encontro dos amantes da boa comida e da qualidade, tem como objetivo a democratização do alto padrão alimentar com consciência. Numa demonstração exemplar da interação e engajamento, a Eataly propõe o melhor das produções artesanais dos territórios a preços acessíveis, e ativa a força do alimento através do conhecimento antes de tudo.

> *"O conhecimento de alimentos é muito baixo. Menos de 35% dos italianos sabem a diferença entre trigo mole e trigo duro, mas mais de 60 sabem o que é ABS. Porque quem vende carro explica o que é ABS, enquanto quem vende comida não explica nada."*
>
> — Oscar Farinetti —

A marca reúne um grupo de empresas italianas — ou locais, a depender de onde atue — que operam em diferentes áreas do setor enogastronômico: a famosa massa de trigo de Gragnano, a água dos Alpes do Piemonte, os vinhos Piemontês e Veneto, o azeite da Riviera do Ponente, na Ligúria, e também a carne bovina piemontesa para salames e queijos típicos da tradição italiana. Este interessante projeto transforma um supermercado tradicional em um grande mercado multifuncional dedicado à enogastronomia.

O objetivo da Eataly é aumentar o percentual de consumidores que se alimentam com maior atenção e conhecimento, escolhendo produtos de primeira qualidade e dedicando particular atenção para a proveniência e o processo de trabalho das matérias-primas, chamando a atenção do consumidor para o valor dos produtos saudáveis e tradicionais.

Cada Eataly é dedicado a um valor metafísico. Turim à harmonia; Génova à coragem; Nova Iorque à dúvida (no letreiro da entrada, lê-se: "*o cliente NEM sempre tem razão, e nós também não*"); e Roma à beleza.

A Fico Eataly World Bologna nasce da paixão pela herança da biodiversidade agroalimentar italiana. Em um só lugar, você pode aprender sobre cultura, tradições e artesanato que tornam a comida italiana a mais renomada do mundo. Oferece experiências como passeios para descobrir cultivos, flora fauna territorial, além de espaços para cursos e gastronomia. É um mix de cinco Es no plano de serviços, ou melhor, em um plano da experiência sistêmica correlacionada ao ato da interação. Recomendamos ir ao site da marca para ver como ela criativamente se apresenta ao grande público.

Em cada cidade há uma diferente convergência afetiva. Em São Paulo, por exemplo, se a comida é "afeto", é uma "prova de amor". É então motivo de alegria promover a *"comunhão entre a Itália e o Brasil, através da comida e dos encontros"*.

Em linha com a essência da marca, essa é a parte estética de sua comunicação. Logo na sequência, entra a parte ética, quando diz que, como empresa, *"compreendemos a importância de contribuir para a justiça social, em um país tão potente. Criamos uma plataforma de responsabilidade social para impactar projetos que nos tocam e nos inspiram, em diferentes lugares do Brasil."*

Como a organização promove isso é tão importante quanto o porquê ela faz isso. Resultado intencional são as práticas da marca, que eles claramente fazem questão de ressaltar, até para inspirar outras a seguirem o exemplo. *"Olhando sempre para a força da culinária e seu potencial de transformação. A partir daí, iniciamos uma jornada: estimular o empreendedorismo por meio de cozinhas comunitárias..."*[8]

Então, CVO, pessoas compram de pessoas, são movidas por paixões e afetividades, se engajam com marcas que tenham uma narrativa diferente, algo a dizer, que sejam *cults* e distintas, e fazem isso orquestrando emoções e sentimentos nas atmosferas da marca em seus pontos de engajamento. O sistema da marca é um "planeta" com forças gravitacionais.

Para existir, expandir, a marca deve fazer parte de uma galáxia. Em outras palavras, a organização, para gerar valor, deve ser parte de um ecossistema maior de inovação aberto à mudança desejada que eleve à potência a sua essência. E isso só é possível com um modelo "*smart*",

---

[8] Confira mais em: https://eataly.com.br/sobre-eataly/valores-eataly/.

dinâmico, em que o perímetro da organização não seja fechado e rígido, mas sim antifrágil (Taleb) e integrável, enfim uma organização *plug and play* intérprete de novos modelos em plataformas, nossa próxima e última ponte.

3.5 Plataformas — o poder da conexão e integração em ecossistemas

> *"A internet não apenas conecta máquinas; ela conecta pessoas."*
>
> — Sir Tim Berners-Lee —

» *Efeitos de rede e plataformas*

Efeitos de rede se tornam poderosos quando as redes se conectam entre si para produzirem plataformas multilaterais e conectam diferentes grupos de pessoas para permitir que eles troquem benefícios mútuos. Com a mudança de século, passamos por uma mudança de modelo de negócios não mais centrado em um fluxo linear e unidirecional do ideador para o produtor, deste para o distribuidor, e deste para o consumidor, em topologias de rede decentralizadas. Estamos migrando para um modelo de rede distribuída, em que plataformas vivem em pontos de conexão e interação para gerar valor econômico a partir do valor social, no *design thinking*. Atenção, porque a ordem dos fatores influencia o resultado.

Isso é constante, orgânico, acelerado pela digitalização e pelo poder de cálculo dos computadores. E, a certo ponto, agilizado pelo *machine learning* e inteligência artificial. Tudo a serviço da inteligência emocional dos humanos e da preservação do meio ambiente. Pois uma coisa é potência, outra é controle: disso vem eficácia.

Plataformas (a organização) dependem da integração em ecossistemas externos para a criação de escala, ao permitir interação entre os *stakeholders* do ecossistema. Elas atingem esse objetivo de duas formas: primeiro ao prover uma infraestrutura *plug and play* que encoraje a participação aberta de todos os atores envolvidos, desde *stakeholders* "produtores" a "consumidores"; segundo ao estabelecer regras de governança para que essas interações ocorram de forma saudável e eficaz. Falamos disso no livro quando tratamos do *design thinking* para gerar valor, agora, queremos entrar mais no detalhe da ferramenta de trabalho. Como toda ferramenta, para ser eficaz, precisa ser de simples uso, por isso, gostamos de usar o canvas da proposta de valor[9], já citado no livro. Simples, não simplório. Ágil, não fácil. Toda ferramenta pede anos de estudos.

Um mapa é útil se você souber onde está.

O efeito plataforma funciona onde há efetivo valor para os *stakeholders*, ou seja, onde há encaixe e *match* entre os dois blocos (do canvas citado), tendo em vista que, por cliente, podemos considerar diferentes clientes; empresas precisam compreendê-los bem se desejam participar do jogo. O objetivo do canvas é ajudar a desenhar uma proposta de valor da plataforma que encaixe com as necessidades dos clientes e os chamados *jobs to be done*, que citamos no arco do livro. *Jobs to be done* é uma metodologia desenvolvida por Clayton Christensen, que foi professor da Harvard Business School, a qual ajuda a organização a resolver problemas reais e a criar oportunidades novas. Força a organização a encarar a verdade e sair da alienação onde tantas vezes se escondeu, porque tomou Doril, a dor sumiu. Em vez de fazer uso de analgésicos, a organização no canvas deve oferecer aliviadores de dor ao cliente. Usualmente, fazemos esse diagnóstico a partir do mapa de empatia, muito útil também para nossos fins.

Essa é a geração de valor. Um canvas bem-feito revela os heurísticas, vieses cognitivos, falácias e crenças limitantes que apresentamos no início deste livro, esclarece melhor o real sentido dos relacionamentos, argumentações construídas no arco do tempo e que, a certo ponto, vai nos movimentando sem mais sabermos os motivos. Como dissemos, não é todo o movimento que nos interessa. É central o papel do CVO na gestão da proposta de valor para conseguir monetizar neste modelo de plataforma.

As ideias nascidas da ignorância, ou displicentemente gestadas, costumam ser fracas e, na maior parte das vezes, inúteis. O *design thinking* nos ajuda, pois nos permite rápidos testes de estresse das nossas ideias.

Cliente é um *stakeholder* com que nos envolvemos. Este pode ser o "usuário final", ou tantos outros *players* com quem nos envolvemos no

---

9 Para baixar o mapa, recomendamos o site: https://www.businessmodelsinc.com/en/inspiration/tools/value-proposition-canvas.

design thinking. O valor ocorre quando temos um encaixe. Quando se resolve um problema, gera-se um ganho para ambas as partes. O *match*!

O canvas é uma metodologia dialógica do *design thinking*, pois funciona a partir, por exemplo, do mapa de empatia (cognitiva, emocional e compassiva), mapa de persona, e usa outros mapas como o "dos 5 porquês" (criado pela Toyota para a melhoria contínua), ou seja, o primeiro passo é analisar melhor a situação, o problema, os clientes com quem buscamos gerar valor, o contexto, indo à causa-raiz, desenhando o perfil daquele outro com quem buscamos nos relacionar. Basta ir em plataformas de mapas como o Miro para descobrir dezenas de mapas úteis para elaborar indagações, questionamentos e simplificações de conceitos.

No canvas, é preciso fazer três coisas:

- entender o que os clientes estão tentando fazer — os problemas que estão tentando resolver ou as necessidades que estão tentando satisfazer;
- pensar e descrever as emoções negativas, custos e situações indesejadas, riscos e outras experiências ruins que o cliente pode vivenciar antes, durante ou após as tarefas listadas anteriormente;
- por fim, descrever os benefícios que os clientes esperam, desejam ou que seriam surpreendidos positivamente se existisse. Isso inclui utilidade funcional, ganhos sociais, emoções positivas e redução de custos.

Feitas tais imersões no mundo do outro, é preciso refletir sobre a própria existência, a própria proposta de valor, que se move por significados. Nós, *a priori*, não somos a solução que o cliente quer, e sim a nossa essência e razão de existir. Claro que em algum momento, quando nasce uma organização, ela existe provavelmente para resolver algum problema daquela sociedade. Mas, no arco do tempo, as coisas mudam, como vimos, e temos que trabalhar muito para preservar a nossa essência, para continuar existindo. É a primeira pergunta que os investidores fazem a uma empresa quando buscam realizar um IPO. Não é banal. IPO é uma sigla utilizada para se referir ao termo em inglês: *Initial Public Offering*, que traduzido para o bom e velho português, significa "oferta pública inicial". Em resumo, essa sigla indica um processo no mercado financeiro em que uma empresa passa a ser de capital aberto com ações negociadas na Bolsa de Valores.

O maior inimigo da razão de existir de uma organização é a ignorância (fruto do achismo, modismo, viés, heurística, hábito, preconceito). Por exemplo, a argumentação motivada, em que as pessoas tendem a avaliar os dados de acordo com as próprias referências. Podem cair no viés de confirmação, em que buscam evidências que confirmem as próprias hipóteses e colocam mais peso nisso do que em dados que as contrariem; há a argumentação pela esperança, em que as pessoas criam crenças baseadas no que gostariam que acontecesse, em vez de se pautar pelas evidências. Perigosa é a falácia dos custos irrecuperáveis, em que, por exemplo, após um investimento ou tomada de decisão, quanto maior o custo irrecuperável, maior a probabilidade de as pessoas manterem a rota. Vale a pena pesquisar e saber mais sobre isso.

Precisa olhar três diferentes aspectos. O primeiro passo é listar todos os produtos e serviços em que a nossa proposta de valor está baseada (com atenção para não enviesar o processo de análise antes ainda de termos feito a nossa análise crítica sobre nós mesmos). Quais produtos e serviços são oferecidos que podem ajudar clientes a realizar tarefas de ordem funcional, social e emocional, ou que podem ajudá-los a satisfazer necessidades básicas? Produtos e serviços podem ser tangíveis ou intangíveis, desde produtos e serviços presenciais, digitais/virtuais etc., e são "monetizáveis" de diferentes maneiras.

Depois, pensar em como os produtos e serviços criam valor. Primeiro, descrever como produtos e serviços aliviam as dores das pessoas-clientes. Como eles eliminam ou reduzem emoções negativas, custos e situações indesejadas, riscos que seus clientes vivenciam ou vivenciaram antes, durante ou depois de um *job to be done*. E último e não menos importante: descrever como os produtos e serviços criam ganhos para os clientes no presente-futuro. Como eles criam benefícios que os clientes esperam, desejam ou seriam surpreendidos por incluir uma utilidade funcional, ganho social, emoções positivas ou redução de custos? A esfera da essência da marca abre as janelas para as soluções (cocriadas), e estas precisam aterrissar no mercado presente-futuro.

Decidimos fazer neste livro este recorte porque acreditamos que um grande desafio desta década para as organizações será ajustar melhor os elos entre pessoas em busca por autoestima e autorrealização e marcas promotoras dessa emancipação, no cenário real do capitalismo consciente, tendo claro que nosso vetor de transformação para geração de valor passa pelo econômico, social, ambiental e psicológico (nesta nossa proposição, isso ocorre também de forma pragmática, por meio do consumo e do mercado), motivo pelo qual podemos agir para ter lucro e melhorar a sociedade.

Dissemos que atuar em plataforma (em seu conceito mais amplo de modelo de cooperação e cocriarão de valor) é o jeito para gerar valor no século XXI. Isso significa agir em ecossistemas abertos à inovação (*design thinking*). Pede conexão em redes distribuídas para criar valor *win-win* (dinâmico, "orgânico"); tudo pede *balance*, muita clareza sobre a essência, sobre o que é valor real e valor percebido na experiência; pede estratégia com estética e ética; excelência na execução; e medição e controle do *go to market* (os cinco Ps). Por isso, dissemos que agir em plataforma é ter a capacidade de orquestrar. É saber-se ver na cadeia de valor de forma sistêmica, saber onde se está atuando, reconhecer os próprios desafios e *gaps*, mediar entre expectativas e possibilidades potenciais de todos os *stakeholders* envolvidos. Ou seja, ter atitude criativa para o negócio como um todo até o cliente final, de modo a permitir a análise crítica e estratégica e as consequentes tomadas de decisão, de forma mais assertiva e integrada entre todas as áreas.

Agir em plataforma pede liderança *problem solving* (fazer o que precisa ser feito), dentro de uma real colaboração no ecossistema onde atua a plataforma. Para a organização, o desafio humano é grande, pois é um tema individual e coletivo, de pessoas para pessoas. Ambientes escassos de cooperação dificultam a atitude sistêmica de prosperar; Essa atitude T, dissemos, é comportamento, não cargo; Pessoas são engajadas porque são empoderadas para agir, como tratamos no E de Ética, central para a segurança psicológica entre aliados, e para que exista real confiança.

Esse ponto é nodal, pois, na plataforma, todas as pessoas envolvidas são importantes, mas ela é dinâmica e nem sempre dá tempo de deliberar com unanimidade em reunião. Como vimos, a criação de valor é um fluir no mercado, em que a organização atua e as boas ideias viajam pelo possível adjacente, como vimos quando falamos de Steven Johson. Isso requer antifragilidade através do *design thinking*, mas isso pede também confiança.

» *Empresas orquestradoras de redes geram valor social*

Dissemos que orquestradores de redes[10] são empresas que criam redes de pessoas que interagem entre si para criar e compartilhar valor. Elas podem vender produtos ou serviços, criar relacionamentos, compartilhar opiniões, colaborar e muito mais. Exemplos incluem eBay, Red Hat, Visa, Uber, TripAdvisor e Alibaba. Nós autores encontramos muitas referências e artigos pertinentes sobre esse assunto. Gostamos muito de um em especial, dos autores Barry Libert, Yoram (Jerry) Wind e Megan Beck, disponível na internet e publicado em 2014 pela *Harvard Business Review*, do título "*What Airbnb, Uber and Alibaba Have in Common*". Recomendamos a leitura para uma maior profundidade sobre o tema.

No que nos tange, as redes são fontes de informações, capacidades e recursos que se encontram em torno de cada organização. A maioria das redes, entretanto, permanece adormecida e inexplorada. Para se tornar um orquestrador de rede e criar mais valor e melhor desempenho (monetizável), as organizações devem se integrar. Líderes, tal qual garimpeiros da legalidade, precisam mapear os recursos da rede, fazer um balanço dos ativos de rede latentes, incluindo como ativos clientes, funcionários, parceiros, fornecedores, recursos, distribuidores e investidores, para determinar o valor social da plataforma. Lembrando que valor social não são puramente esses ativos, e sim o que está *entre eles*.

Assim, é possível e crível neste *go to markett* definir uma estratégia coordenada dentro de um tempo dado e definido. O tempo é também um indicador importante do que é valor, e estamos sempre na ambidestria viajando no tempo. Para quem tiver tempo, curiosidade e interesse, recomendamos assistir à série *WeCrashed — Inside The Unicorn Story*, que se inspira na história da empresa WeWork e seus fundadores, revelando a força criativa do valor social, os perigos da especulação e outras reflexões.

---

[10] Saiba mais em: https://hbr.org/2014/11/what-airbnb-uber-and-alibaba-have-in-common.

» *Network thinking*

Curtis Ogden, pesquisador do Instituto de Interação para a Mudança Social, fornece um excelente resumo do pensamento baseado em redes, hoje de domínio público, denominado *network thinking*. Um grande desafio das organizações para melhorarem a colaboração e o compartilhamento de conhecimento é fazer com que as pessoas se vejam como nós de várias redes, com diferentes tipos de relacionamento entre elas. O *network thinking* é uma peça necessária para tornar viável o agir da plataforma (com *design thinking* para cocriar valor, na antifragilidade) em redes distribuídas, pois muda a visão baseada em relacionamentos hierárquicos. Pensar em termos de redes nos permite ver com novos olhos o fluir abundante dos ativos ainda escondidos nos oceanos azuis[11].

O pensamento baseado em redes funciona para todas as organizações independentemente da dimensão. Mas, fazendo uma ressalva, precisa existir cultura da inovação, atitude sistêmica e comportamento de colaboração — aquilo que o sociólogo Domenico De Masi chama de grupos criativos e foi citado neste livro. Agir em rede pede uma topologia que permita a adaptabilidade dinâmica, em vez do controle e comando.

1. **Adaptabilidade em vez de controle**
   a. Menos organogramas estruturados e mais diagramas de rede (como várias empresas de tecnologia têm feito).
   b. Menos controle de horas de trabalho (processos) e mais ambiente de trabalho baseado em resultados (com trabalho mensurado por performance — isso está se tornando mais comum).
   c. Mais trabalho externo que crie pontes (sem conflito ético) com o trabalho remunerado, pois fortalecerá sua rede.

---

[11] Na metáfora marítima, o oceano azul é um local em que se pode nadar livremente, enquanto os mercados já saturados são o oceano vermelho, em decorrência do sangue derramado nas batalhas entre os concorrentes. Autores desse conceito são a norte-americana Renée Mauborgne e o coreano W. Chan Kim, ambos acadêmicos da Insead, The Business School for the World. No Brasil, o livro foi publicado em 2007, e tanto o título como o subtítulo ganharam traduções praticamente literais do original: *A estratégia do oceano azul: como criar novos mercados e tornar a concorrência irrelevante* (Sextante, 2019). Recomendamos a leitura.

d. Fornecimento de opções para as pessoas irem e virem, dando maneiras de permanecerem engajadas mesmo quando não estiverem mais empregadas (como o grupo *Stay Connected* no Facebook da Ericsson). Ser ecossistema, não monólito.

Como dissemos, pede uma ética que permita confiança para que a plataforma tenha um movimento contínuo dentro das infinitas possibilidades, ou seja, nem tudo é previsível; é necessário existir atitude T para lidar com o inédito.

2. **Senso de urgência em vez de previsibilidade**
Conforme aprendemos em redes digitais, o ativo (por si só) perde importância, enquanto o fluxo dialógico (e orquestração) se torna mais importante — o desafio é como tecer continuamente os muitos pedaços de informação e conhecimento que passam por nós todos os dias. As conversas nos ajudam a compreender o sentido das coisas, mas precisamos de diversidade em nossas conversas ou nos tornamos insulares. Não podemos prever o que emergirá da melhoria contínua e do possível adjacente da aprendizagem contínua, na cocriação e engajamento individual, organizacional e de mercado, mas sabemos que isso é orgânico e fará com que organizações sejam antifrágeis. É o pensamento complexo como meio para navegar a era BANI.

Agir em rede precisa de orquestração, porque tudo tem o seu tempo, ritmo, cadência. Não é tudo de uma vez só; para que uma sinfonia seja boa, os silêncios também são necessários. Isso pede tolerância e paciência, mas também resiliência para saber quando insistir ou acelerar.

Uma rede é um espaço de aprendizado constante, um ócio criativo, com conexões também redundantes, repetição de informações e comunicações indiretas. Por ser "viva", é um sistema muito resiliente (ou antifrágil). A redundância também é um bom princípio para apoiar a difusão da aprendizagem do indivíduo e do grupo (o valor social).

Há sempre mais de uma maneira de se comunicar ou encontrar algo. São tantos os possíveis circuitos neurais, o erro criativo[12], as divergências, e só porque algo ocorreu não significa que ele será imediatamente compreendido e eventualmente internalizado como conhecimento acionável (patrimônio cultural da organização). É um processo; pede tempo e depende da estabilidade dinâmica da liderança da plataforma. Quanto mais complexa ou nova a ideia, mais tempo levará para ser entendida. E para ser compreendida a mudança, temos que conhecer o ambiente, mas para fazê-lo, precisamos pôr a mão na massa, ou seja, mudança promove conhecimento que promove mudança, entre tentativas e erros, como citamos quando falamos da teoria de campo de Kurt Lewin.

Como dissemos no arco do livro, a atitude T não é cargo, é comportamento. Onde tudo é dinâmico, é preciso pessoas dinâmicas, que vibrem segundo a essência da plataforma. As contribuições são mais importantes do que as hierarquias de poder.

3. **Contribuições antes, credenciais depois**
   Atitude, não cargo. Autoridade, não autoritário. Cargos, credenciais e certificações muitas vezes agem como disfarces *"top down"* e nos impedem de reconhecer a complexidade do contexto, que no *"bottom up"* de uma situação pode revelar fatos vitais para bons entendedores. E isso pode vir de todos, não importando o cargo. Todos aqueles que vibram e atuam com competência. Isso é importante, pois o simplismo das tomadas de decisão, a não escuta, a busca por subterfúgios, os vieses cognitivos, a própria falta de ética na organização pode levar ao fracasso. Como Henry Mencken escreveu, *"para cada problema complexo há uma resposta que é clara, simples e errada"*. Para evitar isso, a liderança precisa ser participativa, a cultura precisa ser de inovação e a atitude individual precisa ser criativa e sistêmica.

---

[12] *De onde vêm as boas ideias*, de Steven Johnson, é um clássico no tema sobre inovação", popularizando termos como "possível adjacente" e "erro criativo". Confira em: https://www.ted.com/talks/steven_johnson_where_good_ideas_come_from.

Esse jeito de agir e pensar em rede funciona com o *design thinking*, dentro do método discursivo, da dialógica, daquilo que abordamos no E de Ética.

4. **Diversidade e divergência**
   A melhor abordagem para trabalhar de maneira mais inteligente começa organizando-se para abraçar a diversidade e gerenciar a complexidade com *design thinking*. A diversidade é um fator-chave na inovação, pois enriquece de perspectivas a organização que quer melhorar continuamente. É o poder da dialógica. Aqui, não buscamos contemporizar, nem queremos agir por unanimidade.

Ou seja, as pessoas são centrais para um modelo plataforma prosperar. Mais uma vez, ressaltamos que o desafio desta década de 2020 será religar a inteligência artificial à inteligência emocional dos humanos, para assim gerar valor social e psicológico e, consequentemente, valor econômico, com a preservação da vida neste planeta.

Outra leitura que recomendamos fazer é a do autor Sangeet Paul Choudary, do livro *Platform revolution*. Na nossa visão, ele evoluiu seus estudos das redes e escreveu um manifesto com alguns pontos provocatórios que merecem destaque aqui, os quais, para o que nos tange no livro, iremos tentar traduzir com a nossa linguagem:

1. O ecossistema é o "valor"; é o capitalismo consciente; é a própria essência.
2. O ecossistema é a nova cadeia de negócios, é o próprio *go to market*, um universo em expansão. Ou fazemos parte dele, ou não existiremos.
3. O efeito de rede é vetor de transformação e impulsionamento para a real elevação à potência de valor, gerando escala.
4. Dados são o novo petróleo; minerar é preciso, é preciso saber o que procurar e onde.
5. O valor social e psicológico da comunidade é o novo jeito de lidar com pessoas e agentes de mudança (gerenciar, engajar, cocriar). Ecossistema é a própria força de trabalho; torna-se o ócio criativo.

6. Como tudo flui, "*Panta Rei*", disse Heráclito; o gerenciamento de fluidez é o controle/mensuração de "valor" no tempo que muda a todo instante.
7. O CVO orquestra, entre idas e vindas, fazendo curadoria sobre os contextos e investindo na melhoria contínua dos processos e controles de qualidade.
8. O encantamento, a proposta de valor, a experiência da marca, a jornada do cliente (pessoas e *stakeholders*) é o novo funil de vendas. Uma venda consuntiva.
9. Agimos em contínuo contato direto e indireto com os clientes, em pontos de interação e engajamento. Aquilo que vendemos e entregamos de valor para o mercado, o fazemos nos pontos de encontro das marcas.
10. Entre inteligência artificial e emocional, o design da experiência do cliente e do comportamento é o novo programa de fidelidade.
11. Ciência de dados é o novo processo de otimização de negócios para dar eficácia à eficiência; é a nossa excelência.
12. O valor social da nossa plataforma é a nova comissão de vendas.
13. Algoritmos são aliados nas tomadas de decisão.
14. Personalização em tempo real é a nova pesquisa de mercado.
15. *Plug and play* (API) é o novo modelo de desenvolvimento de negócios.
16. A mão invisível da essência da organização traduz estética e ética em práticas excelentes e experiências memoráveis. Assim, a liderança promove valor, e isso é papel do *Chief Value Officer*.

Na internet, o leitor poderá encontrar vários bons conteúdos, inclusive do próprio Sangeet Paul Choudary sobre a mudança de modelos de negócios, de *pipeline* para plataforma.

Como estamos apresentando aqui no livro, agir em plataforma é primeiro um desafio cultural, depois tecnológico. Aponta para a necessidade de uma compreensão complexa da ação e da realidade. Ação, reação, feedbacks constantes. As ações são geradas para conjugar simultaneamente as dimensões econômicas, sociais, ambientais e psicológicas da cadeia de valor. O resultado desse processo é chamado de VALOR, e isso é maior que a somatória de ativos e do lucro financeiro.

Depende da cultura de inovação da organização. Agir sistêmico respeita processos, mas minimiza a burocracia, supera a microgestão, contorna obstáculos que não são relevantes para gerar VALOR, simplifica a complexidade sem superficialismos, não nega evidências, não constrói muros, e sim pontes, é "*smart*", rápido. Como? Citando novamente o professor especialista Gary Pisano, existem algumas regras de engajamento para os líderes:

- tolerância ao fracasso, mas não tolerância à incompetência/negligência;
- disposição para experimentar, mas altamente disciplinada;
- franqueza e segurança psicológica;
- colaboração, mas com responsabilidade individual;
- nivelamento, mas com forte liderança;
- liderança fluida da jornada.

» *Como efeitos de rede estão presentes na proposta de valor da organização?*

Fazendo um grande resumo do que foi dito até aqui, entrecruzando diferentes conceitos dos cinco Es e Pontes dos cinco Ps, seguem alguns nós desta ampla rede:

1. **Pessoas e stakeholders**: As nossas "tribos" como comunidades são, em sua própria definição, redes. Pessoas conectadas por meio de paixões (conexões emocionais e sociais). Engajar um participante da tribo é influenciar os demais conectados a ela.
2. **Por quê?, Como? e O quê?**: O significado, a essência, o porquê é um elemento que não possui um efeito de rede presente, mas o "como" e o que (as soluções) podem ser fornecidos pela rede formada por sua tribo.
3. **Pontes de conexão**: Os cinco Ps (canais do *go to market*) devem ser os elos de conexão entre *stakeholders*. Externalidades só são viáveis por meio de canais que permitem não apenas *output*, mas também *input*.
4. **Valor social**: Responsável por formar os elos de conexão entre os integrantes da rede. É uma cultura consciente que fortalece a conexão entre os pertencentes à tribo, gerando engajamento e proximidade.

A empresa é a responsável por criá-lo e liderá-lo, para garantir sua existência e perpetuação. É o que está entre as pessoas, e por isso é uma escolha da organização.

5. **Cultura e pessoas**: A cultura é a sutil linha vermelha que une as pessoas. Ela influencia os sistemas de comunicação, de troca de experiências e relações, transparência e cooperação. Sem esses elementos, as equipes trabalharão desintegradas como seres isolados, em vez de parte de um time integrado. Nenhum de nós é tão esperto quanto todos nós.
6. **Inovação aberta**: Pelos cinco Ps, é a forma mais ágil de trazer externalidades positivas para o negócio. Não como algo pontual, mas sistêmico, como uma constante em seu modelo de negócio. É o *design thinking* que cocria valor.

Valor social da organização
Fonte: Victor Megido

7. **Elevação à potência dos ativos da rede**: A maior parte dos ativos (recursos) defensíveis e escaláveis nos dias de hoje são: patrimônio cultural da organização, sua ambidestria e capacidade de orquestrar redes, capacidade de minerar dados, usar algoritmos, criar inteligência artificial, agir em redes neurais etc.
8. **Investimento no presente e no futuro**: Os investimentos de recursos (sempre limitados) não possuem efeitos de rede em si, mas a própria plataforma em seu movimento contínuo dita o ritmo para onde o dinheiro deve ser investido. Para isso, a liderança precisa estar muto engajada com a própria plataforma, para direcionar na constante e crescente rede. Para isso, serve liderança ambidestra, porque estamos em constante movimento.
9. **Fontes de receitas previsíveis**: Fontes de receitas podem se beneficiar de efeitos de rede em modelos *SaaS Enabled Marketplace*.[13] SaaS, ou *Software as a Service*, é uma forma de disponibilizar softwares e soluções de tecnologia, por meio da internet, como um serviço. Com esse modelo, a empresa não precisa instalar, manter e atualizar hardwares ou softwares; o acesso é ágil e simples, tendo uma boa conexão com a internet.

O modelo *SaaS Enabled Marketplace* é praticamente uma combinação, então, além de oferecer um software como serviço, automatizando algum processo do usuário, também conecta oferta e demanda e monetiza essa intermediação de negócios. Um exemplo disso é a Dropbox, um dos serviços de armazenamento e compartilhamento de arquivos na nuvem mais populares do mundo.

Uma empresa brasileira nesse modelo é a GymPass, que presta um serviço recorrente para empresas e, em troca, fornece uma rede de academias para seus colaboradores. A GymPass oferece um sistema de gestão para as empresas, e seus colaboradores controlaram seus créditos e métricas, mas também conecta esses mesmos funcionários a uma rede de academias existentes que são credenciadas pela GymPass e recebem um valor

---

13 Leia este artigo e conheça mais sobre o modelo *SaaS*: https://medium.com/point-nine-news/an-overview-of-the-growing-saas-enabled-marketplace-ecosystem-b4f5314356e5#.1kgj8ngkr.

para cada utilização que o funcionário faz na academia. Então, por isso, o GymPass é considerado um *SaaS Enabled Marketplace*.

3.6 Uma síntese do modelo

Os conceitos envolvidos nos cinco Ps são pontes que conectam e estimulam a busca por novas ideias para:

- criar relação autêntica com *stakeholders* e consumidores;
- desenvolver maior capacidade conectiva com comunidades;
- utilizar os elos de conexão como pontos de geração de novo repertório e assim fomentar novos porta-vozes da marca para ampliar sua popularidade;
- fortalecer os laços desta constelação que se criam entre todos os envolvidos na cadeia de valor, em torno de identidades abrangentes, convergindo afetivamente e pedindo muita orquestração.

PARTE IV

Conclusão

*"Não tenhamos pressa,
mas não percamos tempo."*
— José Saramago —

O desafio deste livro é levar para o mundo das organizações diferentes abordagens, platôs, dimensões incomuns ao mundo dos negócios. Falamos que, nesta década de 2020, o desafio do CVO será sempre promover mais valor dentro e fora da organização, e afirmamos que a razão de existir de uma organização será trazer um jeito de viver, colaborar e consumir, de modo a emancipar pessoas, dando-lhes apoio na busca por autoestima e autorrealização. Esse desafio será desta década e não de outra (o tempo é tirano).

Buscamos traduzir nossa abordagem em modelos para gerar valor econômico, social, psicológico e ambiental, dentro de um agir transdisciplinar (atitude T, ou *T Shaped*), sistêmico, criativo e inovador; para tanto, falamos do *design thinking*. Por último, procuramos, por meio dos cinco Es e dos cinco Ps, identificar as estratégias integradas de *go to market* para gerar valor no novo cenário de ação.

Demos também importância para o impacto psicológico dos nossos modelos, buscando colocar no centro o ser humano "elevado à potência" de si mesmo, em harmonia social e ambiental com o planeta Terra e seus recursos limitados. Na autorrealização, o autoconhecimento é um caminho e, quando promovido pelas organizações, ajuda as pessoas a estarem conscientes — e bem — em seus papéis de clientes e de cidadãos. A provocação do livro vai na linha de que capitalismo consciente gera valor social quando promove a emancipação com lucidez, e não ilusão, além do só bem-intencionado *wishful thinking.*

Os princípios são importantes. Investir para promover autoconhecimento, senso de realidade, inteligência emocional. Veja, todos esses pontos são movidos por princípios, e tais escolhas determinam vibrações que convergem ou divergem pessoas. As organizações bem-sucedidas no longo prazo conseguem promover a convergência afetiva; no curto prazo, podem ter êxito, mas não sobrevivem à década. Cultivar o trabalho e relações relevantes, este é o valor social; o resto são boas consequências.

Mesmo com princípios comuns, se não existir uma comunicação eficaz e relações efetivas, não haverá valor social ou mudança, e sem inovação, "água parada apodrece". Como nos ensina a física, os atritos naturais da entropia tendem a crescer com o tempo; é a inexorável termodinâmica em ação. Qual a vacina? *Panta Rei*, fluir, sendo a mudança constante e desejada. Ser um projeto beta, com essência. As soluções mudam e métodos abundam, mas a essência é uma constante.

A comunicação é boa dentro e fora da organização quando existe autocontrole e empatia — de todos, da governança à liderança, aos colaboradores e *stakeholders* e aos consumidores finais, que nem sempre têm razão. Quem se relaciona nesta tribo precisa conseguir ver o outro, ver-se na marca. Comunicar não é saber ler nas entrelinhas o outro? É sim, e é também declarar ideias com palavras claras. Gerar valor, então, é a busca intencional da boa comunicação, fazer bom uso da palavra mágica, para fazer o outro estar bem — para tanto, destacamos a utilidade de um mapa simples de domínio público como o canvas da proposta de valor, que apresentamos no livro.

Como dissemos neste livro, a essência é a alma do ócio criativo. É o propósito, a primeira escolha, a razão de existir de um contexto, de um grupo de pessoas reunidas que, aos poucos, criam uma organização. É intangível. Para traduzir tal essência em valor na realidade, pensamos em estratégias, criando produtos e serviços que aqui no livro chamamos de arranjos estéticos e éticos. Ambos são, na era do capitalismo consciente, estratégias para a gestão a partir do equilíbrio, do *balance*, da beleza. São possíveis com práticas de excelência, e essas ações em produtos e serviços se traduzem nas experiências da marca pelos cinco Es e cinco Ps. Tais escolhas de como fazer são "o básico" para dar coerência ao propósito.

Quanto mais uma sociedade desenvolve certo tipo de cultura e visão de futuro, mais ela irá demandar e influenciar valor a partir de determinado tipo de *design thinking* — talvez teria sido essa a proposta de futuro do autor Italo Calvino sobre a consistência, sobre a qual acabou não escrevendo, pois não deu tempo. É o *genius loci* em ação; são as excelências criadas pelas organizações ESG; é a beleza (estética e ética) que, traduzida em experiência íntegra, eleva o humano. Dar dignidade a um funcionário, assim como ao consumidor, são faces da mesma moeda. Mediante essa visão, é possível, por exemplo, pensar o capitalismo humanizado no trabalho como no consumo consciente, em que beleza gera valor e modelos ESG mitigam feiura (disfunções).

Gestores de organizações, sejam estas do público ou do privado, pequenas, médias, grandes, todas podem escolher e implementar estratégias com competência e práticas cotidianas de excelência, que se traduzem em qualidade, melhoria contínua, intenção de fazer bem-feito, com transparência, cultura da inovação e respeito. E como os recursos são limitados, a energia é limitada, e quando ela se faz escassa dentro de determinado sistema, tudo precisa colidir novamente; são as fusões, aquisições, são os ecossistemas em eficiência energética na ação de destruição criativa; sem pontos fixos, pois tudo o que é fixo enferruja — tanto no planeta Terra como no capitalismo.

Cabe às lideranças com atitude de geração de valor (um CVO) ter senso de realidade e garantir também fluxo de caixa de futuro. É preciso saber qual é o ponto de não retorno, além do qual um avião não tem mais carburante para retornar ao ponto de partida. Saber antes! Caso contrário, melhor não partir e buscar novas maneiras de alçar voo, de maneira a preservar a alma da organização, visto que, sem fluxo de caixa de futuro, não haverá mais a organização nos moldes do presente. Fusão, aquisição, alianças, consolidação em ecossistemas etc.

Agir sempre para preservar a essência da organização é ser criativo para provocar soluções novas. O novo está sempre esperando por nós "atrás da porta", no possível adjacente. Pois bem, essa é a cultura da inovação que gera valor em uma sociedade para os cidadãos, para uma marca no mercado, para os investidores e colaboradores da organização em rede, para as pessoas, por meio do consumo, e para o planeta, porque sobretudo é de nosso interesse.

> *"A felicidade é uma obra-prima: o menor erro falseia-a, a menor hesitação altera-a, a menor falta de delicadeza desfeia-a, a menor palermice embrutece-a."*
>
> — Marguerite Yourcenar —

Para isso, cultura da criatividade, da inovação, da governança, do *design thinking*. Sim, é, antes, uma filosofia de vida. Uma primeira escolha. O resto é consequência de quão coerente é tal existir da essência nas entrelinhas das coisas da organização, e do quão consistente é essa frequência emanada nas pessoas e processos que fazem a organização existir.

Muitas organizações não conseguem mudar. Permanecem em uma aliança que nasceu pelo motivo que foi, mas que, a certo ponto, revelou bons motivos para terminar, ou não mudam por medo do futuro, ou porque estão perdidas nos labirintos das heurísticas e vieses. Desvalor gera desvalor. A cada um cabe a escolha e a atitude, cada um é responsável por seus atos e está sempre em luta com seus assuntos culturais. Desvendá-los é a própria missão, com ética, pela intenção da reciprocidade. Este é o desafio do capitalismo consciente como sistema: evoluir para o valor social, psicológico, ambiental, econômico. Nisso, fica mais claro como a nova topologia de rede distribuída influencia a maneira de as organizações terem êxito, sendo um divisor de águas das organizações nesta nova década de 2020 rumo a 2030.

É o que define harmonias e desarmonias. Plantas juntas convivem bem se estão em harmonia no jardim; a natureza ensina que existem plantas que, se cultivadas no mesmo ambiente, podem prejudicar umas às outras, e outras que podem ser fortalecidas quando se desenvolvem juntas. Um jardim belo e saudável é garantido pela orquestração, curadoria. Plantas — como pessoas e organizações — compartilham espaços, recursos e se adaptam bem juntas (ou não). Em biomas férteis e floridos, são boas companheiras e não se prejudicam. Assim, realinham e integram prosperidade elevada à potência.

Por isso nascem alianças. Somos seres comunicantes neste grande jardim. O êxito vem da lucidez em colaboração com o outro, com a marca, de saber quem "eu não sou" no mercado e quem "eu não quero" ao meu lado para ir ao futuro. Para as organizações, gerar valor é ser um verdadeiro bom companheiro de viagem para os que vibram conosco e agir com força contra os antiéticos. Essa é a frutífera doação de beleza para superar a ilusão e viver na realidade adulta, por meio do consumo consciente, além das boas intenções.

"*Il faut cultiver notre jardin*" — "devemos cultivar nosso jardim" —, escreve, encerrando o seu belo *Cândido,* o filósofo Voltaire. Devemos cuidar de nossas terras, das nossas consciências. Além das riquezas materiais, das fatuidades desta vida e das questões da entropia, ele nos provoca a escolhermos quem buscarmos ser, e sermos tal mudança, sem ilusões; sermos, como pessoas, a beleza na simplicidade, que não é simplória, sem projetar no outro a mudança desejada. E, como organização, devemos cultivar nosso jardim para assegurar a religação das particularidades na totalidade da cadeia de valor, na qual agimos e a qual podemos influenciar.

Para fazê-lo, serve um novo ato criativo sistêmico de transformação, seguindo o bom exemplo dos antigos renascentistas que, seis séculos atrás, renovaram a existência a partir de um novo humanismo, como citamos na abertura deste livro. Um ato corajoso, porque, como nos disse — e pintou — o espanhol Goya durante as invasões napoleônicas da Espanha, "*o sono da razão produz monstros*".

Posfácio. Trabalho e valor social, entre tecnologia e elos relacionais

As sociedades em todo o mundo estão passando por profundas transformações, em meio a emergências sociais e de saúde, estagnação econômica, aumento da inflação, crises na geração do emprego e o preocupante aumento da precarização do trabalho como fato estrutural, não episódico ou contingente.

Na era BANI, as lideranças das organizações procuram por novos modelos organizacionais que permitam gerar valor econômico sem esquecer do valor social. Valor é o que se cria no diálogo construtivo entre as pessoas da empresa, entre as partes interessadas, numa perspectiva de equilíbrio e sustentabilidade. Mas as tensões que vivemos neste *continuum* de colisões muitas vezes nos levam a enfrentar as mudanças de forma mais reativa do que proativa, em que, sem uma visão sistêmica da dinâmica da relação entre trabalho, valor social e valor econômico, nos perdemos — especialmente quando as transformações são aceleradas, impulsionadas pela revolução digital.

Encontrar um modelo harmonioso de organização, como provocam os autores, é um difícil desafio, sobretudo quando a globalização, *outsourcing* e digitalização são assumidos pelas lideranças como simplesmente uma maneira ágil de fazer eficiência econômica para se beneficiar de externalidades positivas.

O que estamos vivendo não é a primeira grande revolução tecnológica com impacto nas economias de mercado. Dos cavalos ao vapor, do vapor à eletricidade, da eletricidade à eletrônica, a história do capitalismo sempre foi marcada por saltos tecnológicos que mudaram profundamente o panorama do trabalho e da organização. Setores econômicos inteiros entraram em colapso e novos empregos surgiram para substituir aqueles que desapareceram. Tais mudanças de modelos sempre são traumáticas de início para as sociedades, até elas conseguirem encontrar um novo equilíbrio na aplicação de políticas sociais e organizacionais para normatizar e normalizar a relação entre trabalho e valor social. E nesta década de 2020 estamos passando por uma nova ruptura.

A história econômica dos últimos dois séculos e meio demonstra que os empregos gerados pelas novas tecnologias mais do que compensaram os destruídos. Mas não há transições de custo zero, nem nunca existiram. Toda transição tem custos sociais e econômicos que não são neutros nem distribuídos igualmente entre populações, territórios e grupos sociais que são afetados por ela. Acima de tudo, toda transição põe em crise velhos paradigmas, regras, instituições, causando inseguranças e um sentimento geral de desconexão que permeia toda a sociedade, na qual, como Karl Polanyi afirmou em *A grande transformação* (1974), não é automático que consigamos encontrar respostas em novos paradigmas alternativos aos antigos — pelo menos não a curto prazo. No fordismo, a tecnologia foi um fator importante na seleção e atração de mão de obra, favorecendo o crescimento da produtividade e, consequentemente, aumentando salários e empregos para grande parte de trabalhadores não qualificados.

Por outro lado, a tecnologia atual parece acelerar fatores de exclusão. Ainda não sabemos se o trabalho que será criado será maior ou menor do que o que será perdido. O que a maioria das análises nos diz é que, no momento, não estamos diante de um cenário de "fim do trabalho", como Jeremy Rifkin havia previsto em meados da década de 1990 (1996). Tudo indica que, na realidade desta década, ocorrerá uma redução de empregos para pessoas menos qualificadas, seja para trabalhos intelectuais ou manuais. Sobre esse tema, vale a pena ver a recente publicação do *World Economic Forum* sobre o futuro do trabalho. Procure na internet por "*future of jobs report*" de 2023 e 2024.

Neste quadro, o efeito substituição que está surgindo tem como consequência um duplo movimento: por um lado uma ruptura e crise do trabalho mediamente qualificado — mais rotineiro, padronizável e, por isso, mais facilmente substituível por tecnologias e algoritmos —, e, de outro lado, um processo de *upgrading* que beneficia as camadas de trabalhadores mais qualificada — que, em termos de aptidões e competências, conseguem explorar melhor o salto tecnológico para se colocarem nos segmentos de mercado com maior valor agregado.

Ambas as teses, a da *atualização* e a da *ruptura*, coincidem num ponto, ou seja, no fato de as mudanças em curso afetarem sobretudo a redução dos empregos "médios", das competências "médias" e, em última análise, das "gerências médias". E esse é um ponto a ser debatido, seja quando falamos de valor social da organização ou de impacto da organização na sociedade.

Quando falamos de valor, temos de ter em conta a riqueza que consolidamos, a eficiência que promovemos, mas também os custos sociais e a capacidade de resposta das instituições políticas e sociais a estas mudanças. São *stakeholders* importantes a serem conectados no ecossistema de inovação de uma organização virtuosa, sobretudo quando ela afirma agir com o propósito de criar valor na sociedade, quando defende princípios éticos, quando se posiciona no capitalismo consciente.

O efeito ruptura decorrente das grandes mudanças que estamos vivendo, tanto na Europa quanto no Brasil, também contribui para que o mercado de trabalho fique ainda mais polarizado. Ao lado do dualismo entre altamente qualificados e pouco qualificados, típico da sociedade em que vivemos, a polarização acrescenta o problema de um *downgrade* dos trabalhadores medianamente qualificados, com o mais imediato efeito de uma competição cada vez mais acirrada para realizar os mesmos trabalhos pouco qualificados e, portanto, uma espiral ainda mais descendente na propagação da precarização (Ciarini, 2020).

E as coisas podem mudar em breve, mesmo para os grupos de trabalhadores que até agora ganharam com a transição digital. No livro *Rivoluzione globotica*, Richard Baldwin (2019) sublinhou como as novas e mais intensas ondas da digitalização se por um lado permitem quebrar barreiras físicas até então intransponíveis, abrindo-se a novos mercados e à difusão de novos serviços e produtos à escala global, por outro, poderão em breve provocar efeitos de ruptura também no trabalho qualificado e de alto valor agregado (comércio, segurança, marketing, serviços financeiros, informação).

Por um ângulo, há uma lacuna cada vez mais dramática entre a velocidade exponencial das inovações tecnológicas e a capacidade das instituições políticas, educacionais e corporativas de reorganizar e realocar a força de trabalho em resposta às mudanças impostas pela tecnologia. Por outro, esse desalinhamento também afeta os limites humanos e sustentáveis das pessoas, sempre mais levadas a treinar e retreinar constantemente para acompanhar as inovações, mas não o suficiente para acompanhar o ritmo exponencial da inovação tecnológica. Para usar a linguagem dos autores, estamos, sim, falando de pessoas com atitude T, porém dentro de processo de capacitação e atualização sustentável, considerando, portanto, também no modelo o valor psicológico do individual que precisa mudar. Trata-se de orquestrar dando o ritmo, para conseguir gerar valor naquilo que os autores chamam de modelos de organização em redes distribuídas e modelos econômicos em plataforma. Para isso, as tecnologias como *big data*, inteligência artificial e *machine learning* estão apoiando e mudando profundamente a organização do trabalho, assim como impactando as cadeias de valor globais, verdadeiros ecossistemas de inovação não sequenciais nos quais são projetados, produzidos, montados e comercializados produtos, serviços e sistemas.

Essas megatendências estão destinadas a ter impactos significativos no trabalho e na geração de valor social, tanto quantitativa quanto qualitativamente. E isso tem forte impacto (positivo ou negativo) no que os autores aqui chamam de valor social da organização, ou seja, aquele valor impulsionado pela convergência afetiva das pessoas da empresa, que, reunidas entorno de um propósito comum, em grupos criativos, em omniconexão ou ócio criativo, trabalham para gerar valor econômico. Ou seja, a sustentabilidade das organizações no médio e longo prazo depende muito, e sobretudo, de seu valor social.

Basta pensar, para citar alguns exemplos, no potencial do ChatGPT ou das atividades de consultoria e serviços empresariais realizados por algoritmos ou “telemigrantes”, como define Baldwin (2019), uma força de trabalho global e H24, composta de *freelancers* e profissionais que, graças à rede, gerenciam complexos trabalhos remotos e tarefas antes localizadas geograficamente nas proximidades dos setores de serviços avançados (finanças, comunicação, controle e auditoria, comercialização, marketing, publicidade, pesquisa etc.) a custos sensivelmente inferiores (principalmente pela concorrência e a quebra das barreiras territoriais que anteriormente protegiam muitos setores terciários da concorrência internacional).

De acordo com uma pesquisa recente da Organização para a Cooperação e Desenvolvimento Econômico (2019), as estimativas de possível automação do trabalho indicam que 14% dos empregos têm alta probabilidade de serem automatizados e outros 32% devem sofrer mudanças significativas nos próximos dez a vinte anos. Tudo indica que neste futuro próximo teremos impactos, bem como novos dualismos, por exemplo, também entre trabalhadores altamente qualificados assistidos, e não substituídos, pela inteligência artificial, e trabalhadores qualificados, mas a risco de redundância.

Então quais são os empregos que serão preservados? Aqueles que continuarão gerando valor. Segundo os economistas Frey e Osbourne (2013), serão os empregos de elevado conteúdo criativo e cultural e, em geral, todas aquelas profissões caracterizadas por elos relacionais, emoção, proximidade, ancoradas a um território específico, que prevejam uma interação constante entre produtores e consumidores, seja nos serviços ou bens materiais. Os autores citam, por exemplo, a importância da essência em relação ao território, a questão da excelência no como fazer e na experiência de consumo consciente oferecida. Falam da importância da orquestração com estética e ética em ecossistemas que investem para criar valor com *stakeholders*. Isso tudo precisará de pessoas; é trabalho humano.

O tema do *genius loci* citado no livro é importante, porque como Baldwin (2019) sempre sublinha, o futuro do trabalho como valor social e ambiental está nas economias de proximidade territorial, em empregos com alto conteúdo emocional, criativo e relacional, em que a tecnologia vai impactar mais para amplificar benefícios, mas sem ser a protagonista.

Uma tarefa de rotina pode ser facilmente substituída por um algoritmo, um trabalho de alto teor emocional e relacional não. E esse é e será cada vez mais um espaço potencial de novos trabalhos. Então, para concluir, concordamos com os autores quando afirmam neste livro que esta nova figura, o *Chief Value Officer*, terá cada vez mais espaço para emergir como um líder inovador, especialmente agora nesta fase incerta de mudanças paradigmáticas.

Andrea Ciarini
Professor de Sociologia Econômica e do Trabalho na Università di Roma 'La Sapienza' de Roma, Itália. Especialista em Inovação Social e Governança de Sistemas relacionados ao trabalho e geração de valor social nos territórios.

José Luiz Tejon
Conferencista internacional, jornalista, consultor, professor e autor. É *Top of Mind* de RH, considerado uma das maiores autoridades nas áreas de marketing em agronegócio, gestão de vendas, liderança, motivação e superação humana.

Roberto Panzarani
Professor, consultor, autor e conferencista internacional, é referencia nos temas da gestão da inovação em questões relativas ao capital intelectual.

Referências bibliográficas

BALDWIN, Richard. *Rivoluzione globotica*: globalizzazione, robotica e futuro del lavoro. Bolonha: Il Mulino, 2019.

CIARINI, Andrea. *Welfare Policies and Social Investments*. Bolonha: Il Mulino, 2020.

FREY, Carl B.; OSBOURNE, Michael A. The future of employment: how susceptible are jobs to computersation? *Oxford Martin School*, Oxford, 17 Sept. 2013.

ORGANIZAÇÃO PARA A COOPERAÇÃO E DESENVOLVIMENTO ECONÔMICO – OCDE. *O futuro do trabalho*. OCDE: Paris, 2019.

POLANYI, K. *A grande transformação*. Turim: Einaudi, 1974.

RIFFKIN, J. *Fim da obra*. Milão: Mondadori, 1996.

Apêndice 1. A questão humana, Maslow e o consumismo

Capítulo I: Maslow

Podemos não concordar com a tal da pirâmide de Maslow — que nem para ele próprio era pirâmide —, mas ela certamente nos ajuda a dar os primeiros passos, ou pelo menos a nos aproximar do fenômeno. Vamos por partes.

A pirâmide de Maslow[1], também conhecida como teoria das necessidades humanas, elenca as necessidades humanas de acordo com suas prioridades, com o objetivo de definir as condições necessárias para que um indivíduo atinja a autorrealização.

Abraham Maslow, psicólogo norte-americano que criou a teoria na década de 1950, acreditava que os seres humanos vivem em busca de satisfazer a certas necessidades; para ele, a força motivadora das pessoas

---

[1] A hierarquia de necessidades de Maslow é uma teoria da psicologia proposta por ele em seu artigo "A teoria da motivação humana", publicado em 1943 na revista *Psychological Review*. Maslow define cinco categorias de necessidades humanas: fisiológicas, segurança, afeto, estima e autorrealização. Esta teoria é representada por uma pirâmide, em que, na base, encontram-se as necessidades mais básicas, pois estas estão diretamente relacionadas à sobrevivência. Apesar da popularização do esquema em formato de pirâmide, esta representação da teoria não foi elaborada por Maslow, mas sim por Charles McDermid, em 1960, em uma adaptação da teoria.

é a perspectiva de satisfação dessas necessidades. Na época em que foi responsável pela cátedra do departamento de psicologia da Universidade Brandeis, nos Estados Unidos, ele conheceu o neurologista e psiquiatra Kurt Goldstein[2], o criador da ideia de autorrealização, e Maslow ficou fascinado com o percurso do desenvolvimento humano. Para Goldstein e Maslow, a autorrealização não livra o indivíduo de problemas ou dificuldades; pelo contrário, o crescimento pode trazer determinada quantidade de dor e sofrimento. Kurt Goldstein observou que a autorrealização, em vez de trazer tranquilidade, aumenta a tensão, fazendo que procuremos atingir uma nova meta.

Goldstein considerava que o principal motivo para as pessoas é a autorrealização; todos os aspectos do funcionamento humano são basicamente expressões desse motivo único, que é realizar o *self*. Isso pode ser expresso de maneira simples, como comer ou fazer coisas de maneiras grandiosas, como as mais nobres produções criativas, mas, em última análise, é o motivo que guia nosso comportamento. Cada pessoa tem potenciais internos que devem ser cumpridos no processo de crescimento, e é o reconhecimento disso que liga Goldstein a Maslow no movimento potencial humano.

A busca de satisfação das necessidades superiores é, em si, um indicador de saúde psicológica. Maslow afirma que esta satisfação é intrinsecamente mais gratificante e que, para atingir seu ápice, é preciso suprir diferentes níveis de demandas. A teoria de Maslow hierarquiza essas demandas, as quais foram dispostas por Charles McDermid naquilo que se tornou depois a clássica pirâmide de Maslow.

As necessidades da base da pirâmide precisam ser satisfeitas antes das necessidades do topo. Entre elas, temos:

---

2 Kurt Goldstein formulou a teoria organísmica a partir de seus estudos com soldados que participaram da Primeira Guerra Mundial, chegando à conclusão de que determinado sintoma não pode ser compreendido somente a partir de certa lesão orgânica, senão pelo organismo como um todo, assim o organismo se comporta como um todo unificado, e não como um conjunto de partes. O princípio básico desta teoria consiste em: é necessário descobrir as leis pelas quais o organismo inteiro funciona, para que se possa compreender a função de quaisquer de seus componentes.

- **Necessidades fisiológicas**: São as mais elementares, e podemos afirmar que constituem a sobrevivência do indivíduo e a preservação da espécie: ar, água, comida, sono, sexo etc. Quando não são satisfeitas, podemos ficar doentes. Estes sentimentos motivam-nos a aliviá-las o mais rapidamente possível, para estabelecer a homeostase.
- **Necessidades de segurança**: Estão relacionadas ao estabelecimento de estabilidade e consistência num mundo caótico, devido a necessidades de nos sentirmos seguros.
- **Necessidades sociais e de amor**: Fazem os humanos desejarem manter relações humanas com harmonia, pertencer a grupos, precisar sentir-se amados e aceitos pelos outros.
- **Necessidades de autoestima**: Resulta do reconhecimento das nossas capacidades por nós mesmos e da atenção e reconhecimento que vêm dos outros. Em geral, é a necessidade de sentir-se digno, respeitado por si e pelos outros, com prestígio e reconhecimento, poder, orgulho etc.
- **Necessidades de autorrealização**: Também conhecidas como necessidades de crescimento, trata-se do desejo para nos tornarmos mais e mais do que somos, para nos tornarmos tudo o que somos capazes de ser em essência. Incluem a realização, aproveitar todo o potencial próprio, fazer o que a pessoa gosta e é capaz de fazer.

Para entender mais esse tipo de experiência, Maslow foi indagar as experiências memoráveis e culminantes, que são momentos que nos sentimos vivos. Um exemplo é quando o pai e a mãe veem seu filho recém-nascido, quando é proporcionado um real significado de ser autorrealizado, um instante de intensa alegria. Uma outra contribuição foi seu estudo de indivíduos saudáveis, satisfeitos consigo mesmo e autorrealizados. A partir daí, Maslow concluiu que as pessoas realizadas têm as seguintes características: elas aceitam a si mesmas e aos outros, são capazes de responder à singularidade de pessoas e situações, em vez de responderem de maneira mecânica e estereotipada, são espontâneas e criativas, entre outras.

Vamos a mais um recorte. O enfoque do livro é tratar deste ápice da pirâmide, ou seja, das pessoas em busca de autoestima, já a caminho da autorrealização, com o objetivo de investigar a noção de autorrealização, pelos estudos da ética e estética, e de como o consumo e as marcas podem ser aliadas nessa trajetória. Sem isso, é inconsistente o trabalho, pois é aqui onde consideramos existirem os maiores desafios para as marcas na busca pelo engajamento, criação de valor, busca por propósito e geração de significados para as pessoas nesta década. Atuar na essência: eis a questão de vida ou morte para as marcas no mercado de consumo.

O quarto nível da pirâmide de Maslow trata de dois aspectos: sentir-se bem consigo mesmo e valorizado pelos outros. A necessidade de estima é importante para que os indivíduos se tornem confiantes e desenvolvam o respeito uns pelos outros. Ela envolve:

- Autoestima
- Status
- Reconhecimento dos outros
- Conquistas e realizações pessoais

No topo da pirâmide — e é onde as marcas campeãs se enfrentam nesta década em desafios que se relacionam mais com o lado humano e consciente do consumo — está a autorrealização. A necessidade de autorrealização fala sobre viver todo o nosso potencial. Este é o nível mais difícil de ser alcançado pelo humano neste planeta, pois, para isso, é preciso evoluir, satisfazer antes a outras necessidades. É também muito subjetivo, pois a realização pessoal é diferente para cada pessoa — o que é extraordinário e memorável para um pode ser trágico ou traumático para outro.

E aqui está o grande desafio das organizações: superar conceitos tradicionais de *target* e segmentação, para poder se relacionar com pessoas vivas, reais, diferentes, com um repertório imaginário consciente e inconsciente. Se no início deste século os mercados eram conversações em potencial, em que as tecnologias estavam começando a permitir essas trocas efetivas, hoje isso é concreto.

Autorrealização engloba o desejo pelo sucesso pessoal e profissional, dentro de um espírito do tempo. Cada indivíduo, no entanto, busca esses fatores à sua maneira. Por exemplo, enquanto para uns a realização está em ajudar os outros, para outros está em exercer trabalhos criativos. O que observamos ser um fator comum para a quase totalidade dessas pessoas é que o consumo precisa ser ressignificado, gerar um tipo de valor também social e ambiental, não somente pessoal.

Não existe certo ou errado, mas essencialmente *realização* significa sentir que estamos fazendo o que deveríamos fazer, dentro da nossa moralidade e dos nossos valores. É algo difícil de ser alcançado, porque envolve muito conhecimento do mundo e autoconhecimento individual. Para as marcas, trata-se de agir com um modelo diferente, autêntico, coerente e consistente, humanizado no sentido quase literal da palavra, ou seja, de ser uma marca ajudante para que pessoas atinjam os próprios objetivos, para que marcas e pessoas se conectem a partir de aspirações comuns. E, nisso, como salientaram os autores criadores destas teorias, a tensão só aumenta, a régua sobe. Maslow e Goldstein acreditam que um humano autorrealizado saudável provoca e sofre esse choque por aventurar-se em novas situações, a fim de utilizar suas capacidades, o que não os livra imediatamente de problemas ou dificuldades. E os coloca em busca por aliados.

Um dos principais pontos de Maslow que queremos resgatar aqui é que nós estamos sempre desejando alguma coisa e que raramente alcançamos um estado de completa satisfação, sem metas ou desejos. Sua hierarquia de necessidades é uma tentativa de prever que tipos de desejos vão surgir quando os anteriores estiverem suficientemente satisfeitos e não dominarem mais o comportamento. Para nós que lemos tais teorias e escrevemos nesta terceira década do século, a partir também delas temos clareza de que, para grande parte das pessoas em países avançados, e no planeta como um todo, onde existe superação das fases da autoestima, estaremos nos engajando sempre mais nos ambientes de propósito.

Maslow sugeriu uma visão da motivação humana que a distingue entre necessidades biológicas — como sede, fome e sono — e necessidades psicológicas — como autoestima, afeição e potencialismo. Segundo estes pensadores, as pessoas possuem todos os recursos internos necessários ao crescimento e, tanto na psicologia como na educação, buscamos a cura no conhecimento. O objetivo da educação e da terapia é remover os obstáculos da ignorância para que o indivíduo chegue até lá. Seguindo o mesmo princípio, as organizações como plataformas dialógicas emancipatórias podem agir por meio de suas marcas, com o propósito de conectar e ajudar as pessoas em tais buscas. Eis o desafio.

O ser humano tem um impulso inerente ao organismo como um todo para direcionar ao desenvolvimento das próprias capacidades, podendo ser física, intelectual ou moralmente, como tratamos no E de Ética. O importante para as marcas é ter uma proposta de valor genuína que dê ênfase à realidade trazida pela pessoa-cliente, mitigue sua situação de dor e potencialize o sucesso, agindo de forma empática.

Capitalismo consciente não é uma virtude, mas uma necessidade que virou virtude. Já dizia um dos pais do livre mercado, Adam Smith, na Teoria dos Sentimentos Morais, que as três grandes virtudes eram a prudência, a justiça e a benevolência. Tratar o comércio como oportunidade e não como guerra, dizia ele, entre pares e não entre inimigos. Seria esse o fim do último e a salvação do atual sistema econômico social.

Não se trata de bondade, e sim de reciprocidade. É uma necessidade do liberalismo e dos relacionamentos que se faz virtude. Há alternativas? Adam Smith, em sua filosofia moral, diz que não há alternativa. É claro neste ponto: onde não há opinião pública, cultura e educação, é improvável que possa existir um livre comércio que abasteça a todos e faça o bem comum. Quando são as pessoas em estado de liberdade e o livre arbítrio das decisões orientar para o melhor e para o bem comum, poderá existir a mão invisível que equilibra as forças. Uma sociedade com senso moral tem o senso de aprovação e desaprovação do qual o pensador fala. O espectador imparcial de Adam Smith existe onde há senso de cultura e justiça. O atual neoliberalismo — uma interpretação equivocada de Adam Smith — infelizmente está gerando precarização, aumento de desigualdade, ansiedade, depressão e destruição do planeta.

Hoje, a pirâmide que trazemos como referência é vista como uma estrutura flexível, e não faltam críticas a ela. É possível, por exemplo, que certos aspectos em algum dos níveis não sejam tão relevantes para a motivação de determinada pessoa. O que é certo é que todos estão ativamente buscando realizar suas respectivas necessidades em diferentes níveis. Maslow fala de necessidades, não de pirâmide e de hierarquia. Precisamos ler esse trabalho com fluidez, e não rigidez. Segundo a pirâmide, as pessoas só passam a almejar o nível seguinte depois que o anterior está preenchido; mas se fosse assim, alguém com necessidades básicas não realizadas — por exemplo, fome — não precisaria de amor. Não é, então, bem assim. A simplificação da pirâmide traz um tema de prioridades, em que uma coisa não exclui a outra, mas tenta mostrar de forma mais perentória e ampla o que é o desafio humano, complexo, a depender do momento social e cultural de cada um.

Essa visualização da pirâmide nos é útil para simplificar um conceito que na verdade é muito mais complexo e fluido. O professor e pesquisador Alexandre Pellaes foi responsável pelo maior estudo sobre autorrealização, descobrindo que em nenhum texto de Maslow é falado sobre uma pirâmide. Mais que pirâmide, somos rizomáticos, conceito que vem da botânicae desenvolvido pelos filósofos Gilles Deleuze e Félix Guattari.

Rizoma é utilizado pelos filósofos para descrever uma maneira de encarar o indivíduo, o conhecimento e as relações entre as pessoas, ideias e espaços, a partir de uma perspectiva de fluxos e multiplicidades que não possui uma raiz ou centro. Na biologia, rizoma é uma estrutura de algumas plantas cujos brotos podem se ramificar em qualquer ponto, transformando-se num bulbo ou tubérculo, possibilitando operar como raiz, talo ou ramo, independentemente de sua localização. Trata-se de um modelo que não possui centralidade, que se ramifica e se dispersa para vários lados.

O rizoma não é constituído por linhas de subordinação hierárquicas, como uma raiz que dá origem a ramos que partem do mesmo eixo. No modelo rizomático, qualquer elemento pode alterar e afetar qualquer outro elemento. O rizoma não possui centro, sendo constituído por uma multiplicidade de relações que se afetam e se implicam mutuamente. Tal conceito é pertinente quando tratamos das organizações em rede e também de como as ideias florescem. O interesse filosófico deste modelo nos é útil para problematizar com profundidade — mas com o risco de nos perdermos nela.

Já a teoria de Maslow — visualizada na pirâmide — é um recorte mais simples e ajuda a compreender que, para as pessoas continuarem motivadas, é importante compreender o que estão buscando e quais são suas metas. A teoria conecta bem práticas de mercado com ações socioculturais e semióticas, colocando o indivíduo ao centro do universo da marca e trazendo o *design thinking* como método de trabalho para gerar valor.

A pirâmide de Maslow é uma ferramenta que ajuda a mapear os objetivos, assim como o mapa de empatia do design nos ajuda na conexão e nos faz entender melhor a quais necessidades estamos tentando satisfazer, quais medos tentamos reduzir, quais desejos realizar, quais dores mitigar, quais êxitos conquistar. O que é sucesso para as pessoas? O que move as pessoas em busca de autorrealização? É o que tentamos explanar nas precedentes páginas e como as marcas podem se conectar a isso. Mapas são importantes, mas pouco servem para os navegantes que não sabem se situar nele ou desconhecem para qual porto ir. Saber onde estou e para aonde vou é essencial.

No nível de autorrealização, trata-se de agir no que é único do *self*. E aqui, estamos desafiando campos do humano e do inconsciente mais próximos da psicanálise, da neurociência e do imaginário filosófico da felicidade intangível. Questões mais existenciais atreladas à fome, segurança, estima estão enraizadas mais no corpo do que na mente — algo que a disciplina de gestão com tecnologia e a produtividade das organizações deverão resolver nos próximos anos.

Questões atreladas à autorrealização habitam mais no mental, psicológico e talvez espiritual do ser humano, independentemente de crenças. É o algo a mais de quem busca sair de uma vida materialista; é aquilo que tenta dar respostas às nossas neuroses, que ressignifica ilusões criadas ao longo de uma vida consumista, que ocupa o vazio deixado pela "de repente" descoberta de uma desilusão, que tantas vezes se revela em uma quase depressão, ou espuma da neurose, como descreve o psiquiatra e psicanalista J.-D. Nasio[3]. Enquanto pessoas buscam autorrealização, se sentem pressionadas e ansiosas. Qual o papel social do consumo e como as marcas podem gerar valor ajudando, e não atrapalhando, as pessoas? O que podemos aprender com o mundo da arte, filosofia, com a beleza que salvará o mundo?

Capítulo II: O consumismo e Baudrillard

Grande parte dos humanos nos países avançados, no topo da pirâmide existencial de Maslow, escalando o Everest da superação existencial, são movidos por necessidades de crescimento. Isso inclui o desenvolvimento das próprias necessidades, a realização, aproveitar todo o potencial próprio, ser aquilo que se pode ser, fazer o que a pessoa gosta e é capaz de conseguir. Nunca se falou tanto em superação aqui e agora. A autonomia, a independência e o autocontrole do indivíduo são elementos centrais para

---

3 *A depressão é a perda de uma ilusão* (Zahar, 2022).

caminhar nessa busca. Nesse platô, nós somos capazes de aceitar fatos, não criar preconceitos; de sermos criativos, espontâneos. Nossos atos são baseados na moral, o que não significa moralismo ou ideologia. Ao juntar a Teoria das Pulsões de Freud com a teoria de Maslow, é possível perceber que o fator motivacional que se encontra nas quatro primeiras necessidades é o de evitar o desprazer, aquilo que chamamos de dores, medos, exílio. Já no caso da autorrealização, conseguimos perceber que o fator motivacional é a busca pelo prazer, sucesso, pertencimento.

Freud, no princípio de sua ideia, distinguia várias pulsões distintas que, com o aprimoramento da teoria, foram reduzidas a duas pulsões básicas (em língua alemã, *Urtriebe*): Eros, ou pulsão sexual, para a vida, e tânatos, ou pulsão agressiva, de morte. O autor via como base para essas pulsões o princípio de atração e repulsão; todas as outras pulsões secundárias — desejos, sonhos, enfim, todos os diferentes tipos de impulsos interiores que guiam a ação humana — são vistas como frutos da combinação daquelas duas pulsões. As pulsões são a origem da energia psíquica que se acumula no interior do ser humano, gerando uma tensão que exige ser descarregada, e o objetivo do indivíduo seria, assim, atingir um baixo nível de tensão interna. Nesse processo de descarga de tensões psíquicas, as três estruturas da mente — id, ego e superego — desempenham um papel primordial, determinando a forma como essa descarga se manifestará. Todos esses processos se desenvolvem inconscientemente.

A hipótese do comportamento humano ser guiado apenas pela necessidade de reduzir a tensão gerada pelas pulsões é considerada ultrapassada pela pesquisa empírica, uma vez que a falta de estímulos leva mesmo assim o indivíduo a buscá-los ativamente, aumentando dessa maneira a tensão interna. E tem muito chão de estudos sobre a teoria do comportamento, não último sobre a força do hábito. A teoria de Freud, no entanto, deixou uma influência duradoura sobre a pesquisa da motivação, sobretudo sob dois aspectos: o conceito de projeção, ou seja, de que desejos inconscientes são capazes de influenciar a percepção consciente; e a ideia de que os objetivos perseguidos pelo comportamento humano não são necessariamente conscientes.

Um perigo no caminho da autorrealização é o consumismo inoculado das décadas de industrialização como força do hábito e normal comportamento de consumo, levando ao descontrole emocional que gera compra compulsiva e muito lixo. Os estudos de Jean Baudrillard se destacaram dentre estudiosos do que veio a ser a "Nova Teoria Francesa" no debate sobre a pós-modernidade. É importante dar-lhe destaque, porque Baudrillard revela uma característica bastante forte em nossa sociedade: na pós-modernidade, vivemos, antes de tudo, uma sociedade de consumo:

> ***"O consumo é a totalidade virtual de todos os objetos e mensagens que se constituem doravante num discurso que parece cada vez mais coerente. O consumo, pelo fato de possuir um sentido, é uma atividade de manipulação sistemática dos signos."***
>
> — Jean Baudrillard —

Nas nossas sociedades complexas e feitas de instantaneidades, os objetos traduzidos em produtos e serviços transcenderam a ideia do puramente material para passarem a representar um estilo de vida que evoca um sistema de significados; passaram a expressar valores e conceitos de vida que dão tanto ao consumidor quanto ao bem de consumo uma sólida identidade social no interior de um universo significativo.

O humano transformado em consumidor passa a perceber o objeto não pela função que cumpre, mas pelo que significará para ele ao adquiri-lo e utilizá-lo, em um período de tempo determinado. Em outras palavras, não se consome somente o objeto, mas a sua ideia e/ou o sistema que ele representa. Desse modo, o consumo apresenta-se como uma instituição social.

Em *A sociedade de consumo*, Baudrillard dá grande espaço para a questão da cultura, que seria constantemente reciclada, de maneira a acompanhar os modismos. Quem não se recicla, não é um verdadeiro cidadão da sociedade de consumo, e o direito de todos os aculturados não é para a cultura, mas para a reciclagem cultural. Assim, a cultura já não se produz para durar.

Entre superficialismos e instantaneidades, tal consumo é inconsciente, feito de reminiscências e modismos, ao qual se dá o nome de cultura, mas que exclui a cultura como consciência e o saber como conhecimento. Sendo assim, tal consumismo, como "operador social", distancia o humano da autorrealização. Baudrillard lembrava que os objetos não possuem apenas um valor de uso e um valor de troca, mas também um valor de signo, determinante nas práticas de consumo que ele considerava danosas, e que a nós cabe nesta década ressignificá-lo com consciência.

Já dizia o sociólogo Bauman:

> *"É uma vida de consumo. É uma vida precária, vivida em condições de incerteza constante. Significa constante autoexame, autocrítica e autocensura. Um tipo de vida que alimenta a insatisfação do eu consigo mesmo."*
>
> — Zygmunt Bauman —

Ele sugere que consumir — e ser consumido — se tornou não apenas o verdadeiro propósito de existência para um número crescente de pessoas, mas também uma condição de reprodução do nosso modelo social, em que tudo se transforma em moeda de troca simbólica — incluindo a juventude, a saúde, a sexualidade etc. Mas isso nos aliena; ressignificar consumo é, portanto, preciso. Quanto mais buscamos a autorrealização, mais o consumo consciente é vetor de transformação individual e social. Qual o papel das marcas neste presente-futuro?

> *"Numa sociedade marcada pela agitação, pela ansiedade e acima de tudo pela incapacidade de obter uma experiência profunda de felicidade e bem-estar, a disposição consumista desponta como uma forma compensatória do indivíduo vir a obter um razoável nível de prazer em sua vida cotidiana."*
>
> — Zygmunt Bauman —

Se a felicidade está também idealizada no propósito de consumo, com pessoas trocando interesses emocionais por meio de produtos e serviços, de plataformas comunicacionais, como promover relações emocionais genuínas? Como marcas podem ajudar a evitar a ilusão e continuar vendendo? Qual o papel das organizações em uma sociedade com altíssimos índices de depressão e ansiedade?

> *"Algum tipo de sofrimento é um efeito colateral da vida numa sociedade de consumo. Numa sociedade assim, os caminhos são muitos e dispersos, mas todos eles levam às lojas. Qualquer busca existencial, e principalmente a busca da dignidade, da autoestima e da felicidade, exige a mediação do mercado."*
>
> — Zygmunt Bauman —

Então, como podemos ressignificar a felicidade de consumo? Segundo Bauman, em *Vida para consumo*:

> *"Não se pode escapar do consumo: faz parte do seu metabolismo! O problema não é consumir, é o desejo insaciável de continuar consumindo. Desde o paleolítico os humanos perseguem a felicidade, pois os desejos são infinitos, e assim as relações humanas são sequestradas por essa mania de apropriar-se do máximo possível de coisas."*
>
> — Zygmunt Bauman —

Pode existir uma maneira de tornar o elo com marcas e o consumo aliados e não inimigos da emancipação individual? Gostamos desta reflexão:

> *"Onde o amor impera, não há desejo de poder; e onde o poder predomina, há falta de amor. Um é a sombra do outro."*
>
> — Carl Jung —

Apêndice 2. Sobre o cérebro e o medo

Falar de consumo é tratar da poderosa e perigosa cultura do medo. Muitas pesquisas em diferentes contextos comprovam que não somente brasileiros e norte-americanos têm transtorno de ansiedade, mas o mundo todo hoje sofre deste mal em aumento, ou seja, passamos o tempo inteiro com medo de alguma coisa (pois a ansiedade é medo antecipado, de algo que pode ou não ocorrer). Nos Estados Unidos, é dez vezes mais do que na década de 1980.

Ter medo não é ruim; só estamos aqui porque nossos antepassados eram medrosos e viviam fugindo do perigo. O cérebro humano evoluiu para ser extremamente sensível a ele. Mas isso aconteceu há milhares de anos, quando a vida era muito diferente, bem mais perigosa, e isso era realmente necessário. Hoje — e este é o paradoxo —, a quantidade de situações e estímulos que podem nos causar receio é muito maior, por isso a explosão de medo na cabeça das pessoas. Não deveria ser mais desse jeito. Vale entender como o nosso cérebro funciona, e, para isso, recomendamos a leitura de um artigo pertinente da *Superinteressante* que trata da cultura do medo. Busque na internet por "Medos: como vencer os seus".

A moda muitas vezes flerta equivocadamente com o medo de não pertencer ao grupo. O publicitário dinamarquês Martin Lindstrom, autor de cinco livros sobre as táticas de manipulação usadas pelas empresas, merece destaque:

> *"Aposto que você teria vergonha de sair com a roupa do seu pai, pois se sentiria desconectado da sua tribo. O desodorante traz outro medo, de que você não vai conseguir namorada com o seu cheiro. A mesma lógica vale para xampus, branqueadores de dente e academias de ginástica. Afinal, malhamos para estar saudáveis, ou por medo de ficar flácidos?"*
>
> — Martin Lindstrom —

Se você não comprar o carro X, seu filho vai ficar com vergonha quando você for buscá-lo na escola. E por aí vai. Boa parte da propaganda no século passado e início deste explora o medo da rejeição social e faz explodir nas pessoas o consumismo, alimentando a vaidade e o orgulho. Por fim, para gerar economia, acaba prestando um desserviço à emancipação individual e até coletiva, já que torna essa sociedade uma feira de vaidades.

Conheça a si mesmo e boa parte dos pesadelos se dissiparão. Mas não é tão fácil assim, pois somos seres comunicantes e precisamos pertencer. O valor social, como tratado neste livro, diz muito de como somos parte de um sistema que nos influencia como indivíduos fortemente. O medo de não sermos aceitos, do exílio, da solidão, sim, são terríveis. Você já deve ter percebido isso quando postou alguma coisa nas redes sociais — e imediatamente ficou ansioso sobre quantos *likes* aquilo iria ter ou deixar de ter. Um estudo feito pela agência de publicidade JWT com 1.270 americanos e ingleses constatou que 40% dos usuários do Facebook têm medo de não serem incluídos nas conversas online dos amigos. O mundo exige cada vez mais de nós. Não conseguimos nos desconectar, e aí sentimos mais ansiedade.

Lamentavelmente, os políticos — e pudemos testemunhar isso durante a pandemia do coronavírus — espalham temores para arrebanhar votos; jornalistas faturam em cima de catástrofes; biólogos citam vírus letais quando querem obter fundos para desenvolver vacinas. Porém, o sistema não presta atenção nos perigos que já demonstram ser uma realidade, como a SARS no passado, e governos tentam minimizar realidades quando, por exemplo, pandemias acontecem.

O ano de 2020 permitiu testemunhar a tudo isso. Na sequência, uma guerra no coração da Europa e outra no Oriente Médio. E o medo se propaga. Não fazemos isso só por maldade ou interesse próprio; milhares de anos atrás, também espalhávamos a notícia de uma planta venenosa, porque isso aumentava a chance de sobrevivência do grupo. Ou seja, conforme cada pessoa absorve mais medo, ela também se torna propagadora, espalha esse medo para os outros. É uma reação instintiva.

Ok, sentimos cada vez mais medo porque nosso cérebro biológico parece ser obsoleto para o atual modelo cultural — e onde o próprio mundo explora seus "defeitos" como nunca. Como superar isso?

Podemos aprender a mudar os pensamentos ruins que ficam estimulando a amígdala e gerando ansiedade. A forma como pensamos influencia a maneira como sentimos, portanto, mudar o modo como pensamos pode mudar como nos sentimos. Pode parecer banal, mas funciona; há efeitos neurologicamente comprovados.

A psicanálise e diversas outras terapias também têm se mostrado eficientes para lidar com o medo e a ansiedade. O bom atendimento é aquele que não se limita a combater os sintomas, mas o que procura entender a causa do problema no cotidiano de cada pessoa. Você pode tomar calmantes para dormir, mas se não entender o que está tirando seu sono, pouco adianta.

É por esse motivo que os gestores das organizações e marcas precisam conhecer a complexidade da realidade das pessoas neste momento histórico, para ajudá-las na busca pela emancipação. Por isso, gerar valor é também cuidar do impacto psicológico das nossas práticas e narrativas. Os cinco Ps apresentados neste livro são consequência de decisões éticas da organização, em consonância com a essência e a razão de existir; são o resultado de investimentos importantes por meio de práticas com excelência. Precisamos de uma saudável comunicação de marca para promover uma experiência mais sustentável de bem-estar, mitigando um estado excitado de humanos consumistas, e ajudar a entrar no estado lúcido de consumo consciente. Fora disso, caímos na armadilha do *wishful thinking*.

Sim, é possível agir com ética, gerar valor e continuar vendendo, e é possível projetar uma sociedade menos injusta e manipuladora, um design cultural a partir de pessoas menos medrosas e mais conscientes. E não, o cliente nem sempre tem razão, não podemos contemporizar. A missão das organizações é fragilizar menos as pessoas, mas nós preferimos dizer que é elevar os consumidores e colaboradores à potência por meio também do consumo e do trabalho. A partir de pessoas menos fragilizadas e com senso crítico mais apurado, que se sintam bem consigo mesmas, é possível promover o capitalismo consciente.

Não vemos alternativa à comunicação que crie relações de valor sustentável, pois isso gera respeito mútuo com bons propósitos. O jeito de enfrentar o medo com autoconhecimento leva as pessoas inevitavelmente ao combate do orgulho, dos preconceitos e traz luz onde reina a ignorância. É a jornada desta década, e um sacrifício também, porque devemos desapegar de tantas práticas que no curto prazo trazem resultados, mas que só vão aumentando as tensões. Um exemplo por todos, a bonificação das lideranças das organizações sobre a criação de valor. É preciso inserir junto ao valor econômico também o impacto social, ambiental e psicológico.

Apêndice 3. Construções sustentáveis e o pacto global da ONU

Vamos, agora, à excelência nas práticas das organizações. Diante deste desafio, para tangibilizar, podemos trazer um recorte de um setor para aprofundar, por exemplo, o da construção de edifícios sustentáveis. É uma oportunidade de economizar energia, água e emissão de carbono, além de educar, criar empregos, fortalecer comunidades, melhorar a saúde e o bem-estar, entre outros benefícios.

Considerando o déficit habitacional que existe no mundo e no Brasil, vale retratar — e para isso usaremos parte de um estudo publicado em 2020 pelo Green Building Council (GBC) Brasil —, um movimento global presente em oitenta países que atua pela transformação da indústria da construção em direção à sustentabilidade. É um movimento independente e sem fins lucrativos, apoiado pelas forças de mercado, que atua em todas as fases de uma edificação, concepção, construção, interiores e operação. No Brasil, possui atividades e projetos em todo país e é destaque no movimento internacional de *Green Building*. Segundo o estudo, são várias frentes de ação para tornar excelente um resultado.[4]

Ser excelente é ser responsável com a mudança desejada, para citar Gandhi. Diante de todos os desafios apresentados e oportunidades

---

4 Nós autores preferimos direcionar diretamente para o site para uma visão completa: https://www.gbcbrasil.org.br/como-as-construcoes-sustentaveis-contribuem-para-os-objetivos-de-desenvolvimento-sustentavel-da-onu/.

evidenciadas pela GBC Brasil, fica mais claro como, por exemplo, o movimento de construções sustentáveis tem influência na dissociação do crescimento econômico das mudanças climáticas, pobreza e desigualdade, ajudando a alcançar as metas e criando um mundo mais verde que todos podem se orgulhar de chamar de lar.

> *"Com o intuito de transformar a indústria da construção civil e a cultura da sociedade em direção à sustentabilidade, o Green Building Council Brasil foca no desenvolvimento e na promoção de diferentes sistemas de certificações ambientais. Utilizando as forças de mercado para conduzir a adoção de práticas de "prédios verdes", a organização também atua na capacitação contínua, engajamento profissional e iniciativas socioculturais."*
>
> — Green Building Council Brasil —

Se uma organização tem interesse em fazer parte deste movimento, seja obtendo uma certificação para seu empreendimento ou capacitando seus profissionais para criar e planejar edifícios com essas características, a primeira escolha é fazer parte deste movimento e tornar-se membro do GBC Brasil. "*Me diga com quem andas e te direi quem és*".

Referências Bibliográficas

AQUINO, Santo Tomás de. *Tratado da Pedra Filosofal e a arte da alquimia*. São Paulo: Isis, 2015.

ASCHERSON, N. Beethoven's deafness and saga of the stapes. *Trans Hunterian Society*, v. 24, n. 7, 1965-1966 p. 7-34.

BARRON, Jason. *MBA visual*: dois anos de formação em negócios resumidos em imagens e textos brilhantes. Tradução de Camila Werner. Rio de Janeiro: Sextante, 2021.

BAUDRILLARD, Jean. *A sociedade de consumo*. Lisboa: Edições 70, 2009.

BAUMAN, Zygmunt. *O mal-estar da pós-modernidade*. Rio de Janeiro: Zahar, 1998.

BAUMAN, Zygmunt. *Modernidade líquida*. Rio de Janeiro: Zahar, 2001.

BAUMAN, Zygmunt. *Meglio essere felici*. Roma: Castelvecchi, 2017.

BECKETT, Samuel. *Esperando Godot*. São Paulo: Companhia das Letras, 2017.

BÍBLIA Sagrada. Edição Pastoral. São Paulo: Paulus, 1991.

BONDER, Nilton. *Cabala e a arte da manutenção da carroça lidando com a lama, o buraco, o revés e a escassez*. Rio de Janeiro: Rocco, 2019.

CALVINO, Italo. *Seis propostas para o próximo milênio*: lições americanas. São Paulo: Companhia das Letras, 1990.

CARROLL, Lewis. *Le avventure di Alice nel paese delle Meraviglie*. Torino: Giulio Einaldi Editore, 2003.

CHARAN, Ram; DROTTER, Stephen; NOEL, James. *Pipeline de liderança*: o desenvolvimento de líderes como diferencial competitivo. Rio de Janeiro: Sextante, 2018.

CHOPRA, Deepak; MLODINOW, Leonard. *Ciência X espiritualidade: dois pensadores, duas visões de mundo*. Rio de Janeiro: Sextante, 2012.

COLLIN, Catherine; GRAND, Voula; Lazyan, Merrin; Ginsburg, Joannah; Benson, Nigel; Weeks, Marcus. O livro da psicologia: as grandes ideias de todos os tempos. Globo Livros, 2016.

COMTE-Sponville, André. *Pequeno tratado das grandes virtudes*. São Paulo: Martins Fontes, 1995.

DAMÁSIO, António Rosa. *E o cérebro criou o homem*. São Paulo: Companhia das Letras, 2011.

DAWKINS, Richard. *Deus, um delírio*. São Paulo: Companhia das Letras, 2007.

DAWKINS, Richard. *The selfish gene*. New York: Oxford University Press, 2016.

DE MASI, Domenico. *A emoção e a regra*: os grupos criativos na Europa de 1850 a 1950. Rio de Janeiro: José Olympio, 1997.

DE MASI, Domenico. *O ócio criativo*. Rio de Janeiro: Sextante, 2000.

DE MASI, Domenico. *Criatividade e grupos criativos*. Rio de Janeiro: Sextante, 2005.

DOCZI, Gyorgy. *O poder dos limites*: harmonias e proporções da natureza, arte e arquitetura. São Paulo: Publicações Mercuryo Novo Tempo, 2012.

DOSTOIÉVSKI, Fiódor. *Os irmãos Karamázov*. São Paulo: 34, 2012.

EPICTETO. *A arte de viver*: uma nova interpretação de Sharon Lebell. Rio de Janeiro: Sextante, 2018.

FRANKL, Viktor Emil. *Em busca de sentido*: um psicólogo no campo de concentração. Petrópolis: Vozes, 2017.

FREUD, Sigmund. *O mal-estar na cultura*. Porto Alegre: L&PM Pocket, 2011.

FREUD, Sigmund. *O futuro de uma ilusão*. Porto Alegre: L&PM Pocket, 2013.

FREUD, Sigmund. *Totem e tabu*: algumas correspondências entre a vida psíquica dos selvagens e a dos neuróticos. Porto Alegre: L&PM Pocket, 2013.

FREUD, Sigmund. *Psicologia das massas e análise do eu*. Porto Alegre: L&PM Pocket, 2016.

GOLEMAN, Daniel. *Inteligência emocional*. Rio de Janeiro: Objetiva, 1997.

GOMPERTZ, Will. *Pensem como um artista*. Rio de Janeiro: Zahar, 2015.

HARARI, Yuval Noah. *Sapiens*: uma breve história da humanidade, São Paulo: Companhia das Letras, 2020.

HAWKING, Stephen William. *O grande projeto*: novas respostas para as questões definitivas da vida. Rio de Janeiro: Nova Fronteira, 2011.

HEIDEGGER, Martin. *In cammino verso il linguaggio*. Milano: Gruppo Ugo Mursia Editore, 1999.

JOHNSON, Steven. *De onde vêm as boas ideias*. Rio de Janeiro: Zahar, 2011

JUNG, Carl Gustav. *Espiritualidade e transcendência*. Petrópolis: Vozes, 2018.

JUNG, Carl Gustav. *Sincronicidade*. Petrópolis: Vozes, 2014.

KAHNEMAN, Daniel. *Rápido e devagar*: duas formas de pensar. Rio de Janeiro: Objetiva, 2012.

KOTLER, Philip; KARTAJAYA, Hermawan; SETIAWAN, Iwan. *Marketing 5.0*: tecnologia para a humanidade. Tradução de André Fontenelle. Rio de Janeiro: Sextante, 2021.

KUNDERA, Milan. *A identidade*. São Paulo: Companhia das Letras, 2009.

KUNDERA, Milan. *A insustentável leveza do ser*. São Paulo: Companhia das Letras, 2017.

LEITÃO, Ana; SEVERINO, Ricardo Severino. Sobre a Teoria para a Origem da Vida de Stuart Kauffman: um livro sobre a evolução e origem da vida. Portugal: Novas Edições Acadêmicas 2020.

MACHADO, Leda Maria Vieira; BORRINI-BIANCASTELLI, Luca; *Além da segurança psicológica*. Rio de Janeiro: Alta Books, 2023.

MACKEY, John; SISODIA, Raj. *Capitalismo consciente*: como libertar o espírito heroico dos negócios. Rio de Janeiro: Alta Books, 2018.

MACQUIVEY, James. *Digital disruption*: unleashing the next wave of innovation. Seattle: Amazon Publishing, 2013.

MARX, Karl. *Manuscritos econômico-filosóficos*. São Paulo: Boitempo, 2004.

MCDONOUGH, William; BRAUNGART, Michael. *Cradle to cradle*: remaking the way we make things. New York: North Point Press, 2002.

MEGIDO, Victor (Org.). *A revolução do design*: conexões para o século XXI. São Paulo: Gente, 2016.

MORIN, Edgar. *Introdução ao pensamento complexo*. Porto Alegre: Sulina, 2015.

MUKHERJEE, Siddhartha. *O gene*. São Paulo: Companhia das Letras, 2016.

NAÍM, Moisés. *O fim do poder:* como os novos e múltiplos poderes estão mudando o mundo e abalando os modelos tradicionais na política, nos negócios, nas igrejas e na mídia. São Paulo: LeYa, 2019.

NASIO, Juan David. *A depressão é a perda de uma ilusão*. Rio de Janeiro: Zahar: 2022.

OSTERWALDER, Alexander; PIGNEUR, Yves. *Business model generation*: inovação em modelos de negócios. Tradução de Raphael Bonelli. Rio de Janeiro: Alta Books, 2011.

PECHLIVANIS, Marina. *Gestão sistêmica para um mundo complexo*: Tudo está ligado a tudo. E você, está ligado nisso? Rio de Janeiro: Alta Books, 2022.

PETERS, Tom. *Reimagine!* São Paulo: Saraiva, 2013.

PINKER, Steven. *Tábula rasa*: a negação contemporânea da natureza humana. São Paulo: Companhia das Letras, 2004.

PORTER, Michael E. *Vantagem competitiva*: criando e sustentando um desempenho superior. Rio de Janeiro: Campus, 1989.

ROUSSEAU, Jean-Jacques. *Discurso sobre a origem e os fundamentos da desigualdade entre os homens*. Porto Alegre: L&PM Pocket, 2011.

RUSSELL, Bertrand. *A conquista da felicidade*. Rio de Janeiro: Nova Fronteira, 2017.

SARTRE, Jean-Paul. *Esboço para uma a teoria das emoções*. Porto Alegre: L&PM Pocket, 2012.

SÊNECA. *Sobre a brevidade da vida*. Porto Alegre: L&PM Pocket, 2011.

SÊNECA. *Tratado sobre a clemência*. Petrópolis: Vozes, 2013.

SENGE, Peter M. *A quinta disciplina*: arte e prática da organização que aprende. Rio de Janeiro: BestSeller, 2013.

SINEK, Simon. *Comece pelo porquê*: como grandes líderes inspiram pessoas e equipes a agir. Rio de Janeiro: Sextante, 2018.

SINEK, Simon; MEAD, David; DOCKER, Peter. *Encontre seu porquê*: um guia prático para descobrir o seu propósito e o de sua equipe. Rio de Janeiro: Sextante, 2018.

SKARZYNSKI, Peter; GIBSON, Rowan. *Innovation to the core*: a blue print for transforming the way your company innovates. Cambridge: Harvard Business Review Press, 2009.

SPINOZA, Benedictus. *Ética*. Belo Horizonte: Autêntica, 2016.

SUNIM, Haemin. *As coisas que você só vê quando desacelera*. Rio de Janeiro: Sextante, 2017.

TALEB, Nassim N. *Antifrágil*. Rio de Janeiro: BestSeller, 2014.

TEJON MEGIDO, José Luiz. *Guerreiros não nascem prontos*. São Paulo: Gente, 2016.

TEJON, Luiz; MEGIDO, Victor; PANZARANI, Roberto. *Luxo for all*. São Paulo: Gente, 2010.

TEJON, Luiz; MEGIDO, Victor; ZANINI, Marco; CHAPMAN, Sonia. *Agroconsciente*: uma revolução tropical brasileira. São Paulo: Novo Século, 2023.

THE SCHOOL OF LIFE. *Grandes pensadores*. Tradução de Beatriz Medina. Rio de Janeiro: Sextante, 2018.

TUCHMAN, Barbara W. *A marcha da insensatez*: de Troia ao Vietnã. Rio de Janeiro: José Olympio, 1986.

VERGANTI, Roberto. *Design driven innovation*. [S. l.]: Canal Certo, 2012.

WEBER, Max. *A ética protestante e o espírito do capitalismo*. São Paulo: Companhia das Letras, 2004.

YAZBEK, André Constantino. *10 lições sobre Foucault*. Petrópolis: Vozes, 2015.

Sites consultados

AMOR Vincit Omnia. *In*: WIKIPÉDIA. Disponível em: https://pt.wikipedia.org/wiki/Amor_Vincit_Omnia. Acesso em: abr. 2020.

ÉTICA da reciprocidade. *In*: WIKIPÉDIA. Disponível em: https://pt.wikipedia.org/wiki/Ética_da_reciprocidade. Acesso em: abr. 2020.

HELERBROCK, Rafael. *Brasil Escola*, [s. d.]. Disponível em: https://brasilescola.uol.com.br/o-que-e/fisica/o-que-e-fisica-quantica>.htm. Acesso em: mar. 2020.

MEDOS: como vencer os seus. *Abril*, [s. d.]. Disponível em: https://super.abril.com.br/comportamento/>,medos-como-vencer-os-seus/. Acesso em: mar. 2020.

RAMACHANDRAN, Vilayanur. Os neurônios que moldaram a civilização. *TED*, nov. 2019. Disponível em: https://www.ted.com/talks/vilayanur_ramachandran_the_neurons_that_shaped_civilization?language=pt-br. Acesso em: abr. 2020.

SILVA, Egle Pereira da. O conceito de ficção na filosofia de Hans Vaihinger. *Revista Philologus*, Rio de Janeiro, ano 20, n. 60, supl. 1, set./dez. 2014. Disponível em: http://www.filologia.org.br/revista/60sup/128.pdf. Acesso em: mar. 2020.

SILVA, Marco Aurélio da. Princípios da termodinâmica. *Abril*, [s. d.]. Disponível em: https://brasilescola.uol.com.br/fisica/principio-termodinamica.htm. Acesso em: maio 2020.

SZKLARZ, Eduardo; GARATTONI, Bruno. Medos: como vencer os seus. *Superinteressante*, 10 set. 2014. Disponível em: https://super.abril.com.br/comportamento/medos-como-vencer-os-seus. Acesso em: abr. 2020.

PAVIANI, Jayme. O amor, do mito à dialética platônica. Revista Cult, [s. d.]. Disponível em: https://revistacult.uol.com.br/home/o-amor-do-mito-a-dialetica-platonica/. Acesso em: abr. 2020.

PEREIRA, Daniel. Canvas da proposta de valor. O *Analista de Modelos de Negócios*, 5 mar. 2019. Disponível em: https://analistamodelosdenegocios.com.br/canvas-da-proposta-de-valor/. Acesso em: abr. 2020.

PORFÍRIO, Francisco. Aristóteles. *Brasil Escola*, [s. d.]. Disponível em: <https://brasilescola.uol.com.br/filosofia/aristoteles.htm. Acesso em: abr. 2020.

TEIXEIRA, Jerônimo. A evolução da bondade. *Abril*, 2 nov. 2006. Disponível em: https://super.abril.com.br/ciencia/a-evolucao-da-bondade/. Acesso em: abr. 2020.WORLD ECONOMIC FORUM. *The Future of Jobs Report 2023*. 30 Apr. 2023. Disponível em: https://www.weforum.org/publications/the-future-of-jobs--report-2023/. Acesso em: abr. 2020.

WHISFUL thinking. *In*: WIKIPÉDIA. Disponível em: https://pt.wikipedia.org/wiki/Wishful_thinking. Acesso em: abr. 2020.

Foram usadas como fonte alguns professores e cursos da Casa do Saber: Renato Nogueira, Roberto Vilhena e Ana Carolina Souza.

Para saber mais sobre os estudos de Melanie Rudd sobre a percepção do tempo e o encantamento, ver o vídeo: *Melanie Rudd: How Awe Expands Our Perception of Time*, disponível em: https://www.youtube.com/watch?v=K8vyllPntBg. Acesso em: abr. 2020.

Índice

D

E

F

N

O

P

Q

R

S

T

Este livro foi impresso nas oficinas gráficas da Editora Vozes Ltda.,
Rua Frei Luís, 100 – Petrópolis, RJ.